汉译世界学术名著丛书

统制经济学

——福利经济学原理

〔美〕A.P.勒讷 著

陈彪如 译

2017年·北京

Abba P. Lerner

THE ECONOMICS OF CONTROL

Principles of Welfare Economics

The Macmillan Company
New York 1946

汉译世界学术名著丛书
（120 年纪念版·珍藏本）
出 版 说 明

2017 年 2 月 11 日，商务印书馆迎来 120 岁的生日。120 年前，商务印书馆前贤怀揣文化救国的理想，抱持“昌明教育，开启民智”的使命，立足本土，放眼寰宇，以出版为津梁，沟通中西，为中国、为世界提供最富智慧的思想文化成果。无论世事白云苍狗，潮流左右激荡，甚至战火硝烟弥漫，始终践行学术报国之志，无改初心。

迻译世界各国学术名著，即其一端。早在 20 世纪初年便出版《原富》《天演论》等影响至今的代表性著作，1950 年代后更致力于外国哲学和社会科学经典的译介，及至 1980 年代，辑为“汉译世界学术名著丛书”，汇涓为流，蔚为大观。丛书自 1981 年开始出版，历时三十余年，迄今已推出七百种，是我国现代出版史上规模最大、最为重要的学术翻译工程。

丛书所选之书，立场观点不囿于一派，学科领域不限于一门，皆为文明开启以来，各时代、各国家、各民族的思想与文化精粹，代表着人类已经到达过的精神境界。丛书系统译介世界学术经典，引领时代思想，为本土原创学术的发展提供丰富的文化滋养，为推动中国现代学术和现代化进程做出了突出的贡献。

为纪念商务印书馆成立120周年，我们整体推出“汉译世界学术名著丛书”120年纪念版的珍藏本，寄望既利于文化积累，又便于研读查考，同时向长期支持丛书出版的译者、编者和读者致以敬意。

两甲子后的今天，商务印书馆又站在了一个新的历史时间节点上。我们不仅要铭记先辈的身影和足迹，更须让我们的步伐充满新的时代精神。这是商务人代代相传的事业，更是与国家和民族的命运始终紧密相连的事业。我们责无旁贷，必须做好我们这代人的传承与创造，让我们的努力和成果不仅凝聚成民族文化的记忆，还能成为后来人可以接续的事业。唯此，才能不负前贤，无愧来者。

商务印书馆编辑部

2017年10月

目　　录

般化以便应用到一切转变的形式——衡量可替代性**增加**产量所依据的比率。替代弹性为零系表示固定不变的比例，无限大的替代弹性是指各要素或各产品在经济上是不能区别的，它们之间的比例可以无限地改变。一切弹性都可依据**比例**的变化来衡量。这条"规则"通常要排除掉而完全竞争总是要排除掉不变的或渐增的 *mp*，然而它可能在垄断的情形下存在下去。所以 *mp* 渐减原理没有报酬渐减律那么强有力。报酬渐减是从这一必然性推求出来的，即一切被雇佣来协同生产的要素要提供**正量**的边际产品。要素比例有一中间区域，在这里，没有一种要素**绝对**过多，并且报酬渐减是普遍情形。由于几点理由，报酬渐减的一般论证是不够充分的。明智的生产并不是要避免渐减的报酬，而是要避免**渐增**的报酬。在产品方面的相应规律是 *af* 渐减律。

成本与报酬并不是相互间的简单倒转。成本是指单位产品，报酬是指单位要素。依据我们现在所作的假定，我们将会在整个经济中碰到不变的成本和渐减的报酬。这就使边际产品的总和恰等于总产品。但从工业的观点来看，成本将是渐增的，因为工业产量的增加使得一些要素更形稀缺，从而提高它们的价格。因所购数量增加而引起的要素价格的上涨，是用供给弹性来衡量的。对供给弹性的影响是极端复杂的。从工业观点来看的渐增成本必须同那些从社会观点来看的渐增成本区别开来。供给弹性从工业观点来看比从社会观点来看要小些，因为前者除技术的阻力外还反映心理的阻力。替代弹性的概念可以在重新配置社会资源时应用到一种产品对另一种产品在技术上的间接替代。

要素、产品或生产方法都会碰到不可分性。它能够限制要素比例的可调节性来推翻报酬渐减律。由于报酬渐增，企业（在完全竞争的情形下）实行扩充或关闭掉，总归是合算的。当企业由于扩充而大到足以摧毁完全竞争的地步，不可分性就具有重要意义了。在不可分性系属十分重要的情形下，完全竞争或这条"规则"

情形下,这家企业要么赚得超额利润,要么减少产量是合算的。因此完全竞争看来好像稳定,然而这只是在有限范围内才是不错的。企业愈扩大,不可分性的意义就愈小。固定要素倾向于稳定竞争,然而要素和成本在短期内是固定的,在长期内却是可变的。平均成本对于努力追求最大量利润的企业的产量是不起作用的。但是在长期内,企业**数目**的调整倾向于使价格等于最低平均成本。这是因为在长期内没有固定要素,因而各要素间的最适度比例是能够达到的。所以在长期内,因固定要素而产生的竞争的稳定性也一并消失了。企业规模的法定最大限度能够保持完全竞争,然而它会影响效率。所以当不可分性不存在时,反投机是更可取的。对无法增加的企业的渐减报酬能够稳定完全竞争,但是企业组织的新近发展使得这一点变得不那么重要了。

时期长短系**相对**于进行一种调整所需要的时间而言,与此相适应,固定要素与可变要素的区别也是相对的。短期 *mc* 不需要小于长期 *mc*。依据这条“规则”要采取的适当时期是指考虑中的出产日期。最短的调整时期也许是合宜的。靠固定要素的派生价格可以调节平均成本使之符合边际成本。地租(和短期的准地租)的定义可以说是**不必要的报酬或剩余**。地租可能多也可能少。什么是“必要”报酬,取决于划定的范围,它形成人们所采取的观点。从一家企业的观点来看,剩余是不存在的。观点愈广阔,表现为剩余的那部分报酬就愈大。剩余的再分配并不影响资源的最适度利用。土地地租是一种极限情形。从社会观点来看,几乎在一切报酬中都可找到一些剩余。一个工业的渐增成本,如果它是由于相对少产的要素离开其他工业的运动,会产生地租,如果它是由于减产了的另一种产品的价格比较高,就不会产生地租。*mc* 大于 *ac* 的超过部分被地租吞噬掉了。*ac* 大于 *mc* 的超过部分,像一不可分要素过多的时候那样,会引起**负**地租。这种情形使得完全竞争成为不可能的。同样分析对时间的观点是适用的。同短期更加符合一致的是广阔的观点而不是狭隘的观点,

公共和私人花费与税收都应当这样来调节，使花费的 *msb* 和税收的 *msc* 全都相等。虽然谈不到平衡预算的**原则**，可是预算本身却有趋向平衡的长期**趋势**。保持充分就业同时平衡预算是可能的，要是用重新分配收入的办法来维持需求的话。商人反对机能财政的偏见，最好是靠坚决保持足够需求的方法来对付。也有一些方法使机能财政看来更像是传统的财政。机能财政会干涉储蓄与花费之间的自由选择这一反对意见是非常空洞的。

投资通常不是一年以后就耗费掉了。一切重置资本实际上都是用于将来的生产。生产设备可以认为是“禁闭”的要素服务。资本数量与服务流量之间的关系，是和服务被“禁闭”的平均**时间**相适应的。推迟消费一年可以认为是平均生产时期的暂时延长。可能的替代办法是，一切投资都可以看作是永久的。一个比较好的“基本单位”是一元钱推迟一年。在静止的经济中，**资本的边际生产率**等于投资的边际效率。只有个人(或经济社会的微小部分)才可以随意借债来调节他们的实际资本数量，使它的边际生产率等于利率。社会只能靠投资或负投资来调节它的资本，这是需要时间的。资本的边际生产率是净投资率为零时投资的边际效率。这可以用一个立体图形来说明。资源闲置不用的影响可加以考虑了。资本概念基本上是静态的。实际问题决不会涉及资本，而只是涉及投资。利率是因风险、灵活性和所考察的时期而不同的。竞争使货币**总额**和持有各种不同资产的灵活性收益趋于平衡。这就使我们能够将利率理论加以概括来解释各种差别利率。灵活性的创造权应当保留给金融当局，否则它会使其他灵活性创造者贴补生产力较小的投资从而偏离资源的最适度利用。

国内贸易的“规则”同样适用于国外贸易。外国货币可以用来代表 *msc* 和 *msb*。这条“规则”为了最好地利用资源而把全世界纳入一个体系中。一种要素或产品可代替其他要素或产品来移动。

原　序

这个研究大约是从十二年前我在伦敦经济学院做学生时开始的。在这期间,研究的范围和方向都发生了变化。起初,它是要提出一个社会主义社会价格机构的理论。社会主义社会被理解为完全或几乎完全是集体主义的。在我关于这个问题的思想发展过程中,虽然其他事务不断妨碍我的写作,但是我渐渐认识到,在资本主义制度下成长起来并因资本主义社会的劳工运动而发扬光大的民主生活方式的保持和进一步发展,同消极地"废除生产资料私有制"比较起来,不仅是社会主义理想的一个更紧要得多的部分,而且也更迫切地需要加以关注。现在这从苏联和德国的历史来看是非常清楚的。许多社会主义者确曾认为,一些社会主义者显然至今还认为,私有财产废除以后就会自动产生人类友谊;如果把社会主义和这种信念等同起来,那么人们一定要抛弃社会主义,以为它是虚伪的。在国家本身不是彻底民主的情况下,国家统制或占有生产资料并不等于社会主义,它甚至比社会主义的"对立物"——资本主义——距离社会主义更加遥远得多。

《统制经济学》这个书名是 1932 年提出来的,当时的想法是,价格机构原理也可应用到不是社会主义的而是独裁的集体主义社会。这个名称也许更适合这本书的目前形式,因为现在着重点已

经从集体主义转移到这样一种思想，即对社会组织问题具有自觉的认识并对经济体系实行自觉的统制。我曾经把集体主义从它作为实现社会主义理想的**手段**提高到它本身就是**目的**的地步，我并不认为我犯了什么罪过；像许多社会主义者一样，我只是要特别强调一下它的重要性罢了。**统制**经济学还是和**放任**经济学大不相同的，可是统制的意思不一定是集体主义。它意味着慎重地实施最能促进社会利益的一切政策，而不要预先判断集体所有与经营或某种形式的私人企业这个争论问题。

按照原来计划，我打算对完全集体化经济的每个经济问题提出一个理论解答，然后看看，在资本主义社会里，这个问题事实上在多大程度上（如果有的话）和靠什么方法获得了解决。但是，不把教条式的从而是完全的集体主义经济和依据社会利益组成的社会的理想等同起来的做法，依然许可按照同样程序进行，只要稍加修改就可以了，像本书第一章所叙述的那样。

现在我几乎不可能确切地指出，这部著作在哪些方面表现了真正的创造性。其中大部分内容无疑是从伦敦经济学院我的老师那里吸取来的。我得感谢莱昂内耳·罗宾斯教授、弗雷德里克·海耶克教授、希克斯教授和罗伯逊教授在运用经济分析工具方面给予我的基本训练。我对阿诺德·普兰特和南非大学威廉·赫特教授极为感谢，他们非常坚持而我却长期否认以自由企业作为起点来明智地考察社会问题的可能性。哈罗德·拉斯基教授和莫里斯·多布教授在把我的兴趣引导到我写作的题目上，是有帮助的。在这本书里，正像实际上在一切现代著作中一样，自然处处可以看到凯恩斯先生的影响。我特别感谢康恩先生和乔安·罗宾逊夫人,他们花了很大力气才使我克服了对凯恩斯在经济理解方面的伟大成就所抱有的偏见。我也感谢卡莱茨基博士和奥斯卡·兰格教授,不仅因为他们对我的思想和理论提出了尖锐的批评,而且因为他们不断提出宝贵意见,要我注意社会组织这个比较重大的问题,纯粹的经济问题必须与它符合一致。在我开始从事这部著述的长时期内,我荣幸地会见到英、美、加拿大各地的经济学家,他们许多人无疑对我是有影响的。我很抱歉,不克一一列名致谢。

出版商允许我采用我写的以下几篇文章中的一些材料,谨向它们表示谢忱。

《需求弹性的图解说明》,《经济研究评论》,1933 年 10 月号。

《替代弹性的图解说明》,《经济研究评论》,1933 年 10 月号。

《资本投资与利息》,曼彻斯特统计学会 1936—1937 年小组会。

《经济理论中的瑞典踏脚石》,《加拿大经济政治学》季刊,1940 年 11 月号,多伦多大学出版。

《从庸俗政治经济学到庸俗马克思主义》,《政治经济学杂志》,1939 年 8 月号,芝加哥大学出版。

我还感谢约翰斯·霍普金斯大学卡尔·迪伐因教授和明尼苏

达大学乔治·斯提格勒教授,他们阅读了原稿并改正了一些错误。伦敦大学曾经接受一份早先起草的原稿作为部分地满足博士学位(经济)要求的论文。

阿巴·勒讷于纽约

缩 略 语

ac	平均成本	*mf*	边际要素量
af	平均要素量	*mp*	边际产品
afc	平均固定成本	*mpc*	边际私人成本
ap	平均产品	*mpr*	边际私人收益
apc	平均私人成本	*mr*	边际收益
apr	平均私人收益	*msb*	边际社会利益
ar	平均收益	*msc*	边际社会成本
avc	平均可变成本	*P*	综合产品
e_d	需求弹性	*p*	价格(产品)
e_s	供给弹性	*pf*	要素价格
F	综合要素	*vap*	平均产品价值
M	边际替代率	*vmf*	边际要素量的价值
mc	边际成本	*vmp*	边际产品价值
mei	边际投资效率	σ	替代弹性

第一章　统制经济引言

社会主义的根本目的不是废除私有财产而是扩大民主制度

这本书名为《**统制**经济学》，自然有与**放任**经济学迥然不同的含义，但是统制的意思不一定是集体主义。它意味着慎重地实施最能促进社会利益的一切政策，而不要预先判断集体所有和经营或某种形式的私人企业这个争论问题。与**统制**相对立的**放任**，并不是要摆脱重商主义的教条和私人垄断的利益。这种摆脱本身可以看作是为社会利益而实行的**统制**。亚当·斯密肯定是抱着这个看法。说得确切些，统制经济学是与这样一种态度相对立的，即认为政府要听其自然，只因为它是政府，作为政府，它是无权干涉企业的。这个右派教条（有时是由私人势力鼓吹起来的）系根据一种**反社会**的态度，它不是（或拒绝）把经济活动看作满足人们需要的手段，而是把企业看作纯粹个人谋生或发财致富的方法，财富的发现者或获得者享有不可动摇的权利——这种权利有时与民主制度本身等同起来。

这被右派和左派的教条弄得模糊不清了

右派教条实际上是说，政府决不应当干涉牟利的企业，与此相反的左派教条，是要实行百分之百的集体主义，把任何追求私人利润的企业都看成是不道德的，而不予以法律保障。我们的任务是要采取一条介乎这两种教条之间的道路，既不认为私人企业是唯一完善的制度，也不认为国家所有制是唯一完善的制度——这就是要考虑一个国家，它能运用它的统制权来使最能促进公共利益的方针在每一特殊场合下都能够得到实施。

统制经济可以同时获得资本主义经济与集体主义经济的利益

我们的程序将要表明，在一个依据社会利益组织起来的完全集体化的社会里，各种经济问题怎样可以得到解决。接着要研究，在一个纯粹的资本主义社会——这里经济活动仅只是由私人企业为了利润才进行的——这些问题怎样可以得到解决或者依然得不到解决。这种社会叫作资本主义的而不叫作个人主义的，因为，与资本主义社会相对立的集体主义社会，在把各个公民的需要和愿望的满足作为衡量它的效率的根本标准方面，也完全是个人主义的。随后要讨论，从这两种迥然不同的“纯粹”经济形态可以获得一些什么教训，这些教训又怎样可以应用到“非纯粹”的或“混合”的经济，在这种经济中，上述两种教条是不存在的，而两种纯粹经济形态的最好措施却能加以利用。我们把这叫作**统制经济**，把它和现实世界——尤其美国作一对比；我们把后者叫作**非统制的经济**，因为它的强大的反集体主义偏见，使得现行经济制度能否最好地促进社会利益要听天由命。我们这样把现实世界尤其美国说成是**非统制**的经济，可能引起两种误解和惊异，最好预先加以纠正。

统制必须和管理区别开来

首先，非统治的意思并不是要否认现实经济事实上在许多方面是为了社会利益而进行管理的。我们有公用事业的管理、清洁食物法、所得税、社会保险；并且各级政府——地方的和中央的——为了一般利益而在许许多多方面都实行限制、统制甚至自行从事经济活动。可是我们还是可以认为现实经济是“非统制”的，因为所有这些活动都是局部的和偶然的，并且这些活动也没有像统制社会资源使之得到最好的利用一事已成为公认的政府责任时那样被组织起来。相反的，这个责任是以某种不明确的方式交给私人企业的经理人员，当这些人被笼统地说成是和被神秘地认为是“企业”或“工业”的时候，他们对投资者利益十分正当的关心就被忽略了。

统制经济所面临的三个主要问题是就业、垄断和收入分配

一个统制的经济在做其他任何事情之前要先完成三项首要任

务。它要利用一切现有的资源，特别是所有寻找工作的人们。在美国，它要立刻消除一切可怕的贫困，然后采取其他步骤来缩减收入和财富的悬殊情形。它要从整个经济中消灭垄断和它所带来的剥削与经济浪费。不论国家采取怎样多的方法进行相对微小的干涉，即使这些干涉都真正是为了一般利益，除非完成这些首要任务，否则这种经济仍然是“非统制”的。

其次，这个名词不是指那些使生意人感到烦恼的管理的数量或复杂性。统制经济肯定要比目前美国生意人和经理人员遭受的管理要简单得多、少得多，更不用说德国或俄国了。管理的复杂性是每一时期为某些相对微小的问题着想而从事零星立法的结果。在统制的经济中，经济活动的管理确实比在非统制的经济中要更**彻底**些。然而为了效率的缘故，把管理的**复杂性**减到**最低限度**是统制原理之一，由于统制原理的普遍实施，所以进行流线型的管理是可能的。非统制经济可以比作一部没有司机的汽车[①]，车子里的许多乘客都要伸手去掌握和转动方向盘，而复杂的管理却规定了他们可以转动方向盘的次序和程度，以便防止他们因此而互相争斗起来。统制经济则有一个司机，所以这些管理是不必要的。

在福利经济学中自由主义与社会主义是可以调和的

实用的集体主义和教条的集体主义是大不相同的，它非常接

① 参看勒讷：《经济的方向盘》，《大学评论》，1941年6月号。

近开明的资本主义者的观点，后者在其完全竞争的理想行不通的场合，也赞成国家采取行动。的确，实用的集体主义者和开明的资本主义者是这么密切地**靠拢**，所以要在两者都拥护的体制以外去探索他们之间的差别。前者认为，除非竞争的企业更能促进社会利益，否则采取集体组织。后者主张，无论什么地方，只要可能就恢复自由竞争，在这由于技术原因证明是不可能的时候，才容许集体组织。结果两者是一回事。

因为这里探讨的统制经济忽视了纯粹资本主义和纯粹集体主义的教条，它可能引起这两种教条的信奉者的仇视。纯粹资本主义者会把它叫作社会主义，而纯粹集体主义者则把它叫作资本主义。统制经济不是一个很好的名称，然而我们却不能为力求摆脱两种教条而合理组织起来的民主社会取个适当的单独名称。

"混合经济"这个名词有时是指某种类似我们的统制经济的东西，它既包含有以利润为动机的私人企业的因素，又包含有集体主义的因素。这是一个很糟糕的名称，因为它意味着，任何单一的统制原理是不存在的，而只有一些不同的也许是互相矛盾的原理的杂凑。统制经济的基本点是，它拒绝把集体主义和私人企业作为社会组织的**原理**，然而承认它们两者都是十分正当的**手段**。它在组织方面的基本原理是，在任一特殊场合，最有利于社会的手段就是应当普遍采取的手段。也许更好的名称是**服务经济**，因为问题是，哪个方法**最有用**，就决定采用哪个方法。

社会主义者可以根据一定的历史理由断言，他们的社会主义社会的理想本来没有关于集体主义的教条，它只是在我们所说的意义上的一种统制经济，在这里，公共利益是断定任何工业是否应当集体化或归私人企业所有的标准。但是，其他的人为了另外的目的而这么经常地盗用“社会主义”这个字眼，所以，或许最好是放弃它不受教条束缚的主张。

社会主义和资本主义的**靠拢**，也使得经济理论更接近正统经济理论。自由企业以及它是怎样运行的，这不仅在资本主义社会与集体主义社会进行对比时要加以考虑，而且是我们的有意识的统制经济中要加以利用的主要工具之一。大多数经济论著是从市场均衡状态下决定的客观价格和数量的理论开始的，有时另外补充一些福利方面的考察。在这里我们主要关心的是，为了人们的福利，要怎样统制我们的经济；我们只是附带了解一下，事实上当前社会怎样或在什么程度上满足了这些福利方面的考虑（如果有的话）。

这两种思潮，一种来自开明的资本主义，另一种来自开明的社会主义，是并驾齐驱的，就所建议的经济制度的具体性质来说，是无法辨别的。可是这两种思潮的差别还是辨认得出，正如同山上小溪中的水流入平原的河里以后很久，我们说它是可以辨别的一样。它们不仅有言语上的差别，可以作为追溯其起源的线索。说不定它们在估计政治的可能性方面也有所不同。从开明的资本主义发展出来的一派强调的是恢复竞争。另一派强调不可避免的垄断企业要由国家统制或经营。在任何具体情况下，国家首先要做什么和应当做什么，自然要取决于政治情势和一些社会势力会进行什么反抗，为一般利益而采取的行动可能对它们产生不利的影响。旧资本主义派通常赞成姑息政策，而旧集体主义派则主张采取激烈手段来摧毁敌对的私人势力的基础。在这个研究里，我们不要涉及这个政治问题的是非曲直。我们要假定一个政府，它希望为一般社会利益而管理社会，它是够强大的，足以克服任何局部势力的反抗。这样，我们将能够专心探讨，为了社会利益政府最好做一些什么事情——哪些安排可以最有效地诱导社会各个成员，在追求他们个人目的的时候，按照最有利于全体社会的方式进行活动。任何一个政客或政治家也许不得不作出妥协。在这里，我们只打算表明，从社会来看什么事情是可取的。除非政治妥协问题严重地影响这个制度的运行，否则我们就必须把这些问题交给政客们去处理了。

第二章　货物的最适度分配

分配的数量问题是要分给每个人多少

统制经济所面临的许多问题，彼此之间都是密切相关的，实际上它们构成一个单独的、极端复杂的经济问题。因此，当我们对这些问题分别加以研究的时候，它们显得很不自然，这是不可避免的。然而为了阐述方便起见，这种割裂在所难免，不自然情形会继续存在下去，一直到研究完成时将各种不同的问题综合起来为止。

作为第一个问题要划分出来进行研讨的，是现有的货物在各个人或各个家庭中间进行分配的最好的方法，这些个人或家庭便是我们社会的消费者。当然，现有货物的数量本身要取决于货物的分配方法，只因它对生产动机是有影响的。但是我们希望迟些时候再来考察这些问题。**所以我们要暂时假定这些货物已经生产出来了**。

我们还必须牵强地把这个问题再分为两部分。一部分是关于货物在消费者中间的**数量**分配——即一般要分给每个消费者**多少**的问题，我们要把这个问题留待下一章去讨论。另一部分是抽掉一般要分给每个消费者多少的问题，而集中探讨**质量**分配——即每个消费者的份额是由**哪些种类**的货物构成的。我们将会看到，货物的数量分配问题和质量分配问题是如此密切地联系在一起，所以，如果一个问题不解决，另一个问题也不可能完全得到解决。然而，我们要是把它们这么划分开来的话，我们的分析就简单化了。

质量问题是各种不同的货物怎样在不同的个人间进行配置

但是分配问题的第二部分不单纯是质量上的。它不仅涉及任一消费者的份额是由哪些**种类**的货物构成的，而且涉及这些货物要依什么**比例**（或数量）来供应。因此，这样安排要更好些，即把问题的第一部分——它是探讨一般要分给每个消费者多少（下一章的主题）——改叫作**收入分配**问题，而将那个名称留待后面更仔细地来下定义，并把问题的第二部分叫作**货物的配置**。这是我们要在本章进行探讨的。

第一条原理——它必定是支配货物配置的　　是让每个消费者得到对他比对其他消费者相对更有用的东西。

这里强调的是“相对”这个字眼。它的意思是指一特定货物对一个人的有用性**相对于另一些货物**对同一个人的**有用性**，而不是指一宗货物对一个人的**绝对**有用性是否大于它对另一个人的**绝对**有用性。我们无法从客观上证明，一宗货物的一特定单位对于一个消费者是否**绝对地**比对于另一个消费者更有用些。每个人都可断言，他是最迫切需要这一单位货物的人，或他是可以从这一单位货物获得最大量满足的人，没有客观方法对他们进行判断。而且，把一宗货物给彼得还是给保罗这个简单问题，也就是彼得一般要多得一些还是保罗要多得一些的问题，所以它是属于**收入分配**的，我们要留到下一章讨论。

关于人类的满足或人类的福利须作出一些假定，包括各种货物间边际替代率渐减原理

然而，要是我们能够比较不同货物对不同消费者的**相对**有用性或**相对**评价，我们将会找到货物最适度配置的标准。如果两种（或更多一些）货物对两个（或更多一些）消费者的**相对**有用性是不同的，那么，把货物在消费者中间重新配置，就会改善情况而不致损害任何人。这样，我们就可以躲开收入分配问题。

假如维克托和马克都有适当的肉和水果供应，但是维克托是个吃素的人，而马克是要大量吃肉的，于是同肉比较起来，水果的相对有用性，对吃素的维克托要比对肉食者马克更大些。在这种情形下，如果维克托多得一些水果而少得一些肉，马克多分一些肉而少分一些水果，那么货物配置改进的结果，对双方都有好处。在维克托和马克之间进行比较的只是肉和水果的**相对**有用性，注意这一点是重要的。也许马克对肉**和**水果都比维克托更喜欢些，也许正好相反。我们不曾比较肉或水果对维克托和对马克的**绝对**有用性。但是，在我们能够应用这个最适当地分配货物的客观标准以前，我们需要先作几个假定。

首先，我们必须假定，消费者确实由于获得食物、衣服、娱乐以

及我们看到人们正在努力争取的其他一切东西而感到满足,由于被剥夺了这些东西而感到痛苦。看来这是如此明显,因而可能认识不到,它是我们大家从我们的痛苦和满足的感觉推己及人,而对其他人作出的一个假定。要**观察**其他人实际上享到什么乐趣或遭受什么痛苦,是不可能的。可是我们能够看见他们的面部表情或听到他们在谈话或感叹时发出的声音,并能由此**推断**他们的苦乐,我们**假定**,他们的苦乐有点类似我们自己的。

其次,我们必须假定,消费者一般是要努力获得为他们提供较大量满足而不是较小量满足的东西,要是任凭他们在几种替代办法中进行选择的话。我们并不认为这是普遍真理,因此,我们不允许孩子和病人挑选我们认为对他们有害的东西,而是由父母或监护人代他们挑选。在这种情形下,这些监护人可以看作是我们所关心的**消费者**。

我们的第三个假定是,一宗货物替代另一宗货物的有效性一般是渐减的。我们可以把这叫作**边际替代率渐减原理**。

对我们的研究目的极为重要的相对有用性,不是指各种商品对任一消费者的全部供应的相对有用性,而是指各种货物的微小增量(或减量)的相对有用性。这是因为我们关心的是,通过货物从其用处相对小的地方**移到**用处相对大的地方——恰如维克托和马克之间的移转——来实现货物在不同消费者间的最适当的配置,这些调整是以微小的增量进行的,直到实现货物的最适当或最适度的配置时为止。

各种货物的微小增量(或减量)对一个消费者的相对有用性,叫作一宗货物对另一宗货物的**边际替代率**。它是这样来衡量的,即要增加的货物一单位需以其他货物若干单位来代替，才不致使消费者的处境变好或变坏。任何货物的一定增量对一个人的用处愈大，要使这个人的处境不坏下去（或好起来），用来代替它的其他货物的数量就愈大，它的**边际替代率**也愈大。把这一点倒转来，我们不妨说，一宗货物的**边际替代率**愈大，要替换它就愈困难——要使这个人的处境不因替代而坏下去，则牺牲这宗货物一单位，就需要较大量其他货物来补偿。边际替代率这个名称很别扭，又很冗长，然而我们要多次使用它。所以我们将把它简称为 *M*，并且要谈到 ***M* 渐减原理**。

如果我们假设，维克托不是一个很严格的素食者，所以他的肉类供应对他是有一些用处的，我们可以想象，他要是能再得一篓水果，他才愿意放弃四磅肉的供应（当然，在肉的牺牲**少于**四磅时，他就更加愿意得到一篓水果了，但是他**不**愿意为了多得一篓水果而放弃四磅**以上**的肉）。水果（对肉）的 *M* 为四，因为一篓水果可以代替四磅肉。肉（对水果）的 *M* 是其倒数，即四分之一，因为一磅肉只能代替四分之一篓水果，如果一整篓水果需要四磅肉来代替的话。

另一方面，马克是相对地更喜欢肉，他愿意为了多得一磅肉而只放弃一篓水果。显而易见，把肉和水果在维克托和马克二人之间重新配置，对双方都有好处。维克托为多得一篓水果可以放弃四磅肉，而不致使处境变坏。另外这一篓水果可以从马克那里得到，他只要得到维克托要放弃的四磅肉当中的一磅就会提供这部分水果，仍不致比原来的处境差些。这就留下三磅肉的纯剩余，可由维克托和马克来分享，从而使他们两人的处境都比以前好。

(剩余物同样可用其他商品——水果——来表示。马克愿意为了另外四磅肉而放弃四篓水果。维克托只要再得一篓水果就会放弃四磅肉。于是现在约有三篓水果的纯剩余,要想个办法在他们两人中间进行分配。)

在这个例子中,若干磅肉对若干篓水果的 M,在维克托为四分之一,在马克为一。若干篓水果对若干磅肉的 M 自然是这些数字的倒数,即在维克托为四,在马克为一。

货物的最适度配置包含边际替代率(M)的均等化

只要在维克托和马克之间两种货物的 M 有差别,就可能改善货物的配置,使两个人的处境都好起来。如果各个 M 间的差别小于300%(这就是我们的例子,其比率为四比一),那么,从重新配置获得的好处也不会有那么大,但是,只要各个 M 间有一些差别,就可从货物的适当重新配置取得一些利益,这就是把每宗货物都从 M 小的地方移到 M 大的地方——把肉从维克托转给马克,把水果从马克转给维克托。

这种有益的重新配置可以进行下去,直到维克托没有肉或马克没有水果时为止。当这种情形发生时,货物的重新配置就必须停止。因为无法再对每一方的牺牲进行补偿。继续把货物从一个消费者转给另一个,也许仍然是可取的,然而现在这必定是多分给一个消费者而少分给另一个消费者的问题,它属于不同消费者间的**收入分配**问题,这要留待下一章讨论。

另一种情况也会排除进一步实行有益的货物重新配置的可能性，这就是各个 M 在不同消费者间依据 M 渐减原理而趋于均等化。由于维克托放弃了大量的肉并获得更多的水果，他的肉类供应已经减少，他可能不像从前那样愿意再放弃一些肉来换取另外几篓水果，现在他的水果供应很丰富了。他不再愿意用四磅肉来换取另外一篓水果。现在他也许只肯用三磅肉来换取另外一篓水果。如果重新配置继续进行下去，过了一会儿，维克托就只肯用二磅肉换取另外一篓水果了。随着他获得的水果愈多，留存下来的肉愈少，水果对肉的 M（即接受一篓水果作为代替品来交换若干磅肉）就从四下跌到三，再下跌到二。肉对水果 M（即接受一磅肉作为代替品来交换若干篓水果）则从四分之一增加到三分之一，再增加到二分之一。

同时，马克放弃水果而获得更多的肉，所以他也不像从前那样愿意再放弃一些水果来换取更多的肉。他不再愿意仅仅为了多得一磅肉而放弃一篓水果，然而他却愿意用一篓水果换取一又二分之一磅肉。如果重新配置继续进行下去，他的肉类供应继续增加，他的水果供应愈益减少，他就更加不愿意用水果来换肉了。他将坚持用另一篓水果换二磅肉。随着马克获得的肉愈多，留存下来的水果愈少，水果对肉的 M 就从一提高到一又二分之一，再提高到二，而肉对水果的 M 则从一下跌到三分之二，再下跌到二分之一。

在这一点，各个 M（水果为二，肉为二分之一）对于维克托和马克是一样的。现在货物的重新配置不可能再提供什么利益。维克托只肯用二磅肉来换取另外一篓水果，马克只肯用一篓水果来换取另外二磅肉，可是双方都不能从这种重新配置获得什么好处——不再有任何剩余可以利用了。而且，如果把肉从维克托转给马克，把水果从马克转给维克托的重新配置超过了这一点，各个 *M* 将会继续发生变化，以致它们变成不相等的，然而方向相反。这样，重新配置不会提供剩余，而会造成净**损失**，现在进行方向相反的重新配置，即把肉从马克转给维克托，把水果从维克托转给马克，却可提供一些剩余。

当每宗货物的 *M* 对其所有者至少是和对其他人一样大时，水果和肉在维克托和马克之间的理想配置就算达到了。如果维克托和马克是每宗货物都有一些，那么，任何人的 *M* 都不可能大于另一个人的 *M*，所以它们必定是彼此相等的。这就是下面这一常识性原理的确切表述：货物要流到最有用的地方去。[①]

① 在我们的例子中，我们使用了两种不同物品的边际替代率（*M*）这个说法。起初，维克托愿意放弃四磅肉来换取一篓水果，所以水果对肉的 *M* 是四。我们又说，肉对水果的 *M* 是四分之一，这是水果对肉的 *M* 的倒数。然而，他愿意放弃四磅肉来换取另外一篓水果，他却不愿意放弃一整篓水果来换取四磅肉，这是可能的，甚至多半就是这种情形。他也许只愿意放弃一篓水果的五分之四来使他所有的肉增加一磅。（换个讲法，只有当他能获得四磅以上的肉，譬如说五磅，才能诱使他放弃一整篓水果。）

这样，水果和肉之间便有两个不同的边际替代率（*M*）。在重新配置系多给维克托一些肉而少给他一些水果时，它是四（如果我们用相反的方法来衡量 *M* 时，它是四分之一）。在倒转来重新配置时，它是五（或五分之一）。

这是因为，依据 *M* 渐减原理，随着维克托获得的肉愈多（和获得的水果愈少），他关于肉的 *M*（用水果来表示）就**不断下降**。边际替代率（*M*）分裂为：同可以用来代替肉的另外一些水果比较起来，他**对他所有的肉的边际相对依恋性**（这等于四分之一），和他对他放弃一些水果就可获得的**更多的肉的边际相对迫切性**（这只有五分之一）。他对他所有物品的**边际相对依恋性**和他要获得更多的这种物品的**边际相对迫切性**间的差别，是我们采用大的边际单位（四磅肉）的结果。他所持有的肉和水果数量间的巨大差别，引起 *M* 的变化，这种变化表现为边际相对依恋性和边际相对迫切性间的差别。我们不妨采用比较小的单位，如一磅肉甚至几两肉，和相应的比较少量的水果，要是我我们不妨撇开我们对维克托和马克的稍嫌冗长的探讨，而把论证一般化，以便应用到社会上一切消费者和他们所消费的所有许许多多不同种类的货物上面。

只有每一宗货物 *A* 对任何其他一宗货物 *B* 的边际替代率(*M*)，对持有一些 *A* 的一切消费者不小于对持有一些 *B* 的任一消费者时，才算实现不同种类货物在不同消费者间的最好配置

如果这个边际替代率对任一消费者是比较小的话，那就可能把一些 *A* 从他转给另一个消费者，把一些 *B* 从另一个消费者转给他来改进配置情形。这会提供一些剩余，用来改善双方的处境，正如同我们最初举的维克托和马克的事例一样，在这个事例中，*A* 是水果，*B* 是肉。改进原来配置情形的这种可能性表明，它不可能是货物的最适度配置。

从这点推定：凡是不只一个人消费的货物的 *M*，对于所有消费这种货物的人都必定是**一样**的(因为没有一个人的 *M* 会小于另一个人的 *M*)，虽然它可能小于那些根本没有这种东西的消费者的 *M*。(在任何情形下，*M* 都是用消费者共同有的另一种货物来计算的。)

们这样做，差别就可随意缩小。对一两肉的边际相对依恋性和对另外一两肉的边际相对迫切性不会有显著的不同，因为在重新配置的前后，维克托的处境没有发生重大变化。我们可以随意采用多么小的单位，正是由于这种可能性，我们才有权利说各种货物间有一个边际替代率(*M*)，不论我们打算依据什么方向来重新配置——用肉代替水果或用水果代替肉。

这是通过自由交换而自动实现的，然而它会被打乱，如果发生任何垄断剥削的话

现在我们已经将我们的原理阐述明白并且加以发挥，但是怎样把它应用到实际中去呢？我们显然不会当真建议政府视察人员或心理学家去调查每个消费者关于市场现有的每两种货物间的 *M*，并把货物从 *M* 较小的消费者转给 *M* 较大的消费者。

幸运的是，货物的最适度配置可以自动实现，而无须任何政府视察人员的干涉。维克托愿意至多用四磅肉去换一篓水果。马克愿意一篓水果至少换取一磅肉。所以，当交换率是在四磅肉对一篓水果和一磅肉对一篓水果之间的限度内，他们就都愿意进行**交易**。维克托会再多换得一些水果，马克会再多换得一些肉，他们的 *M* 也将因此互相靠拢。只要他们的 *M* 还存在着差别，就会有相应的一系列的交换率，双方愿意依照这些交换率进行交易。所以交易会一直进行下去，直到各个 *M* 通过交易的自动重新分配而趋于相等为止(或直到维克托没有肉或马克没有水果为止)。

两个孤独的人依以进行交换的比率是任意的(在我们的例子中，最初交换率是在 4∶1 到 1∶1 的限度内)，它取决于这样一些情况：交换双方的相对贪心与诡诈以及他们对欺骗的相对感受性。重新配置带来的剩余也许几乎全部为交换的某一方所占有。相对另一个人来说，这使得他的处境好起来，并将影响到他的 *M* 和将来进一步交易依以进行的交换率，这时交换的某一方不愿意再按

原来的交换率进行交易了。然而这是两个人进行一系列交易后留存下来的两种货物的相对量问题，这又是和我们留到下一章讨论的各个人的收入分配问题密切联系的。只要交换对双方是有益的，他们就继续进行下去，这种交易要进行到各个 M 相等(或一个人将其 M 比较小的货物调光)为止，这一点依然是不错的。最后总是货物最适度配置的情形，尽管因讲价能力而获得的不同好处可能影响到不同消费者的相对福利，从而影响到收入的分配。[①]

现在我们更加关心的是这样一个考虑，即自由交换不一定总是一直引导到货物的最适度配置。如果交换的一方是个处于优势的卖主，他估计到他提出的交换率对另一方将要购买的数量有怎样的影响，他可能将其价格或交换率确定在一个水平，这同任何其他价格比较起来，会使他从交易中获得最大利益。另一方只有认为价格是既定的，从而把交易进行到他的 M 等于市价的一点，然后他就不愿再从事交易了。甲方的 M 不会和价格相等，因而不会和乙方的 M 相等，所以货物的最适度配置并没有达到，依另一个不同的交换率从事进一步的交易来进一步的重新配置，对双方都有好处。但是甲方也许不愿这样做，他害怕损失掉他因乙方把他的价格作为既定价格而获得的利益。如果他按照新的交换率再从事交易的话(要是他被劝诱再从事一些交易，这个交换会对乙方更有利些)，乙方也许要坚持到第二天，按照这个更合算的价格进行交易。为了保持他控制价格的垄断地位，他就牺牲掉追加交易所

① 参看艾尔弗雷德·马歇尔:《经济学原理》，伦敦麦克米伦公司出版，1920 年第八版，附录 F,《胡桃与苹果》。

带来的直接利益。到头来他可能是利多害少,而乙方却是利少害多。在对两个消费者的相对福利的影响进行考察时,我们又发现我们碰到各个人的收入分配问题。在这里提出这个问题,不是因为它就两个孤独的个人间的交易这个意义来说是很重要的,而是因为这是我们初次接触到一个非常重要的普遍现象,即为个人利益而行使的垄断权力对整个经济造成的损害。所以,用一个算术例子弄清楚这条原理,是有益处的。

假设肉食者马克是个厉害的商人,他能凭其更顽强的性格来威吓维克托。他也许把价格定为三磅肉换一篓水果,尽管他为这篓水果仅只获得一磅肉,他的满足也不会受到损害。维克托同意这个价格,并用肉来换取水果,直到他的 *M* 从四下跌到三为止。交换超过这一点时,他就不合算了,因为另外一篓水果不足以补偿他依马克规定的价格而必须牺牲的三磅肉。

同时,马克的 *M* 在不断上升,他和维克托的水果对肉的 *M* 间的差别由于两方面的移动而缩小了。不过价格规定得更接近维克托的 *M*(四),而不是更接近马克的 *M*(一),所以这种移动不会是从一一直到二(这是维克托停止交易的一点)。这时马克的 *M*,譬如说,上升到二;这就是,如果他再牺牲一篓水果来换取二磅肉,他的处境既不会变好,也不致变坏。按照二和三之间的任何价格进行交易,维克托和马克都能获得好处。然而马克不肯把他的价格降低到三以下,因为他晓得,这样做将会毁坏他在坚定或顽强方面所享有的声誉,以致下次维克托不愿按照他规定的价格进行那么多的交易(甚至全然不肯进行交易);为了更好的条件,他要坚持下去。结果,交易停止在维克托和马克的 *M* 仍有差别的一点,因而不会达到货物的最适度配置。这种浪费是由马克的垄断政策或剥削政策造成的。

不妨用货币来克服物物交换的不便

如果我们丢开两个孤独的消费者这种不切实际的事例，进而考察一个包括许多消费者的社会，这里没有一个人可以对交换率发生任何重大的影响，因为每个消费者都把价格看作是既定的，那么，以上两种错综复杂情形也就消失了。这就不会有收入分配的不确定性，不会发生垄断的剥削，不会偏离货物的最适度配置。在任何两种货物间的每一交换率下，各个消费者都准备把交易进行到他所需要的货物的 M 下降(和他所牺牲的货物的 M 上升)到市场交换率的一点。所有这些消费者供给的总和就是市场的总供给，所有各个人需求的总和就是市场的总需求。任何一宗货物所获得的价格愈低，通常每个消费者需求的数量就愈大，所有消费者共同对这宗货物需求的总量也愈大。如果在一特定的交换率下，对任何一宗货物的总需求大于总供给，这将促使价格上涨，并使需求下降，直到它和供给相等为止。[①] 每个消费者要进行交换直到他的 M 与价格相等的一点；因为价格对于每个人都一样，所以 M 对于每个人也是一样的(这些人是例外：他们将其所有的东西都搞光后，依然发现他们的 M 小于价格)。这样，通过各个人完全自由的交换，这里没有人能对价格施加有意识的影响，一切货物的最适

① 价格对供给的影响要更复杂些，可以留到后面再谈。

度配置就自动达到了。

这意味着，在统制经济中，简单地依据对消费者实行收入（或一般货物）分配的某种原理，把不同数量的种种货物分配给不同的消费者，然后准许他们彼此进行物物交换或货物的交易，当这些货物都相对获得最高评价时，交换就会停止下来；这样来使一定供应量的货物达到最适度的配置，是可能的。

这种物物交换的方法，虽然不像由一个稽查员把货物从 M 较小的地方移转到 M 较大的地方那么令人讨厌，但却依然会带来不少麻烦。每个消费者都得寻找另外一些消费者，他们愿意用他所需要的货物去交换他原来持有的东西。每两种货物就有一个有组织的市场，可能是有帮助的，然而这意味着四十九万九千五百个不同的市场，虽则不同的货物只有一千种。（这一千种货物中的每一种都将有九百九十九个市场，必须与它进行交换的每一种货物有一个市场，总共有九十九万九千个，可是每个市场都计算了两次，即进行交换的两种货物各计算一次，所以市场数目只有四十九万九千五百个——依然太多。）然后还会发生运输问题，而且像理发或电烫发这些无从运输的货物怎么办，这个问题依然没有解决。

幸而有更好得多的办法来解决这一切问题。这就是在各个消费者中间进行的分配，并不是依据所采取的某种收入分配原则来分配种种数量的不同种类货物，而是依据同样原则来分配**种种数额的金钱**。消费者可以用这种种数额的金钱来换取现有各种货物和劳务。当货币价格较高时，某一特定货物的需求就小些，当货币价格较低时，需求就大些，货币价格能够进行调整，以使每种货物的需求数量等于现有供给数量。每种货物的价格对于一切消费者都是一样的，每个消费者都要把他的金钱用来购买他比较喜欢的货物，我们假定，这些货物是使他获得最大量满足的东西。他要购买的各种货物的数量是这样的，即要使他所购货物对他的 M 等于它们的相对价格。

各种货物的价格可以用来反映它们的 M

举个例子，如果肉是三角一磅，水果是六角一篓，凡是肉和水果都要购买的消费者，将分别购买这么多的数量（或按照这样的比例购买），使肉对水果的 M 等于二分之一，水果对肉的 M 等于二。如果 M 和相对价格 $\left(\frac{30}{60}=\frac{1}{2},\frac{60}{30}=2\right)$ 不相等，消费者就可多买其中一种货物而少买另一种货物来改善他的处境。假如他的水果对肉的 M 不是二而是三。这就是说，另外一篓水果足够补偿他所牺牲的三磅肉。要是他少买三磅肉，他可节省九角钱（3 角×3）。他不妨用六角钱再买一篓水果，这就剩余三角钱，可以用来多买一些肉，或多买一些水果，或多买他所喜欢的任何东西，来改善他的处境。所以一个消费者的 M 同相对价格不一致时，他少买一些肉和多买一些水果，就可得到好处，直到他根本不买肉或水果对肉的 M 下降到二为止。

由于购买一些货物（不论哪一种）的每个人都使他的 M（用他购买的其他每种货物来表示）和相对价格相等，而相对价格对于每个人又都相同；所以 M 对于所有的人也都是一样的（任何东西都不买的人除外，他们的 M 要小于相对价格）。这样就能最便当地

达到货物的最适度的配置。每个消费者得到货币收入，然后在商店里按当前价格把它花在他最喜欢的物品上面。

M 渐减原理对于这样达到的货物最适度配置不是真正必要的。在这条原理完全不存在的情形下，货物的最适度配置还是可以达到，但是调节每个人的 M 使之和相对价格相等的，是 M 的渐减。如果所有 M 都是不变的或渐增的（这种情形可能发生，要是一个消费者对于任何货物的 M，由于他在同另一种货物的交换中获得愈多而愈大，他就会比从前更渴望继续交换），那么，在物物交换的机构下，交换将继续进行下去，他会把他的全部金钱用于购买特定货物的某一品种。消费者并不是这样做法的这一明显的事实表明，M 渐减原理至少对消费者实际消费的一切货物来说是有效的。任何其他货物或货物的组合在经济上都仿佛是不相干的，所以 M 渐减原理适用于一切可能的数量组合的每两种货物，这个假定是许可的，而且会使我们感到非常方便。

我们对实现货物最适度配置问题提出的这个解答，对许多读者来说也许是令人遗憾的。从当前自由市场经济的实际情形看来，显而易见的是，所有边际替代率和物物交换都仿佛是毫无必要的废话。为什么这全部论证不是多余的，有两个理由：

第一个理由是，许多社会主义者对使他们联想到当前资本主义世界的任何事物都感到厌恶。这就有必要表明，货币作为进行货物适当分配的手段，这个用处不只是从资本主义经验不加批判地吸收过来的资产阶级信念，而且从基本原理来考虑时证明它是可以达到一些值得想望的目标的。当我初次听到社会主义和1917年的俄国革命时，据说它们打算停止货币的使用。其实像机器、工厂、大城市、铁路、警察和军队、黄金、银行和货币这许多东西，是人们在试图建立更美好的世界时要努力摧毁的那个社会的一些不相干的方面。正是由于这个缘故，所以需要表明货币是个强有力的工具，要废除它——即使是可能的——至少是和由于电气是最先进的资本主义国家中最高度发展的东西而要废除电气是一样的愚蠢。

需要进行论证的第二个理由是，它可以一再用来取得其他的结果，这些结果仿佛不是对每个人都是那么明显的。对这些概念和论证有个清楚的理解，要比记住这个特殊结论更重要得多。

在某些情况下政府可能干涉货物的最适度配置

假如我们的第二个假定——消费者总是要选取对他最有益的东西（也就是使他获得最大量满足的东西）——可以认为是普遍真理的话，或者，假如人们认为，就这个意义来说的“合理”行为的任何背离都可以适当地加以处理，即指派监护人来看管这些违犯者，并代替他们作为“消费者”，那么，这一章也就告一段落。然而实际情形不是这样的。政府总是要或多或少地干涉人们的选择，而且常常争辩说，它要干涉的是那些不聪明的选择。于是一特定货物的消费可能由于抬高价格（征税）而受到阻碍，如同威士忌酒，或由于降低价格（贴补）而受到鼓励，如同教育事业。但是这种干涉不在本章讨论范围以内，因为在这种种情形下，干涉的目的是削减威士忌酒的**生产**和扩大教育服务的**生产**，而这一章我们关心的只是货物和劳务的**一定**供应量在消费者中间实行最有效分配的方法。

对一特定货物和劳务的消费一般地加以鼓励或限制——甚至达到对一些货物实际上禁止使用或者根本免费供应和强制使用的程度——不属于本章的范围。在这里有关系的是政府要在**某一部分**人民中间限制或鼓励某种消费时实行有**差别**的干涉。这样，它进行的干涉是使不同消费者有不同的价格。它可能禁止未成年人饮酒或玩赌具。它还可能按特别便宜的价格对低收入阶层供应某些食物，而不增加他们的收入。在这种种情形下，M 不会对一切人都是一样的，在满足消费者的**欲望**方面，现有货物的供给没有得到最适当的利用。就上述任一事例来说，牺牲最适度地配置货物的原则，也许有很好的、很充足的理由，但在肯定其正当性以前，必须进行仔细的考察，充分认识这种牺牲的意义。

第三章　收入的最适度分配

在第一章里，我们把一个社会各个消费者之间收入分配的问题同把现有的各种货物分配给各个消费者从而构成他的消费份额的问题划分开来。我们研究了后一问题，集中分析货物最适度配置的性质，并得出结论说，我们依据统制经济所采取的任何收入分配原则，把种种数额的金钱给予各个不同的消费者，让他们在商店里按照一定价格购买他们所喜欢的货物，这些价格要调节得使每种货物的供求都相等，这就能最满意地实现货物的最适度配置。现在我们必须考察收入分配问题，要记住，凡是会使一个消费者的处境因牺牲另一个消费者而好起来的一切决定或行动都涉及这个问题。

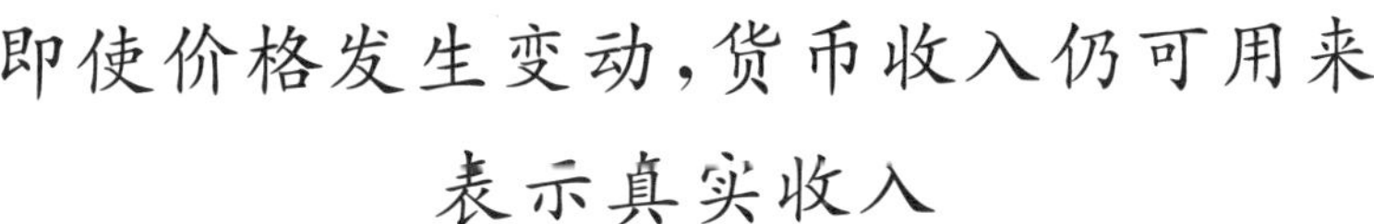

把种种数额的金钱付给消费者，让他们换取现有的各种货物，这个办法在为我们提供一个机构来对付收入分配问题方面迈进了一大步，然而一般要分配给任一消费者多少货物的问题和要分配给他多少**金钱**（货币收入）完全是一回事，这一点还不够十分明白。

由于消费者所购货物的价格发生变动，他们的货币收入完全不变，也会使一个消费者的处境因牺牲另一消费者而变好起来。如果肉价上涨而水果价格下跌，那么，素食者的处境变好了，肉食者的处境变坏了，尽管他们的货币收入没有变化。

但是，如果另有一条独立的原理，它决定着一切现有货物的价格，我们就可以把货币收入作为衡量真实收入的尺度，这个真实收入是就实际消费的货物和劳务来说的。我们从保持货物最适度配置的原理中得出这样一条独立的原理。不论我们采取什么收入分配原则，各种货物的价格要决定于一个水平，这一水平使得每种货物的供求相等，这样我们就可以把货币收入作为衡量真实收入的尺度了。

这并不是说，物价不会发生变动，或这种变动不会使一些人的处境变好和另一些人的处境变坏，尽管他们的货币收入保持不变。然而它确实意味着，我们必须撇开这些变动，要是变动系由于各种货物的需求或供给发生变化的结果，而货物仍保持最适度的配置。如果我们能够说，在旧局面下，消费者的实际相对福利刚好是和我们所要求的一样，那么，当价格发生变动时，我们就要对货币收入进行一些调整来抵消价格的变动，从而使消费者的相对地位依旧不变。可是我们没有方法对不同消费者的福利直接进行比较。我们的唯一客观的一般标志是他们的货币收入，而货币收入却不曾发生变化。我们也许有充分理由认为，一个消费者的处境变得比从前好，另一个消费者则不如从前，然而我们没有理由假定新局面比旧局面好，更没有理由假定旧局面比新局面好（即更接近我们希望创造的那种局面）。

要取得货币收入最适度分配的标准，我们必须假定各个不同的人们都感到同样的满足

这种多少有点令人不满意的状态，是对各个消费者的满足不可能用同一尺度来衡量的必然的结果。在第二章里，我们靠**相对**评价或边际替代率（就是像肉和水果一样的一些客观货物之间的比率）避免了这个困难。我们在研究收入的分配和探讨收入的最适度分配时，怎样才能克服这个障碍呢？

如果在第二章我们所设的假定以外再增加两个假定，我们就可以解决这个问题。我们在第二章曾经假定，经济社会的各个消费者都能感觉到满足；如果他们能够在两种或多种可以代替的货物中进行选择的话，他们将选取提供最大量满足的一种货物。

我们追加的头一个假定是，各个人所感到的各种满足，就它们是一类东西这个意义来讲，是**同样的**。换个讲法，一个人获得的满足大于或小于另一个人所享有的满足，这个说法不是没有意义的。当一个人说："你的需要大于我的需要"，他可能是正确的，或者是错误的，然而即使不能表明他究竟是否正确，也无须坚决认为他是精神错乱。各个人所感到的满足是同一类的东西，这是无从证明的。作出这个假定的唯一理由是，尽管有少数哲学家说我们无法判断这一点，然而没有一个人的行为显示出它是不符合这个假定的。不承认这一假定，事实上是否定了下面这个说法的意义，即除我自己以外的任何人也都会感觉到**不论什么样的**痛苦或快乐。

这个假定使社会上一切人所感到的全部满足成为最大量的概念变得有意义了。如果要达到这个目的，必须满足的条件是，所有社会上的消费品或收入，都应给予那些能从这些消费品或收入的享受中获得最大量满足的人，而不应给予其他任何人。如果收入是在这些人中间进行分配，他们是依据符合这个标准的方式来享受的，那么，分配的任何变化都意味着用比较小的（充其量不过是相等的）满足来代替损失掉的满足，因而任何变化都没有好处。

我们还必须假定收入的边际效用渐减原理是普遍适用的

关于我们要达到的目标，虽然现在有了一个相当清楚的概念。但是，看来还没有什么想象得到的措施来实现它。要实现收入的适当分配，似乎要先找出每个人从每一单位收入将会获得多大的满足。我们利用追加的第二个假定——**收入边际效用渐减原理**——就可使努力追求的目标略有实现的可能性。

这条原理是说，每个人从他的收入获得的满足的数量，取决于他的收入的大小，因而他的收入愈大，他总能获得更大的满足，**如果他的原来收入是比较高的，他从其收入的一定增加量所获得的额外满足**（收入的边际效用）**就要小些**。例如，他的收入从二千元增至二千一百元时，如果和他的收入从一千元增至一千一百元时比较起来，他从这同一增加额一百元所得到的额外满足就要小一些。一个人的收入愈大，他对收入的一定的绝对增加量便愈觉得不重要。这叫作效用渐减原理，因为，如果我们认为一个人的收入是依连续的相等的增加量增加起来的，譬如说，从一千元增至一千一百元，一千二百元，一千三百元……等等，那么，他从每一次**增加**所获得的额外满足（即收入的**边际**效用），就随着一次一次的增加而**减少**，因为他每次增加的收入虽然相同，然而它是从比较高的原来水平开始的。

收入边际效用渐减原理能够从下述假定推求出来：消费者是这样花费他们的收入，即要使他们从其所购货物获得的满足成为最大量。在一定收入下，购买来的一切物品，就其花费的金钱来说，比可能另行选购的其他任何东西都可提供更大量的满足，正是由于这个缘故，所以不买那些东西。从这点推定，如果收入更大些，用增加的收入来购买的另外一些物品，当然就是收入较少时被排除掉的那些东西，因为它们提供的满足比较小；如果收入再大些，甚至会买那些提供更小满足的物品。收入愈大，用相等的收入增加量购买另外一些物品所得到的满足就愈小。收入边际效用渐减原理的意思就是这样。[①]

如果我们考察一下小额收入从一个人到另一个人的移转，就会知道，一个人的所得和另一个人的所失要等于各个人的收入对他们的边际效用。如果边际效用不相等，把小额收入从收入边际效用比较小的人转给收入边际效用比较大的人，总会有好处——

① 这个论证假定，从不同货物的消费所获得的不同满足并不取决于收入的大小，因而也不取决于消费掉的其他货物。对这些**辅助物**考虑的结果，要在后面进行考察。收入边际效用渐减原理同一宗货物对另一宗货物的替代率（*M*）渐减原理不能混为一谈。前者是从反省和选择的合理性这个假定引申出来的。后者是建立在观察到的现象这个比较稳固的基础上，这个现象就是人们并不把他们的全部收入都花在单独一种货物上面。前者是指收入**增加**的影响，后者是指一宗货物**代替**另一宗货物的影响。

满足的总量将会增加。这种收入再分配是和把东西给予更需要的人这个观念符合一致的。

把收入从收入边际效用比较小的人转给收入边际效用比较大的人不一定在一单位收入移转后就停止下来。边际效用不相等情形也许不会消失掉，根据上述理由，这种活动可以反复进行下去。可是收入边际效用渐减原理表明，这种行为迟早是要停止的。因为，随着领受人的收入增加，依照这条原理，他的收入的边际效用就会逐渐减少。同时，另一个人的递减收入的边际效用将会增加。这样继续下去，差别就愈来愈小，最后两个人的收入的边际效用刚好彼此相等。当收入达到这种分配情形时，就无法再扩大这两个人的满足的总量了。由于收入的分配使社会上一切人的收入边际效用都趋于相等，总满足也就达到最大量。要给予满足能力比别人大的人们以相当高的收入，从而使他们达到这样的一点，即收入的边际效用渐减使得他们的**边际**效用恰等于满足（欲望或需要）能力比较小和收入也比较少的那些人的边际效用。一切人享用收入的边际能力都要趋于相等，这样我们将会实现按需分配的原则。

通过收入边际效用的均等使总满足成为最大量，是不可能的

在这里我们碰到一个严重的困难。我们假定，各个人都能感觉到满足，他们感到的满足是一类东西，这些假定就使总满足成为最大量这个概念变得有意义了；而收入的边际效用渐减原理将这点简化为这样一个任务，即，使社会上一切人的收入边际效用全都

相等。可是我们没有办法做到这一点。我们无从确实地发现任何一个人的收入边际效用大于、等于或小于任何另一个人的收入边际效用。

即使知道任何两个人从收入获取满足的能力是完全一样的，但是还要知道，他们之间的收入分配不均将会使高收入的边际效用小于低收入的边际效用，收入的均等将会使他们的边际效用相等，并使两个人一共享有的总效用达到最大量。即使知道一个人有较大的满足能力（在一切收入水平下），但是还要知道，收入平均分配的结果是满足能力较大的人的收入边际效用要大一些，所以收入分配必须不均，即满足能力较大的人多得些收入，满足能力较小的人少得些收入，从而使收入的边际效用相等，并使总满足成为最大量。可是这些事情是无从发现的。每个人都可以说，他的满足能力是异常大的，所以他的收入要比其他任何人都多些，如果要使总满足成为最大量的话。这种要求的真实性是无法验证的。

但是收入的平均分配可使概然的总满足成为最大量

在收入对不同人们的边际效用没有可能来发现并从而使之相等时，也就不可能使总满足成为最大量。但仍有可能这样来分配收入，以便使**概然的**总满足成为最大量，这个总满足要大于任何其他收入分配应该提供的**概然的**总满足。如果在任何收入分配情形下都不可能发现任何两个人当中哪一个人的收入边际效用比较大些，那么，收入的**平均**分配可使总满足的概然值成为最大值。

当我们考虑到下面一点时就可看到这是不错的:把收入从一个富人转给一个穷人,总满足将会增加,如果这两个人的满足能力是一样大小的话;因为在这种情形下,收入的移转是趋向平均分配,这会使他们的边际效用相等。然而我们不能假定满足能力相等是实际情形。富人的满足能力可能大于或小于穷人。如果穷人的满足能力大些,那种做法就会增进收益。如果富人的满足能力大些,那种做法就会减少收益(甚至可能变成损失)。增进收益的可能性抵消了减少收益的可能性,因为在任一特殊事例中,这两种可能性是一样大。在满足能力相等的情形下,仍然会有净收益,这是显而易见的,但这只是一种**概然**的收益,因为满足能力不等时,收益可能增加也可能减少。

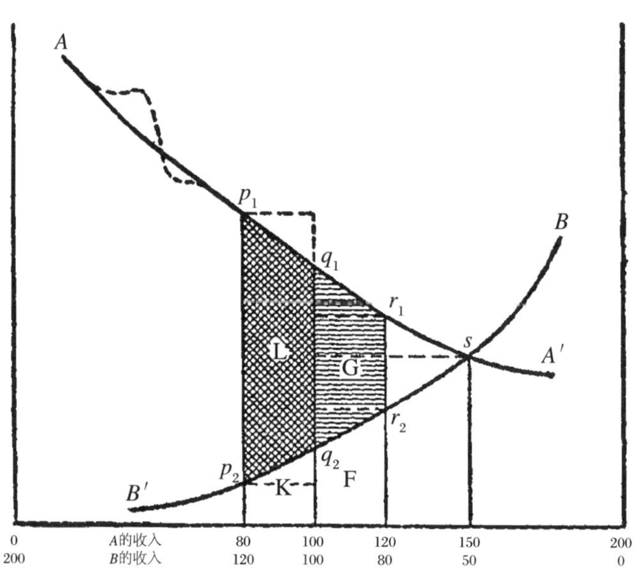

第 一 图

这个论证可以用第一图来说明。AA'和 BB'曲线表明 A 和 B 两个人在不同的收入数额(从任何一端依横轴衡量之)下所享有的边际效用(依直轴衡量之)。曲线都是从直轴向对方向下倾斜,以便符合边际效用渐减的原理。如果每月二百元的收入在 A 和 B 间平均分配,则收入对他们的边际效用可以分别用 q_1 和 q_2 的高度来表示。

A 代表有较大满足能力的人,所以他的曲线要绘得高些。在收入和 B 一样的情形下,他的收入边际效用是大于 B 的,即 q_1 大于 q_2。从这点推定,把小额收入从 B 转给 A,总满足将会增加。如图所示,今设 A 的收入增加二十元,B 的收入减少同一数额,两个人的总收入保持不变,八十元加一百二十元等于二百元。F 加 G 的面积代表 A 所增加的满足,F 的面积表示 B 所减少的满足。G 这块阴影面积表示净**收益**,只要 A 的边际效用大于 B,它就是正量。偏离最初平均分配的一点越来越远,这就是,把收入从 B 转给 A,直到边际效用在 s 处相等,即 A 的收入为一百五十元,B 的收入只有五十元时为止,总满足一直是会增加的。总收益可以用 q_1sq_2 的面积来衡量。

这是做不到的,因为我们无法发现边际效用曲线是多么高,甚至无法发现两条曲线当中哪一条比较高。让我们再假设我们是从两个人平均分配收入开始,然后考察一下,关于偏离平均分配对总满足的影响,我们究竟**能够**知道些什么。现在我们不能使用图中的曲线,因而必须对这些曲线进行猜测。我们所知道的不过是,由于收入边际效用渐减原理的关系,这些曲线是从直轴向对方向下倾斜,两条曲线当中的一条可能高于另一条。

要是现在把小额收入从一个人转给另一个人，它可能是上面考察的那种性质的移转，从 *B* 转给 *A*，这就是，从收入边际效用比较小的一个人转给边际效用比较大的一个人。在这种情形下，正像 G 这块阴影面积所表明的，总满足会有净的增加。但是收入系从收入边际效用比较大的一个人转给边际效用比较小的一个人是同样可能的。在这种情形下，变化属于收入从 *A* 转给 *B* 的性质。*B* 的收益可由 K 的面积来表示，*A* 的损失可由 K + L 的面积来表示，所以总满足要**减少**，减少的数量等于网状面积 L 所表示的**净损失**。

因此，这种偏离收入平均分配的盲目移转可能增加总满足，同样可能减少总满足；如果有极大量事例的话，那就可以料想，约有半数移转会增加总满足，另一半则会使之减少。要不是因为其他情况打破了平衡，这就会使我们在希图达到最大量总满足时对收入分配抱着漠不关心的态度。虽然损失的概率等于收益的概率，但在每次偏离平均分配的移动中，可能的损失**额**要大于可能的收益**额**。上图表明了这一点，在那里，由于曲线的斜度关系（这个斜度是由收入效用渐减原理决定的），网状面积 L（这代表**损失**）大于阴影面积 G（这代表**收益**）。在广大人民当中实行偏离平均分配收入的移转，可以预料，每一亿次移转中约有五千万次会增加总满足，约有五千万次会使之减少。在大约五千万事例中，移转是有利的（从 *B* 转给 *A*），在其他五千万事例中，它是有害的（从 *A* 转给 *B*）。从有利移转获得的满足总增加量约为图中阴影面积 G 的五千万倍，而从有害移转遭受到的满足总损失量约为网状面积 L 的五千万倍。社会损失几乎是肯定的。我们由此得出结论说，**如果**

使一个社会的总满足成为最大量是可取的，那么合理的程序是在平均主义的基础上分配收入。

因辅助性和无理性而产生的复杂情形并不影响一般结论

我们现在可以考虑我们一直忽略了的一种复杂情形。收入边际效用渐减原理所依据的论证只有在下述假定下才是严格有效的，这个假定是，一个人从消费不同货物所获得的效用或满足是互不相干的。如果这些效用有互相辅助的关系，收入的边际效用可能随收入增加而提高，而不是降低。当收入低时拒不购买的各项物品，在收入提高并能购买它们的时候，也许有更大的效用，因为这个人所消费的其他东西增进了这些物品的效用。所以情形也许是这样的：在低收入水平下，一个人须在华丽的衣服和一部汽车之间进行选择，她可能选择衣服而不选择汽车，这不是因为衣服提供极大量效用，而是因为，她没有华丽的衣服就不敢坐上汽车，因而汽车本身就几乎没有什么价值了。当她的收入增加后，她能够买衣服，又买汽车，于是这种收入的增长要比只能购买衣服时的收入增长更有意义得多，因为它使衣服和汽车都能得到充分的显示和享用。在没有汽车的情形下，衣服的边际效用也许是五个单位。在没有华丽衣服的情形下，一部汽车的边际效用，譬如说，是二。但是华丽的衣服和汽车结合起来的效用也许是二十。这样，收入的第一个增量的效用是五，收入的第二个增量的效用是十五。这便是收入边际效用渐增的例子。

辅助性可能是积极的，就像这里所举的例子一样，在这个例子中，一宗货物的占有或消费会提高另一宗货物所提供的满足；或者是消极的，这时一宗货物是另一宗货物的代替品，它的占有或消费会减少另一宗货物所提供的额外满足。在一种情形下，它倾向于削弱，有时也许不只是补偿，收入边际效用渐减原理，从而在一定范围内促使收入的边际效用渐增。它发生这种作用，是由于造成一种间断情形（就是使从衣服加汽车所获得的满足成为一个不可分割的项目），这在边际效用曲线上表现为“臃肿形”（“bump”），甚至可能使曲线的一部分随收入增加而向上倾斜。在另一种情形下——在它是消极的情形下——辅助性加强了收入边际效用渐减原理。

在没有更多的特殊情报的情形下，可以预料，这两种趋势大约是等值的，于是我们将会看到，收入边际效用渐减的强度是和没有任何辅助性时一样大，然而它是不规则的，有时不规则得相当厉害，以致收入的边际效用在一定收入范围内有所增加。所以边际效用渐减原理可以归结为任一特殊事例中的概率，但在选择一种收入分配使社会上**概然的**总满足成为最大量时，我们需要作为指针的正是这个概率。

其次，就我们的分析目的来说，无须假设收入的花费**总是**按照完全合理的方式进行。只要相当大的一部分花费是依据各项货物合理的选择而支配的，这些货物提供出比较大的而不是比较小的满足，那么收入的边际效用**一般**是要下降的。这里又会出现不合理花费所造成的不规则性，它可能增加或者减低下降率，常有这种情形，即某一特别严重的不规则性实际上可能引起收入边际效用在一定范围内的**增长**。这也不致影响收入边际效用一般趋于下降的**概率**，而这种概率正是我们的论证所需要的一切。

从收入享用能力的经验获得的进取心，可能是一个赞成逐渐地而不是突然地使收入均等的论点

第三，可能有人争辩说，享有较大收入的经验增大了一个人的胃口和享受能力，所以富人的边际效用曲线应当认为是高于穷人的，这种情况多少是讲得通的。从这一点推定，理想的收入分配应该是让那些已经富裕了的人们多得一些。反过来也可以这样来争辩，即一个高收入的人用惯了他买得起的奢侈品，所以他差不多是自动地消费这些东西，几乎没有注意到，他的这种行为实际上不会给他什么享受，却会使不习惯这种花费的人大吃一惊，这也同样是讲得通的。它可以抵消头一个论点，并加强平均收入使总满足成为最大量的主张。不过，纵然知道第一种考虑压倒了第二种考虑，纵然认为这两个论点当中只有第一个论点是确实的，平均分配收入可使概然的总满足成为最大量这一点依然是不错的。但是现在这只有从长期来看才是正确的。从长期来看（在没有任何种族优越的知识或信念的情形下），各个人**取得**收入享用权的能力可以用来代替我们以上所考察的**实际的**满足能力，并获得同样的结果。从长期来看，平均分配收入可使概然的总满足成为最大量。可是从短期来看就不同了。如果高额收入的经验有**提高**收入边际效用曲线的结果，最好是暂时使收入一向较高的人们享有平均以上的

收入。这个考虑连同有关**动态**问题的其他许多考虑都是重要的，这个动态问题是，收入从以前的分配不均**过渡到**理想的平均分配应当是多么快，在这里我们不去讨论它.它不会影响我们的这个结论：如果使满足成为最大量是可取的，那么，追求的理想是收入的平均。

如果贪得欲意味着较大的收入享用能力，则分配不均可以是最适度的

就由于更加努力而造成的收入差别来说，加上一点限制看来是必要的。一个人工作时间较长或更刻苦地从事工作，须有先决条件，即他有通过格外努力取得额外收入的更大的用处或更迫切的需要，他应得到更多的收入[①]。但也并不尽然如此。一个人只有在从他得到闲暇或工作轻松的享受来看，他的工资加上工作本身的乐趣（或减去工作的苦恼），他的报酬加上工作对闲暇的 M 要超过那些不喜欢格外努力的人们时，他才会拼命地工作。没有理由认为，他拼命地工作，是因为对他来说工作的边际负效用或闲暇的边际效用要小些（在这种情形下，他应得到比较少的收入）；也没有理由认为，他拼命地工作，是因为额外一元钱对他有更大的价值（在这种情形下，他应得到比较多的收入）。但是尽管这个限制证明是正当的，它不会对我们的结论发生严重的影响。

---

① 对于这一点观察，我得感谢现在约翰斯·霍普金斯大学的卡尔·迪伐因博士。

但要承认其他也会符合这个论点的理由

我们将会看到，平均收入原则并不排除让一些人为了额外收入而牺牲他们一部分空闲时间，只要他们愿意。这个机会对更重视货币收入的人们是特别宝贵的，它允许这些人更拼命地工作来获得更多的收入，从而倾向于矫正偏离这里阐述的纯粹命题的情形。而且要记得，这个考虑只涉及因更加努力而不是因幸运或遗产关系而产生的不平等，在这种情形下，我们必须容许一定程度的不平等，是由于一个十分不同的理由，这个理由是，平等原则必须和刺激人们增加可以用来分配的收入总额这个原则调和起来。

我们的论证还假定，一个人的满足只能来自他自己的收入

我们关于平均分配收入的论证暗含有其他几个更消极性质的假定，它们简直等于这么一个假定：没有特殊理由认为分配不均要更好些。其中一个假定是，每个人的满足只能来自他自己的收入，而不能来自其他人的收入。如果穷人从欣赏极富人们的豪华行为所获得的满足大于从减轻他们本身的贫困状态所获得的满足，那么，这个论证就可能被推翻（尽管如此，他们可以随便把钱捐献给“惊人挥霍展览会”，从而更经济地看到这种场面）。另一方面，即使不贫困的人对贫困现象所感到的痛苦和穷人对富人所怀有的忌妒也倾向于加强我们的平均论证。有时人们把富人的惊人挥霍和

文化价值等同起来了。这是一个极端脆弱的命题，同它的逆命题比较起来是更加讲不通的，这个逆命题是，富人的惊人挥霍破坏了文化价值，它歪曲了而不是发展了真正的艺术欣赏。总之，这种种考虑只不过强调我们的结论的“概率”性质。如果我们知道每一特殊事例中的影响，那么，实际上最大的可能性必定是收入分配**不均**，这一节所谈的问题需要加以考虑，更不用说边际效用曲线了，但若缺少这种难得的知识，我们依据概率得出的结论依然是站得住的。

并且人们对收入的增加和对收入的减少是同样敏感的

我们关于平均收入的论证的另一含义是，对有一定收入的任何一个人来说，收入的边际效用是一样的，不论我们考虑他的收入是要增加还是要减少。然而一个人对收入从二千元增加到二千一百元时的感觉没有对收入从二千一百元减少到二千元时的感觉那么敏锐，这是可能的。或者说，他对前者的感觉也许比对后者的感觉更敏锐些。如果对收入减少比对收入增加更敏感的话，那么任何收入再分配（这必定包括收入的增加，也包括收入的减少）都是有害的，只因它是一种变动。如果我们考虑一种再分配情形，它既不加重也不减轻收入分配的不均，就可以清楚地看到这一点。如果在两个人中间这样来实行收入的移转，使他们的相对地位恰好倒转过来，那么分配不均的程度并无不同，可是这会造成净损失，因为对收益的感觉没有对损失的感觉那么敏锐。尽管收入移转使不均情形有所减少，再分配行为的损害也许大于新分配胜过旧分配的利益。这种考虑看来好像会推翻我们主张收入再分配（即把现在分配的不均改变为平均的分配）的结论。但是实际情形不是这样的。

即使这些假定没有根据，一般结论依然是站得住的

这和刚才考察过的富人问题是一样的，我们曾经假定富人对收入具有比较大的敏感。对收入减少比对收入增加的敏感大，只能使我们得出结论说，再分配将会是缓慢的。对收入减少比对收入相应增加的敏感要是大得这么多，因而收入增加的利益，同收入减少的痛苦比较起来，是微不足道的，那么，任何人的收入都不应当减少，但是从我们的分析依然可以推定：所有高过一般水平的收入都不应当增加，新的一代人都不应当给予高过一般水平的收入，因为在决定新增人口的新收入时，首先不允许发生为适应高额收入而引起的问题。在不是那么极端的情形下，应当实行由富人转给穷人的收入再分配，不过速度是缓慢的，再分配的速度要这样，按照这个速度，变动本身造成的损害恰好在边际上大得足可抵消改进收入分配的好处。更迅速的再分配会利少而害多（在边际上），更缓慢的再分配又意味着放弃改进分配的利益，这种利益要大于它将会引起的进一步变动所造成的损害。

如果消费者对收入增加比对收入减少更为敏感的话，那就会得出一个奇怪的结论：除非收入的变动使得新分配比旧分配更不

平均，否则**任何**变动都是好的；即使在那种情形下，要是这个变动继之以回到原来分配情形的变动，依然会有净收益。最后的收入分配是和开始时一样的，但是由于这中间穿插着增加后的减少和减少后的增加，所以对收入增加的更大敏感将会带来净收益。就像预料到的一样，这的确是和对收入减少比对收入增加更敏感的情形刚刚相反。在那里，即使变动的最后结果是好的，变动也需要加以控制，使之减少到最小限度。在这里，变动本身就是好的，姑且不谈改进收入分配的利益。依据这个假设，最好是使一切收入尽可能大幅度地和迅速地波动，虽则环绕平均水平的波动依然是可取的，如果要从一定量总收入在一定程度的变动中获得最大量满足的话。这个结论是够离奇的，可以使我们感到满意，一直到我们对这个问题有一些了解的时候，这暗含着是说，消费者对收入增加和对收入减少是同样敏感的。我们可以心安理得地这样进行分析，因为我们的结论不是作为一个建议提出来，要求在完全平均主义的基础上立刻实行收入的再分配，而只是作为一个理论问题的解答，这个理论问题是，如果把**一定量**的总收入按照最有效的方式进行分配以使总满足成为最大量，我们应当怎样来分配呢？

人们还经常提出其他一些论证来支持平均收入的政策。一种议论可能是，平均分配收入要比任何其他分配方法都更“公平”，或它有利于发扬同志般和兄弟般的感情。它可能被吹捧为人类友谊这个观念的必然结果，也可能简单地把它本身作为一个目的提出来，这是一种直接的、高雅的、没有受到合理化或逻辑推理损害的呼吁。对于赞同本章结论的大多数人来说，这些比较直接和容易理解的论证通常是有较大吸引力的。然而这里搞的论证并不是多余的。它的目的是要弄清楚隐藏在一些附论中的含义，如认为收入分配命题系属于价值判断的范畴；依据使总效用成为最大量这个概念提出来的论证是没有意义的，所以作为一个经济学家，他对平均分配收入是没有什么话好说的，而作为社会的一员，他所能谈的只不过是，他喜欢平均分配或者不喜欢它。

最适度的收入分配是平均分配，拒绝这个结论不比接受它所依据的假定更公平些和更科学些

我们分析的结果是，对这个命题保持崇高的和“科学的”公平态度恰和平均分配使社会上各个人所享有的概然的总满足成为最大量的结论包含有一样多的价值判断。因为，除非我们在论证中发生了错误，否则拒绝接受这个结论，只能靠拒绝接受我们作出的两个初步假定中的一个或两个，这就是，拒绝假设其他人有感觉到满足的任何能力，和/或拒绝假设一切人享受的满足具有同样的或可以比较的性质。我们可以排除前者，因为它是这么傲慢自大，凡是头脑清醒的人都极不可能真正相信它（虽然唯我论的哲学家也许会在办公时间内这样谈论）；我们也可以排除后者，因为它把各个人加以划分，这是只有纳粹生物学的说教者才会为之辩护的。

上面提出的收入绝对平均分配的论证，并不是要直接应用到实际政策中，注意这一点是重要的。它是使社会成员从**一定的**收入中所能获得的概然的总满足成为最大量这个问题的解答。一旦提出和这个目的相抵触的其他目的，我们就得作出妥协。尽可能

创造大量收入以便在社会各个成员间进行分配，这大概也是可取的，而收入分配要是没有那么平均时才能创造更大量的总收入，那么，妥协就是不可避免的了。

一般论证并不排除一些特殊情形，在这些特殊情形中，可能为特别高或特别低的需要提出一些理由，例如一方面有病人的需要，另一方面有苦行者的需要。但是对于不平均不能提出适当的特殊理由时，一般原理就认为，如果我们要使一定量社会总收入所提供的满足成为最大量，合理的办法是使各个人的收入平均化。

第四章　非统制经济的收入分配与货物配置

在现阶段就来批评像美国这样的非统制经济中收入和财富的实际分配，似乎是太早一点。在前一章我们曾经表明，在分配**一定数量**的收入时，纯粹福利方面的考虑怎么会促使我们主张尽可能地平均分配收入。但是我们还不曾考察过，其他标准，尤其是鼓励人们生产相当大量收入的必要性，又怎么会促使我们离开这个原则。所以这种批评需要留待我们完成这些任务以后再来进行。

收入的巨大不均会产生欲望，对于福利，这和毁坏满足欲望的手段有同样的不良影响

但是在这里，关于收入分配怎样影响到货物的配置，还有几件事情要加以注意。由于收入和消费的极端不均和把人们的竞争本能导向积累财富和花费收入方面，人们的需要就被大大地扩张了。也许除了赤贫的人以外，其他一切人的大部分需要包括这样一些东西，需要这些东西既不是为了身体健康，也不是为了生活舒适，而是“为了和琼斯相比不致相形见绌”。的确，身体健康和生活舒

适方面的重大需要往往为了保持体面关系而被牺牲掉，因此，甚至用来生产消费者所需物品的一些资源都出现惊人的浪费情形。当我们准备作最后评价时，我们必须记住，这是主张比较平均分配收入的另一个有力理由。

有人争辩说，追逐金钱的竞争是天然的人类进取心所能采取的为害最小的方式；可能的替代办法是独裁政治和官僚政治靠集中营和拷问室来进行赤裸裸的压迫。看来这个结论与其说是科学论证的结果，倒不如说是悲观看法的结果。在人们努力的许多方面，金钱利益是相对不重要的；在抛弃金钱利益是不可能或不适当的场合，认为这种赌博不能用数额比较小的筹码同样搞下去——这就是，认为三千元和四千元间的收入差别不能至少像三百万和四百万元间的差别提供一样强大的刺激——这好像是没有正当理由的。

乍看起来，在非统制经济中，货物配置好像搞得很不坏。由于自由交换和对一切人都开放的自由市场，每个消费者会调节他的边际替代率使之符合相对价格；由于价格对一切人都是一样的，所以每宗货物对其他每宗货物的所有边际替代率对于所有每宗货物都要消费一些数量的人也都是一样的，于是我们将会达到货物的最适度分配。

但是在我们由于它的货物配置而要给非统制经济打个满分以前，我们必须注意，它在许多方面并不是那么尽美尽善的。

首先是我们谈到收入分配极端不均时提出的一个论点。因为消费者试图不按照自己的收入来过一种标准生活，所以他们不是聪明地进行选购。这是一种特殊的错误选择，因为它不能通过干涉使消费者作出不同的选择或指派监护人代为选择来加以纠正。任何这一类的干涉都只能使他们的处境变得更糟，因为他们会觉得，他们宁肯要那些装潢门面的东西，而不要监护人认为对他们更有用的货物。然而缩小收入不均的情形和削弱追逐金钱的竞争心以后，消费者就可随意消费他因渴望装潢门面以便夸耀一番而被迫放弃的货物了。

无知、某种形式的广告和垄断打乱了货物的配置

其次是因不了解情况和不完全市场中的有意欺骗而发生的选择不当。同样的或实际上类似的货物用不同的标签依不同的价格卖给不同的人们，因而它们的边际替代率，虽然和各种不同的价格成比例，却不是彼此相等的，所以货物没有达到最适度的配置。这在相当小的程度上通过清洁食物法和消费者协会这类组织纠正过来了，但要使消费者普遍都有机会充分了解和判断他们所购买的东西，还有很多的事情有待人们去做。

这种情形有不少是广告的结果。一些广告对消费者提供有用的消息，从而改进了货物的配置，然而大多数广告的作用在于强调各种货物间的差别，这种差别一部或全部是虚构的，这样来劝说消费者对有差别的产品支付比较高的价格。（必须记住，在这里我们关心的只是对同样的或实际上是同样的产品支付不同的价格，而不是用在广告上的资源的社会用途，或对不同货物的相对产量的影响，或对收入分配的影响。）

垄断破坏了相对价格和边际机会成本的等式，因而 *M* 在不同消费者间是不相等的

最后，由于买主和卖主对价格的影响关系，货物的配置是不完全的。当一个买主能够靠改变他的购买数量来影响他所购买的任何物品的价格时，他就不再使他的边际替代率等于相对价格；这样，尽管价格对每个人都一样，边际替代率却不相同，于是我们不会达到货物的最适度配置。

这是因为每个消费者在最有利地运用他的收入时，要使他的边际替代率在边际上等于各种货物对他的相对成本，只有他认为价格不受他的购买数量的影响（不论事实上是否受到影响）时，他的相对边际成本才和相对价格是一样的东西。

让我们考察一个十分简单的算术例子。一个消费者在考虑怎样把他的一部分货币收入用来购买肉或水果。肉是三角一磅，水果是六角一篓，这个消费者不能靠他的购买数量来影响随便哪一种东西的价格。这样，价格就和每种货物增购一单位的成本或每种货物少买一单位的节约是一样的东西。如果他少买一篓水果，他恰好节省六角钱，这笔钱刚够他多买二磅肉，这篓水果是他为了多得二磅肉而必须放弃的，于是我们可以说，二磅肉的**边际机会成本**是一篓水果。同样，另外一篓水果的边际机会成本是二磅肉。这个消费者要购买这样多数量的水果和肉，刚好使他的边际替代率（或各个 *M*）等于边际机会成本。边际机会成本是和相对价格一样的。相对价格对每个人是一样的。所有肉和水果的消费者都

使他们的 M 等于他们的边际机会成本，因而所有他们的 M 都相等，这就达到了货物的最适度配置。

但是，如果一个消费者能够改变他的购买数量来影响价格的话，这种关系就破裂了。假设一个消费者买了三十磅肉，他认为，如果他再多买一磅肉的话，增加的需求将会把价格提高到三角一分钱。于是他多买一磅肉的成本要大于价格。他多买一磅肉的花费不只是他为买第三十一磅肉而支付的三角一分钱，其他三十磅肉要每磅多花一分，因为现在每磅他得付三角一分而不是三角。这三角钱必须加到价格上面，使他多买一磅肉的花费达到六角一分。又假设他不认为他能够改变他所购水果的数量来影响水果价格。那么，他多买一磅肉的边际机会成本要稍高于一篓水果（六角一分与六角之比），另外一篓水果的边际机会成本约为一磅肉。这样，虽然水果的相对价格是二比一，可是他的边际机会成本约为一比一。他的 M 是一比一，这和任何其他消费者的 M 都不相同，后者的边际机会成本不会碰巧像他一样同相对价格发生同一方向和恰恰同样程度的偏离。不同消费者的 M 将是不相同的，因而货物不会达到最适度的配置。

卖主对价格的影响也是一样的。他的最重要影响是在生产方面，但是他对已经生产出来的货物的配置也有重大影响。最突出的事例是卖主限制出售数量以便提高价格并将剩余部分销毁掉——咖啡就曾经发生过这种情形。在这里，货物不曾最有效地加以利用，这是用不着经济分析来表明的。然而说来有趣的是，它符合我们现在的浪费范畴，看来这好像是一种极限情形。对于用它作为饮料的人，咖啡的价格是相对高的，对于用它作为机车燃料的人(或把它销毁掉的人),价格是很低的,这表明,同其他货物比较起来,咖啡的**相对价格**、它的**边际机会成本**和**边际替代率**在这两部分人中间是大不相同的。所以货物的最适度配置发生严重脱节情形。

政府限制播种面积计划和双重价格印花计划,是为了帮助农场主和其他人而干涉货物的最适度配置

我们把所有消费者的 M 的均等化作为货物最适度配置的标准的原理,对处理任何产品时一切偏离自由竞争市场的情形,是同样适用的。货物配置不当,不只表现在缩小一部分耕地面积以便其他部分的农产品可以卖得较高价格上面,而且表现在这些场合:任何一种物品(如同电力)依不同价格卖给不同的人们,或因用途不同而索取不同的价格;[①]或消费者不能按照市价购买他所希望购买的数量。当价格因消费者不同而不相同时,他们要购买这么多的数量(如果他们不能影响价格的话),以使他们的 M 与不同的价格成比例,因而这些 M 是不相等的。只要消费者不能自由购买他们希望购买的数量,他们就不能调节他们的 M 使之符合相对价格。在这一切情形下,因为货物偏离最适度配置的缘故,社会就遭受到损失。不过这种偏离往往是政府为了社会利益而采取行动的

① 我们将会看到,这个论证不能应用到因时间不同或因地区不同而索取的不同价格,在这种情形下,电力是具有不同边际成本的不同货物。

结果。这种干涉的三种不同类型值得我们更仔细地加以考察。

第一种类型是农业调整局(AAA)惯用的一种手法,即毁掉一部分农产品以便农场主能将剩余部分卖得较高价格。这就引起货物最适度配置的偏离,因为销毁掉的货物没有用于这宗货物在一切可能用途中最宝贵的那一种。对于用棉株来作为肥料的农场主来说,棉花的相对意义不一定大于它对另一个人(他也许就是那个农场主)的相对意义,这个人买不起一件衬衣,由于棉株用作肥料的关系,衬衣变得昂贵了。可是情形看来大概是这样的,即一部分农产品销毁掉而农场主也吃得饱的整个情况,比起货物最适度配置而农场主却在挨饿的情况来,要好一点。

这是可能的,因为这个问题的实质是,农业调整局为了改进收入分配而牺牲货物的最适度配置。如果这种牺牲是不可避免的话——即如果没有其他方法来防止农场主挨饿的话——这个计划是不会遭到人们反对的。但是我们的分析表明,这种牺牲是不必要的。如果货物配置不是最适度的,它有可能达到一个最适度点,从而使一些人得到利益(甚至对一切人都有利,视利益如何分享而定),而没有人受到损害。要是认识到达个政策的目的在于提高农场主收入,那就可以看到,从社会一般基金中拨给他们一笔补助费,可以更满意地做到这一点。如果赋税是必要的话,[①]可以向所有要对棉织品(假如这是我们关心的项目)支付较高价格的人们征税来筹措这笔钱。用这种方法可以筹得很多钱来贴补农场主(和地主以及农业调整纲领的其他受惠人),至少可以筹得像他们在农

① 我们在第二十四章将会看到,赋税不一定是必要的。

业调整纲领下所得利益一样多的钱，而纳税人的处境还是比不纳税而必须对棉织品支付较高价格的情形要好些。净利益系来自对社会有用的农产品免于毁坏。

我们的第二种类型是就同一物品向不同消费者索取不同的价格，像把剩余商品分配给低收入阶层的印花计划那样。这同销毁剩余部分或将其倾销国外比起来是很大的改进。然而上述反对意见还是适用的，不过程度比较轻些。在这里甚至对下面这一点可以看得更清楚些，即为货物配置不当辩解的理由是，这个行动也就是纠正收入分配不当的措施。结论还是一样。划一价格同时把货币收入从现在可以比较便宜地买得这宗货物的消费者转给那些必须按较低价格出售的农场主和从印花计划获得利益的低收入阶层，能使有关各个人的处境比在印花计划下都要好些。一般利益系来自货物的更好配置。

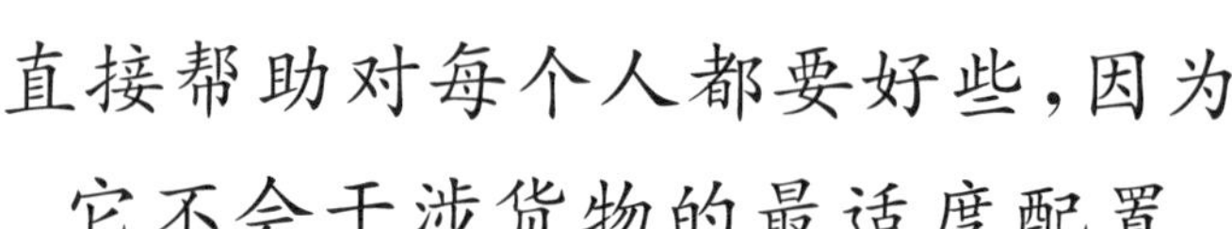

直接帮助对每个人都要好些，因为它不会干涉货物的最适度配置

这可以证明如下：假如把印花计划取消，一切货物都按照统一价格在市场上出售，这个价格要高于向印花计划受惠人索取的价格而低于公众所支付的价格(对他们来说，由于一部分供应品从市场拿走，按照印花计划进行分配，所以价格被人为地抬高了)。公众是会得到好处的，但印花计划受惠人将会失去他们的利益，农场主也会遭到损失。

假如公众由于能按较低价格购得以前数量的东西而节省一百

万元，并花费五十万元来购买剩余部分的农产品，这一部分本来是按十万元卖给穷人的。在这种情形下，农场主损失六十万元（原来卖给公众的部分因降低价格而损失的一百万元减去从剩余部分赚得的四十万元，这一部分是按五十万元卖给公众，而不是按十万元卖给穷人）。假如现在向公众征税一百万元，把六十万元给农场主，四十万元给穷人。那么，公众的处境还是比在印花计划下要好些，因为，虽然就以前购买的数量说，现在他们按较低价格购买所获得的利益全部失去了，但是他们能按较低价格购买更多的商品，所以他们还是有好处的。穷人的处境会好起来，因为，要是他们愿意的话，他们依然能够像从前一样地购买同一数量的剩余商品，不过，如果他们情愿的话，他们可以随意地，而且他们几乎肯定要随意地，把四十万元花在其他物品上面，在印花计划下，他们是得不到这些东西的。农场主的处境也会好起来，这不是因为他是农场主的关系，而是作为公众或穷人当中的一员。稍高一点的赋税，多给农场主一些利益，也许要少给穷人一些，这肯定会使所有这些阶级的处境都好起来，农场主的处境即使作为一个农场主也会好起来的。

我们可以用任何其他数字代入这个例子中的数字，并将获得同样结果。如果收入再分配是可取的，最好是通过直接移转货币收入的方式来进行。从经济方面讲，牺牲货物的最适度配置是不必要的。

撇开穷人不谈，这个论证对于毁坏农产品的情形是同样适用的。如果把销毁掉的农产品拿到市场去卖，一般公众少花一百万元即可获得更多的农产品（因为价格大大降低了），农场主收入则减少一百万元。如果现在向公众征税一百万元用来付给农场主，那么，公众获得全部农产品而不只是其中一部分，所以处境依然要好一些，农场主得到同样收入，但作为一般公众的一员，他能够更便宜地买到衬衣了。稍高一点的赋税加上收入的移转，将会改善一切人的处境，甚至改善那些不用棉制品的农场主的处境。

在实际应用这条原理（它要我们立即废除一切间接补助而代之以直接货币补助）时，是会遇到一些困难的。要根据每个公民因有关货物卖价低廉而获得的利益向他征课同一份额的税，是不切实际的。对所购货物总量抽税，不会达到它的目的。如果农场主能够**保持**他所获得的产品价格，消费者就得多花一些钱，其数额等于全部税款，于是他要减少他的购买数量，一部分产品就卖不出去了。如果将这部分剩余产品销毁掉并把赋税收入给予农场主，这种情形恰和农业调整纲领的情形一样。如果将剩余产品按照特殊价格卖给穷人，那么，我们所处的地位刚好是和印花计划下的地位一模一样的。如果将一部分税收给予穷人，这要比印花计划好些，然而卖不掉的货物如何处理的问题并没有解决，我们也没有达到货物的最适度配置。

另一方面，如果农场主要**降低**他的价格以便把全部农产品都卖掉（尽管政府要抽税），他就必须降低到足够的程度，使卖给消费者的价格保持不变（否则农产品不会全部卖掉），于是农场主担负了全部赋税。当把赋税收入支付给他时，他的处境依然如故，并不比农业调整局采取措施使他免于饥饿以前的情况好些。

因此赋税不能取决于个人的在这宗货物上面的实际花费。不然的话，他就要把赋税计算在价格以内并尽量少买这宗货物来逃避这种负担。赋税可能以这宗货物对他的重要性(例如他在过去某个时期购买的数量)的某种指数作为依据,但这将是一种非常麻烦的赋税。差不多剩下来的唯一办法是所得税,没有什么更合适的东西了,因为根本目的是要改进收入的分配。

反对的意见是,肯定有一些缴纳所得税的人根本不买这宗货物或买得很少,他们的收入减少了,却不能从这宗货物的较低价格得到充分补偿。这些人在农业调整纲领或印花计划下的处境要好些,他们将会反对所得税或要求减免,理由是,他们没有从货价的削减得到足够多的好处。

关于这个问题,第三章(第 31—32 页)已经提出解答。在这里相对价格发生了变动,这使得一些人的处境变好而另一些人的处境变坏,但是我们必须忽略掉这种变动,因为我们无法断定,这种变动是使想望中的福利分配改进了还是变糟了。

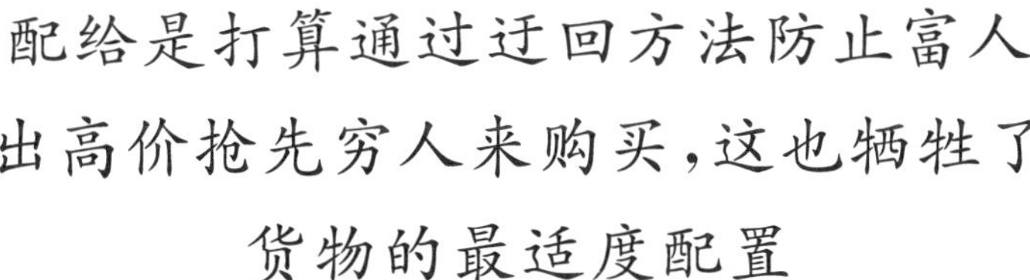

配给是打算通过迂回方法防止富人出高价抢先穷人来购买,这也牺牲了货物的最适度配置

我们的第三种类型是配给——在政府借口国防需要紧急而越来越靠优先权和配给来限制自由市场的时候,这个问题是特别有趣的。

配给和优先权的实施,都是因为当局不愿意让物价上涨到足够的程度从而减少对现有货物供给的需求。于是价格机构作为分配货物的手段来说是被抛弃了,这就必须用配给这一类措施取而代之。

不让价格机构发生作用，也许有很好的理由。要是一种基本消费品非常缺乏，就不能让价格机构像通常一样发生作用，因为那会容许富有的人将它全部买来尽情地浪费和享用，而穷人却要遭受很大困苦。这是实行消费品配给的普通理由，这些东西在像战争这种紧急时期是很缺乏的。如果肉类很少的话，实行肉的配给，使每个人都得到自己的一小份，要比下面这种情形好些，即让富人抬高价格，以致大多数人一点也买不起，而富人却不会感到多么大的苦难。（要是他们赚到格外高的利润，他们甚至可能比平常大家都有充分供应的时候更多消费一些某种稀缺的货物。）

配给将会破坏货物最适度配置的原理，因为它多少要适应通常的公平观念，从而消费者不能调节他们消费的各种不同货物的数量，使之符合各种不同的比例，这些比例和他们的不同嗜好与需要结合起来，将会使边际替代率趋于均等。将配给票非法卖钱或换取其他票子的趋势就是一种证据，它说明人们企图通过交换来改进配给带来的货物配置的不满意情形。

在这里，收入分配不均又是症结所在，这在某些基本货物非常缺乏的时候变得无法忍受了。如果不实行配给，而把足够多的货币收入给予穷人，让他们和富人一道抢购稀缺货物的话，货物配置不当的损失是可以避免的。（要是发生下述情形这就不够了，即穷人不把额外收入花在他们的健康和工作能力所必需的物品上面，而是花在装门面用的奢侈品上面，这些东西在吸引着那些花钱没有经验的人们。在这种情形下，监护人是必要的，也可以正当地采取配给的形式。）

然而把足够数量的金钱分配给穷人，以防止富人在市场上出高价同他们竞争来剥夺他们的必需品，可能由于若干原因而行不通。最重要的原因也许是，它会在整个经济中创造过多的购买力，以致增加的需求不限于应当平均分配的必需品，而且扩展到其他各种货物，从而促使它们的价格上涨。物价的上涨和生活费用的提高，会导致增加工资的要求，这又会增加成本和导致物价进一步的上涨。结果我们陷在通货膨胀的恶性循环当中。这既然是可能的，就必须设法避免，而通过配给来干涉货物的配置也许是比较轻的一个祸害。

当稀缺货物并非穷人的不可缺少的消费品，而是像铝一类加强防御力量所必需的物资时，也会发生同样情形。政府靠优先权和配给制度甚至禁止民间使用的办法，可以获得它所需要的铝而不致提高它的价格，这往往被认为是有充分理由的。可是货物配置还有浪费的地方，要是让物价上涨到足可表明它的相对稀缺性，这种情形是可以避免的。现在铝价低，那些碰巧手中有铝或买到一些铝的人们就恣意使用，而为了相对紧急的用途需用一些铝并愿意出高价来购买的许多人却得不到铝，因为他们对付官僚作风——这不可避免地要取代价格机构——不够老练。在这种情形下，让价格上涨：还可能被认为是不适当的，一部分因为它会允许一些人不正当地“趁国家紧急需要的机会”捞一大笔利润，一部分因为物价上涨可能发生通货膨胀的危险。因此，政府用法律来稳定物价，用配给和优先证来控制分配，货物的最适度配置就被牺牲了。

实行购买力的总配给是有百利而无一害的

这一切都不是抛弃价格机构的充足理由(虽然配给作为国家监督的一种形式来防止愚蠢的花费也许是正当的)。用赋税来征课额外利润比稳定产品价格要好些。它不会使潜在的"牟利者"变得更糟,而价格机构的一切好处将会保持下来。在花费太多和发生通货膨胀危险的时候,可以对一切收入或支出征税从而使剩余收入能够买到照老价钱供应的货物,以便将花费更合理地和更公平地保持在安全的水平上。赋税并不是真正的苦难,因为它不过是把物价稳定下来,决不致减少纳税人所能购买和消费的货物与劳务的实际数量。

像这样的情形是可能的,即货物和劳务的供给减少得这么多,如果要把花费削减到足够的程度,以防止物价上涨和通货膨胀的话,那就有必要征课极重的赋税。由于极重的赋税会影响到人们的情绪和在国家紧急时期尽最大努力的愿望,它也许会被认为是不适当的。但是,即使是这样,我们也用不着靠配给、优先权和伴随而来的货物配置的浪费。在这种情况下,不论采取什么措施,货物的消费必定是低的。作为鼓励来说,我们只能做一桩事情,这就是答应在紧急时期过后将有更多的东西。一种叫作总配给①的措施可以最满意地做到这一点,它会限制目前花在一些稀缺货物上面的货币数量。人们能够花费的数量和征收比较简单然而负担太

① 这是英国牛津大学卡莱茨基博士建议的。参看《牛津统计学会会报》,第3期。

重的赋税（这可防止通货膨胀）后的剩余数量，是一样的。差别在于：收入的一部分不是被赋税征课去了，而是留归个人，不过它不能在目前花在稀缺的货物上面，它可以花在不稀缺的货物上面，或者储蓄起来，在紧急时期过后再来花费。

这种"总配给"——看来这个措施不很像货物的配给——系遵循两条道路中的一条发展起来，它作为这条道路的标志来说是有意思的。配给制度的逐渐改进最后导向这一措施，除了名称以外，它是配给制度的全面否定。在英国尤其在德国，因许多不同种类货物实行配给而产生的对配置的干涉变得太浪费、太麻烦了。许许多多不同种类的食物、衣服等等都要按比例分配给每个人一个固定数量，这个比例必须是严格的，因而不能适应各个人的要求。它也变得过于复杂。于是在德国出现一种制度，它扩充了配给卡的项目。每个人不是分别按上衣、裤子、大衣、衬衣、手帕而有不同的卡，而是发给一张"衣服"总卡，对不同项目规定不同的"点"数，这些"点"数按照消费者最最满意的方式构成他的配给额。不难看出，管理方面的大大简化和货物分配的改进，是在一种有限的和隐蔽的形式中重新认可价格机构，这里"点"代替了价格，而配给票则是一种附属的通货。

在英国出现了类似的措施而方式更为明显。例如肉类是实行配给的，但不是按照肉的数量——这会在肉的质量方面产生非常困难的问题——而是按照货币费用。它让消费者每周在肉店花费一定数量的金钱来购买一小块昂贵的肉或一大块比较便宜的肉。

从这里走向"总配给"只有一小步了，这种"总配给"不限定一个消费者可以购买任一特定商品的数量，甚至不限定他花在一特定货物或一特定部类消费品上面的货币额。它限制花在一切种类稀缺货物上面的货币额;由于这一步骤,不仅富人不得出高价来同穷人竞争,而且通货膨胀的危险也消除了,货物的最适度配置也保持住了。实际上,人们能够花在稀缺货物上面的有限金额,要比不能用来购买这些东西因而必须储蓄起来或花在丰富的货物上面的金钱更宝贵些。前一部分钱实在比后一部分钱更有价值,所以这个措施实在是使收入更趋于平均的措施,它提高了一定金额的购买力,这对一个富人和对一个穷人大致是一样的。

"总配给"和配给本身到底是多么不同,这一点从它赖以发展起来的另一个根源来看就更清楚了。其实这是卡莱茨基博士准备用来改进凯恩斯延期支付计划的。[①] 为了制止因花费过多而引起的通货膨胀,凯恩斯先生建议把每个人的一部分收入(超过一定最低额的部分)延期到战后支付,那时候会有更多的货物,而花掉这笔钱也有助于防止萧条和失业。卡莱茨基博士指出:这不能制止富人用他们以往的储蓄来维持甚至增加他们的目前消费,于是他建议,在不宜用赋税征课足够多的钱来把支出压低到必要水平的场合,就对每个人的支出实行**直接**限制。要防止通货膨胀或制止富人消费为穷人或战争所必需的货物,到头来总是要限制支出的。

不妨用反投机来对付垄断组织对货物最适当利用的干涉

我们相当详细地考察了可以用哪些更合理的措施来代替政府

① 凯恩斯:《如何筹措战费》,伦敦麦克米伦公司出版,1940年。

为了一般利益而采取的对价格机构的干涉。现在我们不妨回头来考虑一下，我们对上述一些事例（第 53—58 页）可能做些什么事情。在那些事例中，尽管政府没有进行干涉，一个人影响价格的力量也会造成货物配置的浪费情形。

把买主和卖主靠投机来影响价格的力量拿掉，就能够消除所有这种种货物分配不当的情形。有时摧毁一个垄断组织（司法部有时会试图这样做）或同一个卖主实行竞争就可以做到这一点，但这又是生产问题。然而我们可以用一种叫作**反投机**的措施来直接对付买主或卖主影响价格的力量。政府特别成立一个局来估计什么价格可以使一宗货物的供求相等，如果不存在我们要废除的那种限制的话。在一个卖主进行限制的情形下，它就向一切卖主保证这个价格；在一个买主进行限制的情形下，它就向一切买主保证这个价格。于是买主（或卖主）知道，他们要是多买或多卖，价格不会发生不利于他们的变动；他们要是限制他们的交易，他们也不会获得更好的价钱。然后反投机局在自由市场买进它答应按照保证价格卖给买主的东西，或在自由市场卖出它担保按照保证价格从卖主买进的一切东西。反投机局是会赚钱的，如果它搞错了也会赔本，料想这些损益大致可以抵销掉。它有了经验以后，就能够越来越精确地进行估计并在较长时期内提供保证。当竞争的自然力量不能实现货物最适度配置的利益时，靠这个办法就可以实现了。

本章讨论的一切措施对于货物的生产比对于已经生产的货物的最适度配置问题更重要得多，但是原理是很相似的，当我们谈到这些原理时将会看到这一点，所以我们在这里对这些原理的探讨会使得它们在生产中的应用比较容易理解。就已经生产的货物的

实际配置来说，我们完全可以给非统制经济打个很好分数，在这种经济中，政府不会打算在没有充分认识到将会产生什么后果的情况下，通过迂回方法干涉货物的配置来改善收入的分配。

第五章　简单生产Ⅰ
（在集体主义经济中）

在这一章，我们首先考察生产问题，我们将只考虑一种非常简单的生产形式——它是这么简单，显而易见，它是不自然的。然而它还是值得我们予以相当注意，因为它会使我们得出一些重要原理，这些原理可以应用到不论多么复杂的实际生产中。要是不彻底弄明白这些原理，以下几章就很难理解了。

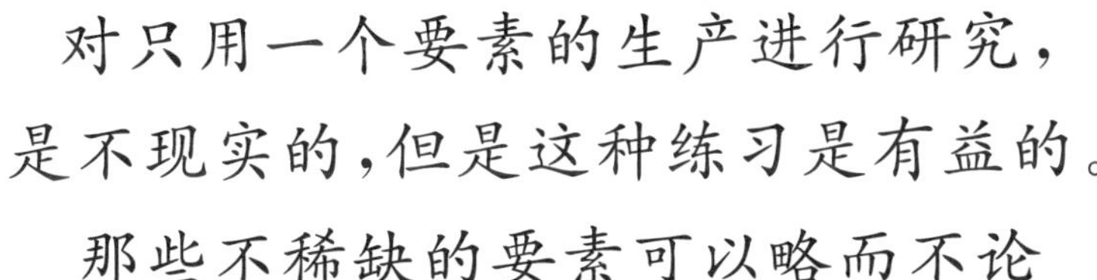

谈到简单生产，我们的意思是说，用一个单独的、纯一的（homogeneous）和可分的生产要素从事一种单独的、纯一的和可分的消费品的生产。这种情形实际上是绝不会发生的。在一切生产中，至少要雇用一种劳工，要使用一些原料，要利用一些工具或更复杂的生产设备，生产活动要在一座建筑物里至少是在一块土地上面进行，因此我们至少要有四种不同的生产要素。我们还可能列举光线、空气和温度这样一些必需的要素，我们也能把自然力量如同地心吸力和磁力的作用包括在内。我们通常不计算最后这两种力量，虽则它们是不可缺少的，因为它们可以随便利用，所以在地心吸力或我们呼吸或燃烧的空气的使用上是用不着节约的。我们可以利用这条原理来使我们的简单生产显得更讲得通些。只有一种要素在起作用的假设是有困难的，我们不妨这样来克服这个困难，即改为假设：除了一种要素以外，所有其他要素都可随意利用，因而节约它们的使用是没有道理的。于是从经济的意义讲，我们可以把它们略而不论，正如同我们（通常）忽略我们呼吸的空气，而只谈这种单独的要素，它的供给有限，所以节约它的使用**是**合理的一样。对于这样一种限制，我们提出一个专门名称，即**稀缺性**。如果任何物品的现有数量，除足够满足一切可能的需要外，还有一些剩余，它就不是**稀缺的**。它也许是罕有的东西，可是它的用处不多，因而绰绰有余，所以它不是稀缺的而是**充裕的**。如果它不够满足一切可能的需要，那么，不论现有数量多么大，它仍然是**稀缺的**。所以一种要素可以理解为一种**稀缺的**要素。

根本的经济问题是选择问题

虽然没有稀缺要素就不会发生经济问题，但是稀缺要素的存在并不足以成为经济问题。如果这种稀缺要素只能生产一种产品（它本身必定是稀缺的，否则要素不会稀缺），那么，它的全部供给显然都要用于这种生产。这里还有它怎么样**起作用**和采用什么**技术**的问题，不过那是工艺方面的而不是经济方面的问题。

只有当一种稀缺要素能够用来生产两种或更多种不同的产品

时才会发生经济问题。这时我们碰到的问题是决定这种要素用在**什么地方**——它应当用来生产什么产品和依据什么比例分配到各种不同的生产上去。

一种要素必须要有几种可能的替代用法才会发生经济问题，在这里提到这一点，只是为了说明经济问题就其根本性质来说是个**选择**问题。除非有**稀缺性**，否则选择是**不必要的**。一切需要都可以得到满足。除非一种要素有几种可能的替代用法，否则选择是**不可能的**。这种要素只能搞一种生产。

要能进行任何选择从而引起任何经济问题，就得先有一些稀缺要素，它们具有几种可能的替代用法，这个必要条件一点也不会使经济问题变成很稀少的。我们将会看出这一点，要是认识到：在不同时间使用一种要素生产同一物质财货的可能性提供了一个选择机会，因而它们必须认为是不同的货物，其区别在于它们可供利用的**时间**。同样，产品可能有不同的**地点**，这也会成为一个经济问题。即使一种要素只能在一单独时间和一单独地点生产一单独产品，我们还会碰到一个经济问题——一个重要的经济问题——如果还要在劳工生产这种产品或不从事生产以便享受悠闲生活两者间作出抉择的话。悠闲必须认为是另一种产品，它容许人们进行选择从而引起经济问题。

一种要素在各种不同用途中的最适度分配，意味着它的边际产品价值不小于随便哪一种边际产品价值

在把一种要素的一部分从一种产品转移到另一种产品时，假

如有可能使它所产物品的价值大于它停止生产的物品的价值，那么，该要素在两种产品间就不会达到最适度的分配。如果把一单位要素从肉的生产转向水果的生产，其结果是肉少生产一磅，水果多生产一篓，在我们知道水果对肉的边际替代率或 M（它们的相对评价）以前，我们很难说情况是改善了还是恶化了；水果对肉的边际替代率，在货物达到理想分配的条件下，必定是对这两种货物的所有消费者都是一样的。如果对另外一篓水果的评价大于被放弃了的一磅肉，因而水果对肉的 M 大于一，这个变动就是一种改进。如果对达磅肉的评价比较高些，因而水果对肉的 M 小于一，那么情况就是恶化了。

相对评价（或 M）是由相对价格来表示的。如果一篓水果的价格是六角钱，一磅肉的价格是三角钱，那么，把一种要素从生产价值三角的肉转向生产价值六角的水果，是一种改进。

应当注意，只有在货物最适度配置的条件下，人们才能断定价格较高的一篓水果意味着比较大的 M，同价格较低的一磅肉比较起来它对消费者更有用些。

用另一单位要素来生产肉时能够产出的额外一磅肉，叫作这种要素的**边际产品**。要是少用一单位要素来生产肉，结果肉的产量也大约要减少一磅。这也叫作这种要素的边际产品。同样，在水果生产方面增加或减少一单位要素将会使水果的产量增加或减少一篓，这篓水果叫作这种要素的边际产品。在我们的例子中，一单位要素的边际产品是一磅肉或一篓水果。就肉来说，**边际产品的价值**是三角，因为边际产品（即一磅肉）值三角；就水果来说，**边际产品的价值**是六角，因为边际产品（即一篓水果）值六角。于是我们可以说，把一单位生产要素从生产肉转向生产水果是有利的，因为水果的边际产品价值大于肉的边际产品价值。

因此，把若干单位有几种替代用法的稀缺要素从其边际产品价值小的地方移转到其边际产品价值大的地方，对社会是有好处的。只要在各种不同用途中边际产品价值是不一致的，这种移动就应当继续下去。随着移动的进行，譬如说从肉转向水果，肉的供给将会减少，水果的供给将会增加。结果，依据 *M* 渐减原理，肉的相对评价（*M*）将会提高，水果的相对评价将会下降，它们的价格将会发生同样变化，直到在这两种用途中边际产品价值相等为止。（下面这种情形除外，即在未达到这一点以前，这种要素用于生产其中一种产品的数量已经减少到零，那时候这种货物自然不会进行生产了。）肉价会上涨到三角以上，水果价格会跌到六角以下，但是，只要水果的边际产品价值大于肉的边际产品价值，则要素从生产肉转向生产水果的移动就应当继续进行。于是价值一直在发生变化，直到它们在某一居间点——譬如说四角——会合为止。在这一点，把要素从肉转向水果就得不到更多的好处。当每种要素的边际产品价值在对它安排的一切用途中变成一样的时候，这种要素在各种不同产品中的最适度配置就达到了。（当然，没有理由认为，任一要素的边际产品价值要等于其他任一要素的边际产品价值——只有**同一**要素在各种**不同**用途中的边际产品价值要趋于均等。）

我们将会注意到，关于某种生产要素在不同产品间最适度分配的论证，同第三章提出的关于收入在不同个人间最适度分配的论证，在形式上是完全一样的。在那一章，我们曾经看到，当收入

的边际效用对进行分配的一切人都是一样的时候，最适度就达到了。现在我们看到，当边际产品价值在对一种要素安排的各种不同用途中都是一样的时候，最适度就达到了。就收入分配说，我们不能直接应用这条原理，因为不可能按照同一尺度来衡量收入对不同人们的边际效用，所以我们要靠依据概率进行的论证。现在，从生产经营者能够估计的物质的边际产品和在市场上看得到的产品价格就可以客观地确定边际产品的价值。因此，我们得到一个更满意的直接解答，用不着靠概率来证明了。

要在任一现实社会中实现这一点都会涉及无限复杂的问题

就我们刚才提出的一种要素在不同产品间最适度配置问题的解答形式来说，并不比收入的理想分配更容易得到实际的应用，这种理想分配将会使收入对经济社会中所有各色各样的人们的边际效用趋于均等(虽然困难的原因是不同的)。在集体主义经济中，为了有效地管理经济，生产经营者要不断地来比较不同要素在不同生产部门和各分支机构中的边际产品的价值，以便把一种要素从其边际产品价值小的地方移转到其边际产品价值大的地方，这是不可能的。不论生产经营者散处在全国各个制造工厂还是集中在一所宏伟的政府大厦里并自称为经济计划部，对这个问题都没有什么关系。在前一种情形下，他们至少能够管理他们的工厂。在后一种情形下，他们只有陷于没有指望的把资源拨来调去这个错综复杂的问题当中。这要涉及集中掌握整个经济中一切生产单位的一切细节这么复杂的知识,每当需要、嗜好、技术知识或任何要素的供给发生任何变化时,就得在整个经济范围内对生产要素实行有意识的改组。苏联好像尝试过这种做法,其结果是灾难性的。托洛茨基会经适当地提出批评,他写道:

> 如果有一种万能脑投入拉普拉斯(Laplace)的科学幻想中,这种头脑会把自然和社会的一切过程同时记录下来,能够测度它们运动的动态,能够预测它们相互作用的结果,那么,这样一种头脑当然能够预先制订一套完美无缺的和无所不包的经济计划,从若干公顷的小麦起直到一件内衣和最后一粒纽扣止。老实说,官僚政治往往以为它具有这样一种头脑;这就是为什么它会这么随意地摆脱市场和苏维埃民主制度的控制。①

这个问题可以借助价格机构和每一生产单位的经理人员都得遵守的一条简单“规则”来解决

在这里,对经济的唯一补救办法,就像在货物最适度配置和收入最适度分配的问题上一样,在于利用价格机构。在集体主义经

① 托洛茨基:《垂危的苏维埃经济》,纽约先锋出版社出版,1931 年,第 29—30 页。

济中，借助价格机构，这个错综复杂的问题可以这样来解决：

首先，必须有一个出售消费品的自由市场，从而使生产出来的一切货物都可达到最适度的配置。（这里把货币收入在消费者间的分配问题视为是理所当然的事，而收入分配则假定是满意的或不可避免的。）

其次，必须有一个向生产经营者出售生产要素的自由市场，从而使生产经营者获取任何要素来满足工厂需要时应付的价格和任何其他生产经营者支付的价格是一样的。

在每个市场上（不论是要素的还是产品的），只要任一产品或要素的需求大于它的供给，价格就提高，只要供给大于需求，价格就降低，直到一套价格建立起来，使每种需求都与其相应的供给相等为止。

这样全面的均衡即或有也是难得达到的，而且肯定不会长期保持不变。这是因为，当价格调整时，嗜好和需要、生产技术和要素的供给马上也发生变化，这一切变化将会影响各种要素和产品的供求，于是价格又要变动，以使供求相等。不过，每当价格暂时使供给和需求相等时，它在实现每种要素于不同产品间的最适度分配方面也就发挥了它的作用。

对已经生产的每种消费品的需求系取决于收入的分配、消费者的需要和嗜好以及他们获得另一些产品要支付的价格。消费品的供给（从而使每种消费品的供给与其需求相等的价格）系取决于已经提供的产量。这是有待决定的事情。

一般地讲，各种生产要素的供给取决于它们在经济社会中可能有的数量。它们的需求又取决于靠这些要素来生产的各种产品的数量，而这也是有待决定的事情。

这就把我们引导到解决这个问题的第三个也就是最后一个步骤。现在不妨颁发一条每个生产经营者都得遵守的简单“规则”来确定每种要素在不同产品间最适度的分配（和要进行生产的各种产品的数量）。这条“规则”是：

如果任何要素的（物质的）边际产品的价值大于这种要素的价格，就扩大产量。如果它小于这种要素的价格，就缩小产量。如果它和这种要素的价格相等，就依同一速度继续生产。（因为这时适当产量已经达到了。）

要是采取这三个步骤的话，就不需要派人照料整个经济的细节了。每个经理人员除开他本厂以外并不了解其他任何一处的边际产品价值，他在自己的工厂里推行这条简单“规则”，就会实现每种要素在不同产品生产间的最适度分配。[①]

这并不是说经济计划部没有事情可做，它只是说，这个部不要去抓细节，而由身临其境的经理人员照料这些细节要好得多，如果能为他们制定与价格机构相结合的适当的规则的话。经济计划部的工作是制定适当的规则并保证这些规则得到遵守和价格机构能起作用。**统制**经济不同于**非统制**经济的地方就在于颁布和保持一般规则来有意识地导向整个经济最适度的运行，非统制经济是不

① 参阅托洛茨基：《垂危的苏维埃经济》。“经济社会中无数生动活泼的伙伴，国家和私人，集体和个体，都必须注意他们的需要和他们的相对能力，这不仅是通过计划委员会的统计测定，而且是靠供求的直接压力。计划要通过市场来检验，在很大程度上也要通过市场来实现。市场本身的调节必须取决于一些趋势，这些趋势是通过市场媒介显现出来的。在办公室里绘制的蓝图一定要通过商业计算来证明它们的经济权宜性。”（第30页）“没有市场关系，经济核算是不可想象的。”（第33页）

这样制定一般规则的。一般地讲，非统制经济确实表明，**特殊**规章的泛滥情形要繁杂得多。这种情形的发生，自然是由于企图纠正因整个经济缺少一般计划而产生的特殊错误。

这条“规则”使每种要素在其各种不同用途中的边际产品价值趋于均等

由于要素价格的提高和降低而使每一种要素的需求等于它的供给，由于所有的生产经营者都遵守这条“规则”，所以每一种要素在其一切用途中的边际产品价值就会自动地趋于均等。这是因为每个经理人员要扩充或收缩生产直到这种要素的边际产品价值与其价格相等为止。由于价格对所有的购买这种要素的经理人员都是一样的，所以边际产品价值都会自动地彼此相等起来。

这种均等化是由两方面促成的。如果一个生产者发现他的边际产品价值大于这种要素的价格，那么这条“规则”就要求他扩充生产。首先，这将增加他的产品的供给并倾向于降低产品的出售价格，因此，只要物质的边际产品保持不变，边际产品价值就要下跌。其次，这会（同时）增加他对这种要素的需求，从而**它的**价格倾向于上涨。如果另外一单位要素的成本是一元，它能增产二篓水果，这些水果卖六角一篓，于是边际产品是二篓水果，边际产品价值是一元二角。这样，我们的“规则”就指示水果种植主多买一些要素，并多生产一些水果。他这样做，其他任一水果种植主觉得他的处境相同，也这样做，于是水果的供给增加，而这些要素原来生产的其他货物的供给则减少，因而水果要变得便宜些。当水果价格跌到五角五分一篓时，边际产品价值要从一元二角跌到，譬如说，一元一角，如果物质的边际产品本身依然是二篓水果的话。

同时，水果种植主对这种要素的需求增加了，这将提高它的价格。如果价格从一元上涨到一元一角，现在它等于这种要素的边际产品（水果）价值，水果种植主就不再改变他的生产规模，一直到其他事情偶尔使要素价格或产品价格或要素的物质的边际产品发生变化的时候。

私人边际机会成本和社会边际机会成本因消费者在市场上的自由购买而趋于均等

我们在第四章第 53 页已经看到，每个消费者都这样调节他所购买的每宗货物的数量，使他的 M 和他的**边际机会成本**符合一致。后一词语的意思是指他为了获得另一单位有关货物而必须牺牲的其他货物。在那一页我们还看到，如果他购买的数量不影响他支付的价格（要实现货物的最适度配置，不容许他有这样的影响），边际机会成本就决定于产品的相对价格。如果肉是三角一磅，水果是六角一篓，那么，另一篓水果的边际机会成本将是二磅肉。这可以叫作**私人**边际机会成本，因为它是这个人私下地为了获得另一篓水果而必须牺牲的。当他使每宗货物的**私人**边际机会成本与其边际替代率相等时，他就达到他可能获得的最好位置。

我们在这一章探讨的东西可以说是**社会**边际机会成本。这不是某一特定**个人**为了获得任何物品的另一个单位而必须作出的牺牲，而是人们购买某一特定货物的另一个单位时**社会**必须作出的牺牲。社会必须作出的牺牲，是用于生产一特定货物的这种要素可能提供的其他产品。

我们不妨重复说一遍，这些都是在**边际**上的计算。我们考虑的，不是一特定货物的全部或极大部分要是停止生产的语将会生产出来其他什么东西，而是一单位要素要是从这种产品转向另一种产品的话另一种产品能够增加多少生产。

这就诱使每个人在追求他的个人利益时要做那些对社会有益的事情

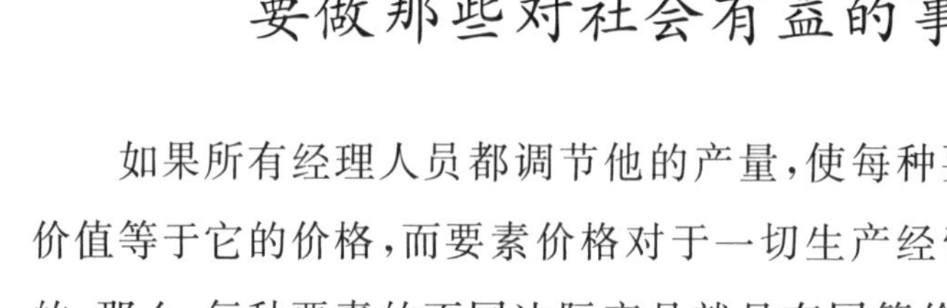

如果所有经理人员都调节他的产量，使每种要素的边际产品价值等于它的价格，而要素价格对于一切生产经营者又都是一样的，那么，每种要素的不同边际产品就具有同等价值（正如我们在第 78 页已经看到的），任一产品的**社会**边际机会成本就可用它的价格来衡量。价值一元的任一产品恰是从这种生产中撤出价值一元的要素时产量将会减少的数量。这个价值一元的要素，不论用在哪里，刚好能增产价值一元的产品。因此，牺牲价值一元的任一产品，恰恰能生产价值一元的另一种产品。如果同时个别买主对价格没有任何影响的话，他的**私人**边际机会成本也是用这个价格来衡量的。这样，我们的“规则”的作用是使**社会的**和**私人的**边际机会成本相等，因而每个人在谋求自己的最大利益而花费他的货币收入时，要尽力使他自己在另一些产品中的牺牲减到最低限度，这就引导他自动地甚至不自觉地使**社会**牺牲减到最小限度，这种社会牺牲是生产对他提供最大量满足的物品时产生的。**这就是价**

格机构的基本社会效用。如果价格机构得到适当利用的语，它会诱使社会每个成员在追求他的个人利益时去做对社会有益的事情。从根本上说，这是亚当·斯密和重农主义者的伟大发现，虽然他们在作出下面这一假定时太过乐观了，即用不着颁布一些正当规则来保证价格机构像它应有的那样起作用。

如果生产分成许多阶段进行的话，这条“规则”还是适用的

迄今为止，我们谈的只是用于制造消费品的生产要素。同样分析也适用于生产分成许多步骤的场合。一些要素可以用来生产其他生产要素，这些要素又可生产出另外一些生产要素来，在我们得到最后消费品以前要经历很多阶段。如果把同一“规则”应用到整个经济，我们所说的一切依然是不错的。价值一元的要素 A，在边际上，生产出价值一元的消费品。前者又是在边际上由价值一元的要素 B 生产出来的，以此类推，可一直随意追溯到价值一元的要素 M。这个价值一元的要素 M 能够生产出价值一元的要素 N，后者又能够生产出价值一元的要素 O，以此类推，一直到要素 Z，它又能够生产出价值一元的另一种消费品。消费品价格依然代表社会边际机会成本，只要把我们的“规则”应用到整个经济（并保持附带的自由市场），我们就会直接和间接达到每种要素在各种不同最后消费品的生产中的最适度配置。

在只有一种(稀缺)要素并且没有不可分性的场合,报酬必定不随生产规模而改变

在这一章我们一直避免因一些要素的边际产品和它们的平均产品改变而发生的复杂情形,这种改变乃是产量变动的结果。这在本章是可以原谅的,因为我们曾经假设只有一种稀缺生产要素用来生产每种产品(它可以是最后消费品,也可以是另一种生产要素)。在这里,我们假定要素和产品依同一比例增加,因而(物质的)边际产品和(物质的)平均产品(全部物质产品除以要素的单位数)都是不变量,这是可以容许的。要使产品加倍,把稀缺要素增加一倍就行了,因为,只要所有其他不曾提到的生产要素能够不花代价而取得任何必要的数量,则把原来生产方法重搞一套总是可能的。这就使平均或边际产品不可能随产量增加而上升。它们也不可能下降,因为,如果这种(稀缺)要素的数量加倍而产品不止增加一倍的话,这必定是在扩大生产时采用了与较小产量不同的、更好的生产方法。如果要素只有一种而且它是可分的(像我们假定的那样),那就没有理由说更好的方法不会用于比较小的生产规模,所以我们的平均和边际产品将是不变的,即"报酬不随生产规模而改变"。

在现实世界中,递增的和递减的报酬自然是很普通的,然而它们总是由于不同要素在配合使用时的比例变化,或由于要素、产品或生产技术的不可分性。(你不可能建立一个很小的装配厂,只生产一辆汽车,却同一个生产许多辆汽车的大厂一样便宜。)当我们谈到它们时,我们将会考虑这些情形。

生产性投机是和掠夺性投机(用大写字母S[①])不同的,它是社会上最有用的活动

现在不妨提一下投机问题。在第四章我们曾经谈到**反投机**,它是为防止个别买主和卖主靠改变他们购买或销售的数量来影响价格而采取的一个措施。这个措施是为了抵制那些投机商人,由于他们很有钱或由于他们能把许多人组织到联合企业里,所以他们能够影响价格,从而破坏一切要实现货物最适度配置的计划。在经济理论和证券交易所的范围以外,通常所谓投机商人就是指这些强有力的集团,用**反投机**一类的措施来制止他们的活动,是可取的。我们可以称之为**掠夺性**或**垄断性**投机。此外还有一种投机,我们不妨叫作**单纯的**投机或**生产性**投机。一个人并不认为他对市场价格能有什么影响,但是他以为价格要上涨或下跌,而这种涨跌是和他自己的行动完全无关的,于是他为了牟利而买进或卖出,这个人就是**单纯的**或**生产性**的投机商人。如果他猜着了,他赚到一笔钱,如果他猜错了,他就要遭受损失。我们不妨把这样一个人叫作投机商人(用小写字母"s")。所以在这里提到这种人,是因为他比现实世界中任何其他生产者都更容易符合本章所考察的生产者这个特殊范畴。他获取某一时间可能有的一单独产品,把它改变为另一时间可能有的一单独产品。我们已经看到,这可以认为是从一种货物生产出另一种货物,或使用一单独生产要素来生

① "投机"原文为"Speculation",作者在这里有时用大写字母"S",有时用小写字母"s",以示区别。——译者

产一单独产品。这同样适用于把一宗货物从一个**地方**运到另一个**地方**的人。他把前一个地方的货物用作生产要素来生产另一个地方的货物。

这是完全合法的生产活动，在集体主义经济中，它必定像其他任何生产一样地进行并受同样规则的制约。如果今天价值一元的铝能够在明天变为价值二元，那么按照我们的"规则"，凡是用今日铝来生产明日铝的经理人员就应当扩大他们的活动，直到要素（今日铝）价格与其边际产品（明日铝）价值相等为止。用人们比较熟悉的说法，这只是说，从今天相对不重要的用途中把这种金属拿走，留作明天更紧急的应用，是社会上值得想望的事情。同样，把货物从供应相对丰富的地方转运到供应相对稀少的地方，是对社会极为有益的生产活动，尽管在苏联它曾经是而且也许依然是一种重大罪行。生产是包括投机（用小写字母"s"）在内的。

就本章提出的例证来说，在必须举生产要素的具体例子时，我们从来不曾选择劳工作为例子，如果它是可以避免的话。这个做法要在本书始终贯彻下去。古典派经济学家和社会主义者由于把劳工作为一种生产要素或**唯一的**生产要素，所以一直遇到麻烦。困难来自下面这种几乎是不可避免的混乱情形，即把劳工当作一种生产工具，它能够生产这种或那种产品，而把劳工当作人类看待，他的福利又是本书作者所关心的。为了避免这种混乱情形，我们除非是不得已，[①]否则不把劳工作为一种生产要素。这是轻而

① 我们已经碰到过一次有关劳工特性的情形（本书第 71 页），这就是，根本不使用劳工也许比用它来生产稀缺货物要好一些，如果对不工作时所得到的闲暇的重视超过这宗产品的话。

易举的事，因为我们一开头就明白叙述了我们对福利的兴趣，而不是把它隐蔽起来或放到脚注和附录里边去或把它伪装成客观的“科学”规律。

第六章　简单生产Ⅱ
（在完全竞争的情形下）
福利方程

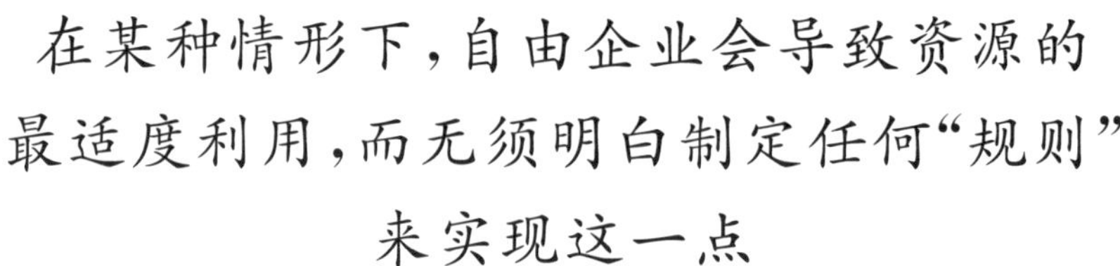

在某种情形下，自由企业会导致资源的最适度利用，而无须明白制定任何“规则”来实现这一点

在某些情况下，资本主义经济有可能使一种要素在其各种不同产品中达到最适度的分配，在这里，生产是由私人企业进行的，这些私人企业并不受为取得这个结果而明白制定的任何规则的支配。每个企业的所有主（或经理人员）都要追求最大量利润，于是当额外成本小于出售较大产量所获得的额外收益时，他会扩充生产。同样，如果这种（稀缺）要素少用一单位节省下来的钱大于出售较小的产量所遭受的损失，他就会收缩生产。

如果在购买方面是完全竞争的，则要素价格等于买主的边际成本

当额外成本等于额外收益时，扩充或收缩生产都不会带来

利润。

一个企业增加某种要素一个单位所需的额外成本，等于这种要素追加一单位的价格**加**这个企业因对这种要素的需求增加而不得不提高它所使用的其他各单位要素的报酬。所以，假如这个企业的经理人员使用某种要素一百单位，每一单位一元，共支出一百元，他多使用一单位时将会把所有各单位的价格提高到一元零一分；于是增用一单位的额外成本要大于价格。它超过价格（一元零一分）的部分是其他一百单位由于他的需求增加而获得的额外一百分钱——总计为二元零一分。这可以用另一个方法来计算。经理人员认为，他要是增用一单位，他就得对所有一百零一单位都依一元零一分支付，总计为一百零二元零一分，这要比他使用一百单位时多出二元零一分。当这一要素的价格为一元零一分时，增用一单位的额外成本是二元零一分。

如果这个经理人员并不相信他增用一单位就会抬高价格（通常因为他只是这种要素的许多用主之一），那么，在计算增用一单位的额外成本时就没有第二项了。一百零一单位只需成本一百零一元，而不是一百单位一百元，于是增用一单位的额外成本——一元——等于要素的价格。

这种对价格并无任何影响的情形，叫作**购买的完全竞争**。

如果在销售方面是完全竞争的，则从这宗产品获得的价格等于边际收益

这个企业从增用一单位某种要素所获得的额外收益，等于额

外或边际产品的价值减经理人员认为收益因供给增加时价格下跌将要遭受的损失。因此,假设一个企业生产和销售二百单位产品,每单位五角,所以总收益是一百元,增用一单位要素将会使产量从二百增至二百零二单位,这会使价格降低到四角九分五厘。额外收益等于额外二单位的价值(九角九分)**减**五厘和二百的乘积(或一元)。在这种情形下,额外收益实际上是负数,即**负**一分。这也可以用另一种方法来计算。如果生产二百零二单位,按每单位四角九分五厘出售,则总收益为九十九元九角九分——即比每单位五角出售二百单位所获得的收益少一分钱。如果价格仅仅跌到 $0.49\frac{3}{4}$元,则额外收益为四角九分五厘。这个数字是从九角九分五厘(即为 $0.49\frac{3}{4}$元的两倍)减五角($\frac{1}{4}$分×200)得来的。收益是一百元零四角九分五厘而不是一百元。只要价格略微下降,则额外或边际收益就要小于边际产品的价值。

如果这个企业的经理人员并不相信他的产量增加会对价格发生任何影响的话,那么,在计算额外收益时又没有第二项(系负量)了。二百零二单位净得一百零一元,而不是一百单位一百元。额外一元收益等于边际产品的价值。这种对产品价格并无任何影响的情形,叫作**销售的完全竞争**。

如果整个经济彻底实行完全竞争,则各个企业主在追求他们的最大量利润时就会像他们遵循这条“规则”时一样地进行活动

我们已经看过(第 86 页),这个企业在追求最大量利润时所遵

循的原则是这样的："如果任一要素增用一单位的额外收益大于成本的增加，就扩大产量（因为这会增加利润）。如果这一要素少用一单位时收益的减少小于这样做时成本的降低，就缩小产量（因为这会增加利润）。如果所用要素的数量改变时收益的增减等于成本的增减，就依同一速度进行生产（因为这种变动不会增加利润）。"我们刚才已经看到，如果购买是完全竞争的，则这种要素增减一单位时成本的变化恰等于要素的价格，于是我们可以说"要素的价格"，而不说"成本的增减"。我们还看到，如果销售是完全竞争的，则因要素增减一单位而改变产量时收益的变化恰等于边际产品的价值，于是我们可以说"边际产品的价值"，而不说"收益的增减"。要是我们把这些词语代入使利润成为最大量的原理，它可以写成这样：

"如果任何要素的边际产品的价值大于它的价格，就扩大产量。如果边际产品的价值小于它的价格，就缩小产量。如果边际产品的价值和它的价格相等，就依同一速度继续生产。"这种情况和统制经济中颁发给生产经营者的规则（参看第77页）是相同的，并且会一模一样地导致这一要素在各种产品间的最适度配置。

这可用福利方程来说明，如果要达到最适度状态，这些方程是必须满足的

由六个项目构成的下列五个方程的体系，可以用来表明以上展开的讨论，在整个非统制经济中一切生产单位都实行购买和销售的完全竞争时，追求私人利润的企业实现每种要素在各种不同

产品间最适度分配的场合，这些方程描述了每个生产单位的情况。这些方程可以叫作**福利方程**。六个项目是：

一、**边际社会利益**（*msb*）。这是社会从考虑中的产品增加一特定产量所获得的利益（即社会上一切有关成员所获得的净利益）。

二、**边际产品价值**（*vmp*）。这是考虑中的产品的物质增加量乘以消费者对它支付的价格。如果增加量恰是一单位产品，则边际产品价值等于产品价格（*p*）。

三、**边际私人收益**（*mpr*）。这是生产者因生产和出售增加的产量而获得的收益的增加（正量或负量）。

四、**边际私人成本**（*mpc*）。这是生产者因扩大产量而增加他购买的要素量所引起的成本的增加。

五、**边际要素价值**（*vmf*）。这是生产要素的物质增加量（它是扩大产量所必需的）乘以单位价格，这个价格是对生产要素支付的报酬而由其所有主获得的。如果增加量恰是一单位要素，则边际产品价值等于要素的价格（*pf*）。

六、**边际社会成本**（*msc*）。这是社会因把边际要素消耗于这种生产以致不能用于其他用途所遭受的牺牲。边际社会成本就是本书第 79 页提到的那种“社会边际机会成本”。它也是边际要素如果用于其他生产时它能够提供的另一种边际社会利益。

五个方程是：

(1)　　　　边际社会利益 = 边际产品价值

如果消费品实现最适度的分配，如果这宗货物的购买者是社会上唯一因他使用这宗产品而受到影响的一个人，那么这个方程就满足了。在这种情形下，付给它的货币额可以衡量这宗产品对这个购买者从而对社会——他是这个社会里唯一受到影响的人——的有用性。

（2）　　　　边际产品价值 = 边际私人收益

如果这宗产品的销售是完全竞争的，这个方程就满足了。于是生产者不能改变产量来影响产品的价格，因而他从扩大产量获得的额外收益只是物质增加量与其价格的乘积。

（3）　　　　边际私人收益 = 边际私人成本

如果生产者使其利润成为最大量，这个方程就满足了。这意味着，只要边际私人收益大于边际私人成本，就扩大产量，只要它小于边际私人成本，就缩小产量；只有当这两个数值相等时，才会达到均衡位置，在这一点，利润达到最大量。

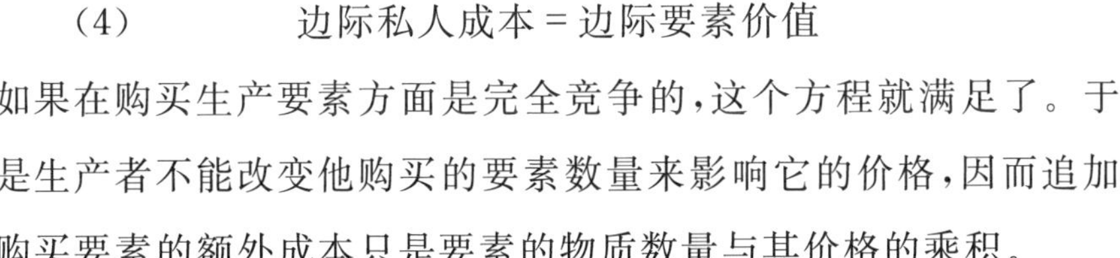

（4）　　　　边际私人成本 = 边际要素价值

如果在购买生产要素方面是完全竞争的，这个方程就满足了。于是生产者不能改变他购买的要素数量来影响它的价格，因而追加购买要素的额外成本只是要素的物质数量与其价格的乘积。

（5）　　　　边际要素价值 = 边际社会成本

如果以上四个方程对经济社会中使用这种要素的所有其他生产单位都是适用的，因而边际要素的价值等于把这种要素移转到其他用途时所获得的另一种边际社会利益，那么，这个方程就满足了。

这五个方程可以便当地写成缩写的形式如下：

$$msb = vmp = mpr = mpc = vmf = msc$$

如果六项当中的头一项等于最后一项，于是 $msb = msc$，方程就由五个变为一个，那么，要素在各种不同用途中的最适度配置就实现了。这就是经济计划部所面临的任务。经济计划部试图尽可能地利用各种生产要素，把资源从用处小的地方直接移转到用处更大的其他地方，直到它们在一切用途中同样有用为止。

不妨用这样三个方程来表示第四章所叙述的集体主义经济的方法：

$$msb = vmp = vmf = msc$$

福 利 方 程

通过完全集中的经济来实现直接的均等

通过分散的但系集体主义经济的规则而趋于均等

$msb = vmp = mpr = mpc = vmf = msc$

1 已产货物的最适度分配

2 在销售产品方面的完全竞争

3 使利润成为最大量

4 在购买要素方面的完全竞争

5 在要素的一些替代用途中都满足了头四个方程，因而在一些替代用途中 $vmf=msb$

如果消费品是最适度配置的，这就满足了以上所列的方程中的头一个，$msb = vmp$〔第 90 页，方程(1)〕，消费品的最适度配置，

像第一章所叙述的，是能够通过自由市场来实现的。第二个方程，$vmp = vmf$，是从一切生产单位的经理人员都得遵循的“规则”得出的。如果所有其他生产经营者（他们须对要素支付同样的价格）都使价格等于另一些边际产品的价值，这就满足了第三个方程，$vmf = msc$〔方程（5）〕，因为 msc 只不过是另一替代用途的 msb。

如果这五个条件得到满足的话，那么在资本主义经济中，要素在各种不同产品间的最适度配置就实现了。

第七章 简单生产Ⅲ
（在资本主义经济及统制经济中）

我们现在不妨来考虑一下，实际上各种要素在其各种不同产品间实现最适度分配的可能性有多么大。换句话说，实际上满足这五个方程的可能性有多么大。

在资本主义经济中，满足福利方程的条件是很难得的，它未必能具备

方程（1），$msb = vmp$，是很容易得到满足的。如果消费品有一个自由市场从而对不同消费者没有歧视的话，价格将会衡量每个消费者的边际替代率。要是承认既定的收入分配是适当的或者是不可避免的，则一单位要素的边际产品价值将会衡量一单位要素在边际上用于生产每种产品的 msb。

如果各企业调节它们的产量来使利润成为最大量，这就满足了方程（3），$mpr = mpc$。

困难在于方程（2）和（4），$vmp = mpr$ 与 $mpc = vmf$。在整个经济中，买卖都彻底实行完全竞争是不大可能的。如果这两个方程不能普遍得到满足，那么方程（5），$vmf = msc$（它取决于所有其

他方程在另一些用途中得到满足)，就不会在其他任何情形下都得到满足，因而要素不会实现最适度的分配。

推销术的重要性表明完全竞争是罕有的

我们把销售和推销术作为一种重要艺术来看时所抱的一般态度，反映出在现实世界中销售方面的竞争经常是不完全的。在销售是完全竞争的场合，卖主要卖多少就能卖出多少，他能够不费力气地按同样价格多推销一些，然而他宁肯不这样做。如果在推销术或广告方面要花费一些力气(也许货物上市后提供消息的情形除外)，那是因为，不如此他就不能按同样价格多推销一些，所以方程(2)没有得到满足。卖主要讨好买主而不是买主要讨好卖主——顾客总是对的——这种流行的想法表明，在销售方面不完全竞争是多么自然的事情。要是卖主在现行价格下要卖多少就能卖出多少，推销术就是不必要的了。

在购买或雇佣生产要素方面的完全竞争比销售方面的完全竞争要更普通一些，然而它绝不是普遍的。要是有巨大的购买者——大公司或购买合作社，甚至政府部门(它无意中采取了生意人尽量压低所购物品的总成本来使利润成为最大量的原则)，那么，需求自然要受到限制，因为此较大量的购买将会抬高价格，这对买主是不利的。换句话说，mpc 大于 vmf，于是方程(4)得不到满足。

在任一特定用途中资源的最适度应用，只是相对于经济体系的其他地方正在发生的情形来说的

最后，即使在头四个方程碰巧得到满足的场合，除非这种要素的所有其他用途都符合头四个方程，否则方程(5)是得不到满足的。如果最后这个条件不具备，则 *vmf* 将不会和另一些替代用途的 *msb* 相等，从而不会和 *msc* 相等。这说明一种要素在其各种不同产品间最适度配置的**相对**性质。如果一种要素用于某种用途太多，则其他地方使用的就太少，这是不可避免的。一个缺陷意味着另一种缺陷，因而不将一些要素从其使用过多的地方移转出去，这个缺陷就无从纠正。方程(5)表明了这一点。

如果要达到最适度状态，完全竞争必须是普遍情形

而且，在非统制经济中，要素的最适度分配不仅是靠不住的，而且是**不稳定的**。如果有许多企业参加某一特定生产部门，则各个企业也许太小，不足以影响它购买这一要素所支付的价格和它出售产品所获得的价格，这就满足了所有四个直接方程。如果这种要素能够用来生产的所有其他产品的生产也是同样情形的话，方程(5)也得到满足，于是我们实现了要素的最适度配置。但是我们仍在考察只用一种（稀缺）要素的情形，我们已经看到，这会带来

不变报酬。每个企业能够扩大产量而不改变要素价格或产品价格或**一单位要素的边际物质产品**。这就是说，如果这个企业赚到一些钱，它只要扩大生产规模就可无限地增加利润。至少一部分企业会立刻大到足以影响它们出售产品或购买要素的价格的地步，因此，即或有条件实现一种要素在其各种不同产品间的最适度分配，这种局面也有自行毁灭的倾向。

借助平均—边际关系就可以表明，扩充企业也许不能提供直接利益

事情并不像上面一节可能暗示的那样糟糕。这是因为，每个企业处在原来最适度的位置，不会赚到什么利润(或遭受什么损失)，因而不会有扩充(或收缩)生产的动机。

我们这里假定只有一种要素是稀缺的，因而我们得到不变报酬，要素增加百分之一，生产也增加百分之一。如果用一百单位要素来生产二百单位产品，那么要素再增加一单位，使要素总量从一百增至一百零一单位，其结果是使产品依同一比例从二百增加到二百零二。边际产品是二单位产品(因为追加的一单位要素使总产品增加二单位)。平均产品也是二$\left(\frac{200}{100}\right)$，生产扩充以后，它仍然是二$\left(\frac{202}{101}\right)$。边际产品等于平均产品。当平均产品不受生产规模的影响时，这是必然的(于是我们得到不变报酬)，因为，要是边际产品大于平均产品，则产量的增加将会提高平均产品。如果边际产品大于二，则一百零一单位要素的总产量要大于二百零二，于

是平均产品要大于$\frac{202}{101}$(这就是,它要大于二)。同样,边际产品不能小于平均产品,因为那时一百零一单位要素的总产量要小于二百零二,于是边际产品要小于$\frac{202}{101}$(或小于二)。如果报酬不随生产要素的增减而改变——在生产要素只有一种的场合必然如此——边际产品既不能大于平均产品,也不能小于平均产品,所以它必定和平均产品相等。

不拘在某一特定例子中使用什么数字,我们总可看到,若 *mp*(边际产品)大于 *ap*(平均产品),*ap* 必定是在上升——或者我们可以说,比较大的 *mp* 要把 *ap* 提高到它自己的水平。反过来讲,若 *ap* 是在上升,*mp* 必定大于 *ap*——否则 *ap* 不会提高。另一方面,若 *mp* 小于 *ap*,则 *ap* 必定是在下降——比较小的 *mp* 要把 *ap* 拉低到它自己的水平。反过来讲,若 *ap* 是在下降,*mp* 必定小于 *ap*——否则 *ap* 会被拉下来。[①] 若 *mp* 等于 *ap*,则 *mp* 既不会把 *ap* 提高,也不会把它拉下来,因而 *ap* 是不变的。反过来讲,若 *ap* 是不变的——在我们的不变报酬的情形下必然如此——它必定和 *mp* 相等。这一点也许是显而易见的算术关系,同样适用于边际成本与平均成本之间和对任何事物进行的边际与平均的计量。它曾经应用到(第 86—87 页)一种要素的边际成本与平均成本(这里的平均成本就是要素价格),还曾经应用到(第 86—87 页)平均收益与边际收益(这里的平均收益就是产品价格)。

① 原文如此,这里"否则 *ap* 会被拉下来",似应为,否则 *ap* 不会被拉下来。——译者

平均—边际关系不妨用下面的记忆法来表示，这种记忆法可以防止人们因**非对称**关系而发生的混乱。这种关系是非对称的，因为它涉及边际项的位置（不论它大于或小于平均项）和平均项**变化的方向**（不论它随生产规模扩大而渐增，渐减，或不随生产规模扩大而改变），而不是相反情形。

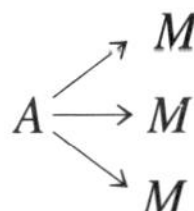

若 M（边际项）高于 A（平均项），A 是在上升（由指向较高 M 的上升箭号表示）。若 M 低于 A，则 A 是在下降（由指向较低 M 的下降箭号表示）。若 M 等于 A，则 A 是不变的（由水平箭号表示，它系指向与 A 处于同一水平的 M）。M 要把 A 拉到它这边来。

言归正传。我们记得，在最适度位置下，方程(3)得到满足，因为利润达到最大量，所以 mpr 等于 mpc。既然是完全竞争（否则这个位置不是最适度的），平均私人收益（apr）就等于 mpr。既然报酬不随生产规模而改变（因为只使用一种稀缺要素），mpc 就等于 apc（平均私人成本）。于是我们得到三个方程

$$apr = mpr = mpc = apc$$

在 apr 和 apc 相等的情形下，私人总收益也和私人总成本相等，既没有净利润，也没有净损失。

从上面可以看到，产量增加将会使利润依同一比例增加，这依然是不错的。产量增加百分之十，利润也增加百分之十，产量增加百分之二十，利润也增加百分之二十，以此类推。但是，由于我们是从利润为零开始的，所以这个企业不会有扩充生产以增加利润

从而打破最适度局面的自动倾向。

但是企业扩大到垄断的地步
总可得到一些间接利益

然而我们还不能说一切都是满意的了。即使生产的扩充(或收缩)不能提供**直接利润**,可是扩充或收缩也不会带来**损失**,所以没有什么东西要使企业保持在最适度的位置上。而且扩充生产是会提供**间接利润**的。因为,假如一个企业变得足够巨大的话,它**将**能够影响价格,从而使它的利润从零变为一个正量,因为那时它能够限制总产量来获取比较高的价格。它也许还能够限制它对要素的需求来压低要素价格。同样,所有的企业合并成为一个垄断组织是有好处的,垄断组织能够限制生产,从而降低要素价格、抬高产品价格来为它的一切成员获取正量利润。这样就会产生一种真正的趋势,要走向那会破坏方程(2)和(4)并打破最适度局面的垄断或联合,虽然它不像生产扩充本身立即带来利润增加的前景所引起的趋势那么直接。在不变成本的条件下,没有什么力量可以防止这一点;尽管在一开始的时候最适度局面是要产生的,但在这种局面打破以前,一个企业实行扩充并消灭其他企业,或所有企业在分享垄断性联合的利益方面达成某种协议,只不过是时间的问题。

在我们考察的非统制经济中未必能实现一种要素在其各种不同产品间的最适度分配,这个结论不只对非统制经济来说是不幸的,甚至对统制经济来说也是不幸的。这是由于统制经济因此失

去一个最强有力的工具。

完全竞争胜过靠这条“规则”达到的最适度状态：它对经理人员提供合乎理想强度的刺激

在私人企业导致一种要素在其各种产品间实现最适度分配**并和社会其他任何目标不发生抵触**的场合，它要比一种可能的替代办法即其经理人员受第五章所述“规则”制约的国营企业好一点。私人企业之所以略胜一筹，因为经理人员的利益和社会利益有更大的一致性。不错，这条“规则”要是慎重予以实施的话，它会更**直接地**导致各要素在其各种产品间的最适度分配，但在准确地应用这条“规则”方面，它不能提供那么显著或那么巨大的刺激。自由企业的经理人员为他自己节约的一元钱，也就是为社会节约的一元钱。只有他做到尽善尽美的地步，他才能够获得一笔正常收入。对这条“规则”支配下的经理人员要以奖赏（也许还有惩罚）形式提供某种刺激，这就发生一个微妙的问题，就是使他们既不太软弱也不太强大。就完全竞争下的私人企业来说，这一切问题都解决了。效率是由竞争保证的，除了尽可能使用最有效的生产方法的人们以外，它把所有其他人都淘汰了。这种刺激恰到好处，因为企业家要尽力做到这一点，在这里一分努力会带来一分收获。他不会在这个理想点以前停止下来，要是刺激太小的话，他会这样做的；他也不会浪费地超越这一点，要是提供的刺激太大的话，这种情形是会发生的。对效率的刺激会过于强大，这对一些人来说好像是奇

怪的，可是这的确会变得很严重。它会导致对工人福利的无情漠视和不人道的官僚作风，到头来它不是意味着效率高，而是意味着效率低。最后，努力追求最大量利润的原则，具有一个巨大的优点，就是，它不需要任何监督或管理来促使企业家采用这个原则。

不受政府雇佣的替代办法是个人自由的保障

比所有这些管理上的考虑都要重要的，是私人企业作为个人自由的一种保障的意义。这种议论是有充分根据的，尽管它往往被一些资本主义的狂热信徒歪曲了，他们把个人自由和资本主义发财致富的许可证甚至和巨大公司的经济权力等同起来。虽然富人的财富和大公司的权力也能用来限制一些人的自由，这些人是直接或间接为他们工作的或依靠他们所控制的产品的，但在近代，个人自由系滥觞于私人企业的开放，一个人不靠国家雇佣来谋生的可能性可以防止他对代表国家的雇主的过度屈从，这一点依然是不错的。当然，如果要保卫民主的话，这只是需要发展和维护的许多力量当中的一个，单单这个力量不能够保证民主，凡是对保卫民主有帮助的东西都是值得重视的。

统制经济可能认为，作为对保卫民主的贡献，甚至资源配置在效率方面的某种牺牲也是值得的，虽然一种政府要考虑到这一点并能提供适当的保障，尽管它是百分之百集体主义的。

在完全竞争无法继续存在的场合——像我们考察过的不变报酬的情形——可能靠反投机来勉强保持它。政府保证竞争价格，将会粉碎一切垄断的企图，这种垄断是靠企业联合或把企业扩充到足够大的规模来对买卖价格施加垄断力量建立起来的。如果一切工业都可以自由加入（free entry）的话，也可取得同样结果；在自由加入的条件下，一旦任何垄断形成，它抬高产品价格或压低要素价格，新企业马上会冲进来以便抓住超额利润的机会，这就使价格和产量恢复到最适度的水平。这里困难在于，一个大公司或联合企业往往能够威吓小型的新企业，所以唯一有效的竞争是政府的竞争。这种情形促使我们回到集体主义的解决办法，不过要由政府和私人企业实行竞争。政府机构要遵守这条"规则"（使 *vmp* = *vmf*），私人企业要使利润成为最大量。

这在任何情况下，不论生产单位是私营的还是集体经营的，都提供一个客观标准

在这种情形下，两种生产形式中比较优越的一种将会排挤掉另一种。如果私人企业比政府机构的效率高，它们将会扩充，并将政府的 *vmf* 提高到它的 *vmp* 以上，按照这条"规则"，这是一个信号，要政府机构收缩生产，也许要把整个领域都让给私人企业。如果政府机构更有效率些，私人企业就不得不收缩生产并退出这个领域；由于付给要素的价格和政府相同，出售产品的价格也和政府相同（这使得 *vmp* = *vmf*），所以任何一个效率低的企业都将会发现它的 *mpc*（这等于 *vmf*）大于 *mpr*（这等于 *vmp*），因而它减少产量是有利的（或减少它的损失）。在不变报酬（如果稀缺要素只有一种而且是可分的，它必定是这种情形）的条件下，*vmf* 大于

vmp，意味着总成本（或对要素的总支出）大于总收入（总产品的全部价值），所以这个企业是亏损的，不如关门大吉。

如果对任何企业来说购买不是完全竞争的，则 *mpc* 要大于 *vmf*；如果销售不是完全竞争的，则 *mpr* 要小于 *vmp*。于是这个企业就有更强大的动机要收缩生产，直到它缩小到足够的程度，失去对价格的垄断力量为止，这样，正如我们刚才已经看到的，除非它比政府的效率高，否则它退出这种生意是合算的。

国营企业和私人企业在平等和公平条件下的完全自由可以叫作自由企业

一些私人企业比一些政府工厂的效率高，而另一些政府工厂则比另一些私人企业的效率高，这种情形是可能有的。如果这是不错的话，这两类当中效率比较高的单位将会继续存在下去，它们永久齐头并进，其结果是在统制经济中保持完全竞争和生产要素在其各种不同产品间的最适度分配。工业不单纯是私人企业或国营企业的范围，而是两种企业同时经营。国营企业和私人企业共同享有的这种自由应可叫作**自由企业**。不幸的是，这个名词往往被用来描述一种制度，在这种制度下，国营企业是不许可的，然而我们要把这样一种情形叫作**私营企业**，这是它的适当名称，而用**自由企业**这个名词来描述两种企业在公平条件下所享有的自由状态，在每种特殊情形下，这会使最符合公共利益的那种生产形式流行起来。

有一点也许值得重复说一遍，这就是，我们的许多结论是和我们做出的不切实际的假定密切联系的，这个假定是，在每个工厂，仅只用一种稀缺要素来生产一种产品，当我们撤销这个假定时，那些结论就不再适用了。本章分析的价值不在于得出可以直接应用到实际经济中的任何具体结论，而在于对一些原理作一种练习性质的考察，这些原理要应用到我们还不曾考察过的更加复杂的情形中去，到头来这会得出实际的结论。

第八章 竞争性投机

在第五章我们谈到投机问题，并且看到，完全竞争性投机绝不是一种反社会行为，而是像任何其他生产形式一样有用的。完全竞争性投机的意思是说，投机商人为了迟些时候或在其他地方按较高价格转卖出去而采购货物，但是他并不打算改变他进行投机活动的规模来影响价格。

竞争性投机的社会效用较之简单生产要更确定些

一切完全竞争性投机都是对社会有利的，不论每种要素在其各种不同产品间的最适度配置是否已经实现。它总会使情况有所改善，使之更接近最适度状态。奇怪的是，这在投机的情形下比在普通所谓生产的情形下要更确定些，社会通常是在更大得多的程度上赞许这种生产的。一特定货物的简单生产也许是完全竞争的，可是在边际上它没有促进要素的最好利用。它也许对社会是有害的，因为另一些产品的生产脱离了最适度状态，方程(5)就不适用了。然而完全竞争性投机不会使它的有益活动为经济社会中其他地方发生的事情所抵消，因为它本身完成了整个循环，即把货物从便宜的地方运到昂贵的地方，也就是把货物从一些地方运走，在那里，另一替代用途的价值（*msc*）小于实际用途的价值（*msb*）。这样，它总是倾向于使 *msc* 和 *msb* 更加接近些。

假设水果种植主联合成为一个垄断组织，限制水果产量来谋取最大量利润。他们使 *mpr* 等于 *mpc*（因为这会使他们的利润成为最大量），但是 *vmf* 要小于 *mpc*，因为在联合行动下，他们增加其购买数量时要素价格就抬高了；*mpr* 要小于 *vmp*，因为他们扩充产量时，水果价格就降低了，这对他们是不利的。或许把这一情况倒转来讲，效果要好些，这就是说，他们靠限制产量来抬高产品价格并降低要素价格。假设要素价格是每单位一元，而 *mpc*（一单位要素对垄断组织的边际私人成本）是一元五角。它的边际产品是二篓水果，每篓卖一元（由于垄断组织限制产量所以价格提高了）或二篓卖二元。但是酌量到水果垄断组织出售所有其他各篓水果的价格因多卖二篓而略微跌落时，它多卖二单位所获得的额外收益是一元五角。

另一种产品（肉）的生产是完全竞争的，因而头四个方程得到满足。要素价格是一元，它的边际私人成本也是那么多，边际产品是四磅肉，它的价格下跌到每磅二角五分（因为种植水果的垄断组织解雇的生产要素全都转向肉类生产，于是供给增加，价格跌落）或四磅一元。这一元就是 *vmp*，它等于边际私人收益（*mpr*）。这两种工业的全部情况有如下图所示：

	msb	*vmp*	*mpr*	*mpc*	*vmf*	*msc*
水果	2.00 元	2.00 元	1.50 元	1.50 元	1.00 元	1.00 元
肉	1.00 元	1.00 元	1.00 元	1.00 元	1.00 元	2.00 元

从这里我们看到，实行完全竞争的肉类工业绝没有达到社会所想望的生产水平。*msb* 只有 *msc* 的一半，因为一单位要素要是从肉类生产转向水果生产的话，它将会提供价值二元的产品而不是价值一元的产品。每种工业的 *msc* 就是另一种工业的 *msb*，水果生产太少固然是不错的，而肉类生产太多同样是不错的，情形就是这样，尽管肉类工业经营者的行为是无可非议的和完全竞争的。一种要素在物质上能够生产价值二元的另一种物品，却用于生产价值一元的货物，他们对于这样造成的浪费还是起了一定作用。

就竞争性投机来说，这种错综复杂情形是不会产生的。一切买贱卖贵的投机商人都改进了资源在各种不同产品间的配置。他为社会上其他人士提供价值比较高的物品来代替价值比较低的物品。只有在要素不曾实现最适度配置的场合，投机商人才有可能这样做，因为，只有当 *vmp* 大于 *vmf* 时——在这种情形下 *msb* 大于 *msc*——他才能从中牟利。然而他倾向于降低 *msb* 和提高 *msc*，所以他总是要使社会更接近最适度的状态。如果一切人都能自由参加这种有利的和生产性的活动，*msb* 和 *msc* 将会统一起来，这时进一步扩大这种活动，既无利可图，也对社会不利。

在 *msb* 大于 *msc* 的场合，所有致力于扩大这种活动的人都是在为社会服务，这也适用于一种生产要素任何其他种类的转变。完全竞争性投机与完全竞争条件下其他生产间的区别，在于社会生产成本可能与私人成本不相符合，像我们从实行完全竞争的肉类生产者这个例子看到的那样。

即使投机商人搞错了并遭受到损失，它对社会上其他人还是有益的

还可以多讲一些来支持竞争性投机。即使投机商人搞错了，他的生意亏了本，但是，除非他破产或违约以致其他人被迫负担他的一部分损失，否则社会上其他成员依然是有好处的。整个社会（包括投机商人在内）要遭受损失，因为他把货物从其价格比较高的地方转运到价格比较低的地方，也就是，从 *msb* 大的地方转运到 *msb* 小的地方。他所生产的物品的 *msb* 小于 *msc*。然而社会上其他成员是不会受损失的，反而会由于他的牺牲而略有所得——他的损失等于社会损失**加**社会上其他成员的收益。

这是因为，当他买进的时候，他倾向于抬高价格，这对他是不利的，而对卖货给他的人是有利的；当他卖出的时候，他倾向于降低价格，这对他是不利的，而对向他买货的人是有利的。的确，当他的投机有利可图时，他恰是这样来使社会上其他成员得到好处。当他的冒险事业变得有利可图时，竞争性的投机者对社会上其他成员提供了一些利益，让我们更仔细地来考察这种利益的性质。

在价格低的时候，他竞出高价来促使社会上其他成员少消费一些，当他出售时，他压低价格来刺激消费的增加。如果只有一个小投机商人，社会上其他成员所得到的好处是很微小的，因为他能将社会利益几乎全部攫为己有。（**几乎**是全部，因为价格是会受到一些影响的，尽管它太小，不足以影响他的行为从而破坏竞争的完全性。）如果有许多投机商人的话，他们将会使价格变得对他们不

利，于是他们在（较大的）收益中占有的份额就没有那么大了（相对的；绝对量可能大得多）。如果有足够多的投机商人，使 *msb* 和 *msc* 均等起来，利润随即消失，全部利益都归消费者所享有。（但是投机商人作为消费者依然是有好处的。）

这可以用第一图（第 38 页）来说明，如果将它适当地重新加以解释的话。让 A 和 B 曲线衡量一宗货物二百单位应用到 A 和 B 两种用途时的 *msb*。（这些曲线可以用来表示一宗货物在今年使用和在明年使用这两个可能的替代办法。）货物的最适度配置是，A 用途为一百五十单位，B 用途为五十单位，因为这将会使两种用途中的 *msb* 均等起来（换个讲法，在每一种情形下，*msb* 都等于 *msc*）。假设这宗货物在两种用途中实行平均分配，则 *msb* 就和价格不相等，这些 *msb* 是由 q_1 和 q_2 的高度来衡量的。一个投机商人现在把二十单位从 B 移转到 A。在这样做的过程中，当他买进时，他是在对他不利的情形下把价格从 q_2 提高到 r_2，当他出售时，他是在对他不利的情形下把价格从 q_1 压低到 r_1，所以他的利润是由阴影面积 G 所包含的长方形来衡量的。（他的利润是 r_2 与 r_1 之差乘以二十的积，二十是他依较低价格 r_2 买进和依较高价格 r_1 出售的单位数。）社会利益等于阴影面积 G，社会上其他成员从投机获得的好处是由阴影面积 G 减去长方形后剩余的两个三角形来表示的。如果投机只是小规模地进行——把图中 r_1 和 r_2 绘得非常接近 q_1 和 q_2 来表明这一点——好处要小些，但是几乎全部好处都由投机商人得去了。三角形变得很小。另一方面，如果一切人都可自由地参加投机活动，只要它依然有利可图，这种活动就会展开，那么，r_1 和 r_2 将继续前移，直到它们在 s 处相遇

为止。投机的全部社会利益是由 q_1sq_2 的面积来表示，但这完全是由两个三角形（代表公众所得的好处）构成的，那个长方形（代表投机商人所得的利润）将会向前平伸而终于变为无有。

我们从该图还可以看到，甚至使投机商人遭受损失的错误（竞争性）投机也对社会上其他人有益处，只要他不靠破产或违约把他的任何负担转嫁给其他任何人。如果投机商人投机不对头，把二十单位货物从 A 移转到 B，那么社会的损失就可由网状面积 L 来表示。投机商人的损失大于社会的损失，因为当他买进时，他是在对他不利的情形下把价格从 q_1 提高到 p_1，当他出售时，他是在对他不利的情形下把价格从 q_2 压低到 p_2。他的损失是由**包括**网状面积 L 在内的长方形来表示的。当投机商人使货物在各种不同用途中的配置变得更糟时，社会上其他成员的**收益**系由两个三角形来表示，达两个三角形连同 L 构成一个长方形，它衡量投机商人的损失。

三角形代表社会上其他人（投机商人除外）从投机所得到的益处，这些三角形可以认为是代表投机商人的卖主从较高价格所得到的利益以及他的买主从较低价格所得到的利益。这看来好像是不适当地忽略了以下两部分人的损失，一部分人在同投机商人抢购货物时必须支付较高的价格，另一部分人在同投机商人竞争时必须按较低价格出售货物。然而这些人——当投机商人出售时他们也出售，当投机商人买进时他们也买进——的损失恰好被他们与之进行买卖的一些人的相应收益抵消了。三角形的面积表示**另外**一些买主的收益，他们是因投机商人增加销售数量时压低价格而来到市场的，以及**另外**一些卖主的收益，他们是因投机商人增加购买数量时抬高价格而来到市场的。这些另外的买主和卖主不妨认为是同投机商人做买卖的，所以没有其他人与他们进行交易而遭受到可以抵消他们的收益的损失。

甚至在他卖空的场合，它对社会上其他人还是有益的

即使投机商人从出售他手头没有的东西而捞到一笔利润，竞争性投机还是对社会有益的，不论这种事业带有多么可怕的魔术意味甚至多么露骨的欺诈意味。因为这么一来，投机商人实际上是间接地把货物从将来的用途移向现在（或不那么遥远的将来）的用途，并且他是从社会利益捞到他的利润的，社会利益系来自劝说人们现在多消费一些，而不要把货物留到明年，那时候它的需要就没有现在那么迫切了。投机商人依较低价格卖出明年的期货，这就降低了明年的预期价格。这会阻止有货的人囤积到明年，于是他们把货物拿到市场上来，降低今年的价格并刺激现在的消费。如果投机商人做对了，他从社会利益捞到一笔利润，还使别人得到一些好处。（但若有足够多的投机商人将价格划一起来，他们就赚不到利润——全部收益就都为公众所享有。）如果投机商人搞错了，他要负担全部社会损失（要是他十分富有的话），并向消费者支付一笔额外罚金，就像我们对第一图重新解释后所表明的。

敌视投机是错误的，这一部分是由于把生产或竞争的投机商人同掠夺或垄断的投机商人混为一谈了

一些必须艰苦工作来谋生的人们对于投机商人在写字间里经营他们甚至不能识别的货物而获得惊人收益往往是敌视的，这就把投机——它不会犯普通生产因其他地方资源配置不当而产生的错误——的特别用途搞糟了。这种敌视是从两个来源产生的。一个来源是把完全竞争一类的投机和不是完全竞争的而是垄断和掠夺的投机(用大写字母“S”)等同起来，前一种投机是我们刚才描述过的，它对不投机的人只有好处。当非常强大的个人或个人联合能够操纵价格来榨取利润时，那是和所有这些分析不相干的，他们的利润是他们能够从生产的社会成员勒索来的一种贡赋。即使他们的活动减少总产品，他们也能够勒索到这种贡赋，并因干涉要素的最好利用而使社会偏离而不是趋向最适度的位置。我们已经看到，这个祸害是可以用反投机措施来对付的——这就是由一个政府机构估计适当的价格并向买主和卖主保证这个价格，使任何掠夺者都不可能影响它，因为政府总能掌握敌得过他们的财力，把价格钉在它应有的水平上。

投机利润最好是靠扩大投机数量来消除

敌视投机的另一个原因，是把过失从那些对极端不经济状态

负责的人们推到另一些人身上，这些人实际上是在从事纠正这种状态时得到好处的；这很像一个小孩子不去掉他致病的原因，却责怪医生来到家里，正当他感到不舒服的时候给他一剂难吃的药，并索取一笔相当可观的诊费一样。竞争的投机商人（用小写字母"*s*"），像任何其他企业家一样，只有当要素在各种不同用途中配置不当非常严重的场合，才能获取大量利润。防止投机商人过于富裕同时也对社会有利的办法，不是要严厉惩罚这些人（在苏联就曾经这样对待一批人，他们在饥馑时期为了个人利益而把食物从不稀缺的地方运到人们闹饥荒的地方），而是要使资源配置得这么完善，以致投机商人得不到很多的收益。在这样做时，政府最好是鼓励投机而且自己也进行投机活动，直到利润消失为止。这将是资源最适度分配取得成功的一个迹象。

这对容许企业家赚取大量利润的任何生产形式来说都是不错的。如果完全竞争和竞争者的自由加入能够安排得好的话，资源配置的失当——它使投机商人能够局部纠正这种情形来赚取大量利润——将会消失。（因为，当这种情形**全部**得到纠正时，如第一图中的 *s* 点，利润就不存在了。）要是这些条件无法具备，则适当的政策也许是政府竞争，它规定价格（靠买和卖而不是靠对价格机构的立法干涉），并"人为地"防止投机商人的操纵。或者这种情形可能发生：如果实行完全竞争的话，私人企业就不能继续存在下去。在这种情形下，我们碰到一种"公用事业"；若要保持资源的配置，只有在亏损的条件下才能提供这种服务，这就需要采取特殊的措施。

所有这些不同的情况都要求同样的一般解决办法——这种或

那种反投机。在需要反投机的各种不同情况下，它究应采取什么样的特定形式，这要等到我们考察了比较复杂的生产所引起的一些问题以后，才能进行探讨。

第九章　福利方程的另一个式子。相等与比例性

以上我们考察的原理还有一个式子。在这里把它提出来，将会达到三个目的。从稍微不同的角度来阐明这些原理，可使它们显得更清楚些；它将提供另一个术语，这对于我们的一些问题来说要更自然些和更方便些；它将把现在的式子同以前这方面的著作更紧密地联系起来。

调节生产以达到最适度状态，可以依据要素或产品来考虑，于是这条“规则”和福利方程就有两个相应的式子

如果我们把资源从一种用途移向另一种用途的每次调节看作一次移转**一单位要素**，则边际要素量总是一单位，边际要素的价值和要素的价格是一回事。于是我们能够在一系列方程中用 *pf*（要素价格）代替 *vmf*，如果在一种自由企业的经济中要达到资源的最适度利用，这一系列方程是必须满足的。现在这一系列方程就表现为下面的形式

$$msb = vmp = mpr = mpc = pf = msc$$

这里 *msb* 和 *msc* 代表一单位**要素**从一种用途移向另一种用途时的边际社会利益和边际社会成本。不从**一单位产品**开始，而从考虑这种产品多生产一单位或少生产一单位对经济的影响开始，是同样适当的，那么这一系列方程采取的形式是

$$msb = p = mpr = mpc = vmf = msc$$

这里 p 是（一单位）产品价格，*msb* 和 *msc* 代表一种产品所需要的资源用来生产额外一单位而不用来生产其他物品所涉及的边际社会利益和边际社会成本。

对满足这些方程的条件的分析，是紧跟着以前的分析的。实行集中管理的官僚政府力图在两种意义上使 $msb = msc$，因为它在一种意义上实现了，也就在另一种意义上获得实现。区别只在于叙述这种调节所用单位的不同。如果一单位要素在边际上能够用来生产二篓水果或四磅肉，那么，一篓水果的价格必定是一磅肉的价格的二倍，譬如说，一篓水果的价格是六角，一磅肉的价格是三角。一单位要素用于生产水果的 *msb* 可以用二篓水果的价值或一元二角来衡量。*msc* 用必须牺牲的四磅肉的价值来衡量，因为这一单位要素是用来生产水果而不是用来生产肉的。这四磅肉按每磅三角计算时价值一元二角，所以 $msb = msc$。

我们的第二个式子刚好描述同样的情况。一单位水果（一篓）的 *msb* 是用它的价格六角来衡量。它的 *msc* 是用要牺牲的肉的价值来衡量，因为生产这一篓水果消耗了一定数量的要素，这些要素本来也许要用来生产肉的。要素数量是半单位。半单位要素要是用来生产肉的话可以生产二磅。肉是每磅三角，所以二磅值六角。这就是一篓水果的 *msc*，于是 *msb* 依然和 *msc* 相等。

我们倒转来从用一磅肉作为单位开始，也可以做到这一点。肉的价格是三角。这可以用来衡量它的 *msb*。在边际上一磅肉消耗四分之一单位要素，这些要素要是用来生产水果的话可以生产二分之一篓。一磅肉的 *msc* 是用这半篓水果的价值来衡量的，为了能生产出一磅肉，这半篓水果牺牲了，它值三角。又得出 $msb = msc$。

（当然，我们还得用价格来表示 *msb* 和 *msc*。实行集中管理的官僚政府力图不借助价格机构而使它们相等，这就为它自己提出一个不必要的困难任务，如果不是不可能的话。）

因此，我们用什么方法来为 *msb* 和 *msc* 下定义，都没有关系。不论根据哪一个定义，它们相等的意思是一样的。只要不把两者混淆起来，在分析的中途从一个意义转到另一个意义，就可以了，因为那样就会使论证变得完全没有用处。然而这是不难避免的，因为总是要提到那个项目，它的 *msb* 和 *msc* 是我们要进行考察的。

这条"规则"可以根据边际成本而不根据边际要素量来表述

把颁发给集体主义经济的经理人员的"规则"同样予以变换，是可能的。不妨指示经理人员调节他们的产量，使 $p = vmf$，这和使 $vmp = pf$ 是一回事。在随便哪一种情形下，*vmp* 都是和 *vmf* 相等的。让我们来考察水果种植主，他调节他的产量，因而 *vmp* 等于 *pf*。（一单位）要素价格是一元二角。它的边际产品（*mp*）是二篓水果，vmp 是一元二角（二篓按每篓六角计），于是 $vmp = Pf$。将我们的第二个式子应用到同一情况，我们得出 p（产品价格）是六角。边际要素（即在边际上生产这一单位产品所必需的要素量）是半单位要素，vmf（要素价值每单位一元二角）是六角。如果 $vmp = pf$，则 $p = vmf$。

同样，根据新式子也能够表明购买和销售的完全竞争怎么会实现每种要素在其各种不同产品间的最适度配置。在资本主义经济中，如果所购货物有一个自由市场和货物是最适度配置的，则 $msb = p$；如果在出售产品方面是完全竞争的，则 $p = mpr$；如果企业使他们的利润成为最大量，则 $mpr = mpc$；如果在购买要素方面是完全竞争的，则 $mpc = vmf$；如果所有其他企业都满足头四个方程，因而 vmf = 另一替代用途的 msb（这和 msc 是一回事），那么，$vmf = msc$。

第二个式子在某些方面要比较自然些，经济学家也更经常地使用它的若干部分。这就是为什么用 p 表示价格而不用 pp 表示产品价格也就够了。同样，mr 是在我们使用的 mpr 的意义上经常用来代表边际收益的，mc 是在我们使用的 mpc 的意义上经常用来代表边际成本的。代表私人的 p 通常被省略了，因为大多数经济学家大部分时间只是在考虑私人利益，它可能导致均衡的价格和产量，所以他们认为明白提到他们所关心的边际收益和边际成本的私人性质是不必要的。另一方面，vmf（边际要素量的价值）和 mf（边际要素量）不是通用的名词，虽则和它恰恰相反的 vmp 和 mp（边际产品）是很普通的。不过，这些都是完全对称的；mp 是多使用一单位要素所提供的产品数量；mf 是多生产一单位产品所必须增加的要素数量。

边际成本实际上代表边际要素量的价值，不指出这一点是容易令人误解的

集体主义经济的生产“规则”有一个稍微容易令人误解的式子，这是由于在文献中忽略掉 *mf* 而引起的。通常都是根据使 *p* 和 *mc* 相等而非和 *vmf* 相等来表述这条“规则”。严格地讲，这是错误的，因为我们已经看到，只有调节产量使 $p = vmf$ 才会达到要素的最适度配置。然而这个错误通常由于指出暗含的假定而得到纠正，这个暗含假定是，在购买要素方面是完全竞争的（所以 $mc = vmf$），或经理人员在计算 *mc* 时是不顾他对要素价格可能发生的影响的。这等于改变了 *mc* 的意义，使它和 *vmf* 变成一个意思。因此，实际上这条“规则”根据使 *p* 和 *mc* 相等来表述的式子是不错的，只是容易令人误解罢了。

关于一种要素在其各种不同产品间最适度分配所要遵循的“规则”的两个式子，我们将更经常地使用头一个。这就是，我们宁肯用根据**一单位要素**来表述的式子，这一单位要素是在一特定用途中要增加或减掉的，或要从一种用途移转到另一种用途的，而不用根据一单位产品和这种产品多生产一单位或少生产一单位的影响来表述的式子。这是原来在第 77 页对这条“规则”提出的形式。如果为了某个特殊目的，似乎采用一单位产品作为起点是可取的，那么，这条“规则”将会指示生产经营者增加或减少他的产品产量，直到它的价格（*p*）和边际要素量的价值（*vmf*）相等为止。我们一

般情愿使用原来的式子，因为它更清楚地表明这个问题就其根本性质来说是对稀缺生产要素的各种替代用法进行选择的问题。

人们曾经认为，使价格同边际成本成比例而不使之相等也就够了

从第107页上的表和附带的分析来看好像是，就一种要素在其各种不同产品间的最适度分配说，到处都实行完全竞争，实在没有必要，只要竞争的不完全程度在这种要素的可能的替代用途中都一样就可以了。如果肉的生产者也联合成为一个组织，他们可能使他们的 *msb* 二倍于他们的 *pf*，于是要素在肉和水果间将会实现最适度的配置。现在第107页上的表看来好像是这样的：

	msb	*vmp*	*mpr*	*mpc*	*pf*	*msc*
水果	2.00元	2.00元	1.50元	1.50元	1.00元	2.00元
肉	2.00元	2.00元	1.50元	1.50元	1.00元	2.00元

这里水果和肉都是 *msb* = *msc*。

如果这是不错的话，统制经济的"规则"就要相应地加以修改。不要指示经理人员调节生产直到 *vmp* 和 *pf* **相等**时为止，只要命令他们使 *vmp* 和 *pf* **成比例**就够了，这个比率是由经济计划部颁发给一切生产者的。只有当这个比率碰巧是一时，这条"规则"才会表现为我们提出来的那种形式。按照我们的第二个式子，这条"规则"要调节生产直到 *p* 和 *vmf* 保持一定比率为止，这个比率又是由经济计划部决定的，并且对所有生产者都是一样。不论经济计划部决定怎样的比率，不同的一些 *vmp* 和 *pf*（或一些 *p* 和

vmf)都将是成**比例**的，并且 msb 要等于 msc。

虽然人们一直到最近都认为是这样的，但是这并不十分正确。

所有使用一种要素的工业要去做只有其中一种工业才能够做到的事情，是不可能的。水果种植主能够限制产量并将排除掉的要素移向肉的生产来把水果价格提高一倍。肉的生产者能够限制产量并将排除掉的要素移向水果的生产来把肉价提高一倍。然而同时做这两桩事情是不可能的。如果两种工业都打算这样做，那么排除掉的生产要素将不会被吸收而要闲置起来。（当然，除肉和水果外还有其他工业可能吸收这种要素，不过我们是用这两种工业来代表所有可能使用这种生产要素的各种不同工业的。）如果这种要素闲置不用的话，我们肯定不会达到要素在其各种不同用途的最适度分配。它的 msb 要下降到零，而且肯定要低于 msc，后者是由这一单位要素能够生产的肉或水果的价值来衡量的。

即使在肉和水果工业中 vmp 是 pf 的二倍（并且 $p = 2vmp$），但要素价格可能下跌，直到它全部被雇佣为止。于是这种要素将会在肉和水果的生产间获得理想的分配。要素所有主的收入要少些，生产经营者的收入要大些。如果垄断组织系由要素所有主比照他们的要素所有权分别占有的，那就不会有什么真正的差别，因为每个所有主作为垄断组织的一个股东多得到的，正是他作为这种要素的一个所有主少得到的。如果垄断利润的分配是按其他方式决定的，那么，有些人要富裕些，有些人要穷困些，但这纯粹是收入在不同个人间的分配问题，不会直接影响要素在两种用途中的配置。（如果收入分配引起肉和水果的相对需求的变化，它可能发生间接影响，但在新的需求情形下，这不会妨碍要素在肉和水果间的**最适度**配置。）

但是，除非它是真正相等，否则比例性不会是普遍的

如果在**一切**用途中，每种要素的价格及其边际产品的价值不是相等而是成**比例**的，这不会破坏要素在其各种产品间的最适度配置，而只会改变收入的分配。如果 *vmp* 到处都是按同一比例大于 *pf* 的话，那么，要素所有主得到的收入要少些，管理生产的垄断者得到的收入要多些。这实际上是向要素所有主索取一种贡赋。但是生产要素还是按照与新的收入分配情形相适应的产品需求在各种不同产品间实现最适度的配置。在每个企业里，*msb* 都会和 *msc* 相等，像第 121 页上的表所阐明的那样。

然而这是没有意义的，因为，除非这个比率是一，否则 *vmp* 和 *pf* 间（或 *p* 和 *vmf* 间或 *vmp* 和 *vmf* 间）的**比率不可能**在所有要素的**所有用途中都是一样的**。换句话说，除非它们**相等**，否则它们不可能**全都**是成比例的。

这可用劳动力在劳动与闲暇间的配置来说明

毫无疑问，一切要素中最为重要的是**劳动**，而劳动总有一个替代办法，即不工作而为一个人提供闲暇，这个人就是他自己的劳动的所有主。更多一点劳动的 *vmp* 要和 *pf*——劳动要素的价格或

额外劳动量的工资报酬——**相等**，对于劳动在工作与闲暇间的最适度配置来说是必要的。如果工人可以随意额外工作一小时或不工作，他将把工作推进到一点，在这一点，另外一小时工作的负效用（这和他对另外一小时闲暇的评价是一回事）是由额外一小时工作的报酬来衡量的。所以他将使闲暇的 *msb* 和他从工作所得的报酬相等。但是这个 *msb* 也就是他不工作时的 *msb*，因而是在工业中雇佣他的 *msc*。如果那时他在工业中的 *msb* **不等于**他的工资，*msb* 也不会和 *msc* 相等，于是我们不会达到劳动要素在生产与闲暇间的最适度配置。

如果额外一小时劳动的 *vmp* 不等于 *pf*（劳动的价格或工资），那么，工人不是工作太多，就是工作太少。对他来说，牺牲一小时闲暇——譬如说这对于他值一元——是浪费，如果他工作的净结果是使产品仅只增加价值五角的货物的话。这是浪费的，因为工人愿意放弃价值五角以上的货物来代替他可能增加到总产品中去的东西，而他还是不工作好些，同时其他任何人的处境都用不着坏下去。如果他的 *vmp* 大于他的 *pf* 或工资，他不会像值得想望的那样多地工作。如果他的 *vmp* 是二元，他的工资是每小时一元，他将拒绝工作到某一限度以外，这时他对一小时闲暇的评价提高到一元以上了。工人拒绝多工作一小时，因为他对这一小时的评价，譬如说，是一元二角五分，而工资却是一元。他乐意为一元五角而多工作一小时，从社会来看，他这样做是可取的，因为，即使为另外一小时工作而支付他一元五角，社会上其他人还会从他的价值二元的边际产品中获得五角净利益。这就是为什么对劳动来说，*vmp* 和 *pf* 不仅要成**比例**而且要**相等**。

这也可用不受这条"规则"支配的其他决定来说明

同样论证也能应用到任何其他生产要素，这些要素可以随便用来生产某种东西，而无须得到受这条"规则"支配的经理人员的同意。所有竞争性投机的事例都属于这个范畴。凡是把货物从一个时期囤积到另一个时期的行为，凡是可能由小生产者在纯粹竞争的基础上进行的任何种类生产，都会满足这些条件，要是这种活动不受这条"规则"支配的话。这会带来不必要的麻烦；会使经济失去一个自由竞争部门的利益，在这个部门，资源的最适度利用是自动实现的，不致发生其他方面必定会遇到的监督和管理问题。而且，要制止投机商人从事他们有利可图的买卖活动，很是困难，他们是这样秘密地、非法地进行活动，非有一套耗费大的警察监督和侦查制度是无法取缔的，而这一套警察制度却是民主政治的巨大危险。由于这种种原因，所以有必要坚持我们的"规则"的头一个式子，它指示经理人员调节生产从而使 $vmp = pf$。如果在这些特殊而且非常重要的情形下，vmp 必须和 pf 相等，那么，在所有其他情形下也必须使之相等，如果一般都要保持**比例**的话。

对于这个枝节问题还有两点补充。首先，一个工人改变他的工作时间，以便调节他对闲暇的边际评价使之符合他的工资，这个观念看来好像是异想天开，因为工人随便得到一个工作就高兴极了，为了保持他的饭碗，雇主要他做多少时间，他就愿意做多少时间。即使如此，工人们有许多间接方法来个别地和集体地调节他们的工作时间或产量。在一种经济中,资源是充分利用的,因为它是统制经济,或者因为它是非统制经济而偶然实现了充分利用,在这样的经济中可以作出比较满意的规定来保证这个非常重要的选择自由。生产的技术条件也许为任何个别工厂造成一些限制。但是,如果工业是这样组织起来的,即把工人福利像顾客的兴致一样清楚地记在心里,工人就有可能对不同的工厂进行选择,这些工厂的工作时间是不同的,假期的安排是不同的,等等。现在工作多少的选择对于自由经济是重要的,统制经济能够为这种选择提供更广大得多的范围,它认为,这对一个工人的重要性,就像一个妇人能对二十万种不同的丝袜进行选择所感到的重要性一样。

其次一点是要防止一种误解。这种误解似乎含有这样一个意思:如果工资提高,工人总是要多工作一些时间,反过来也是一样。这种情形不一定会发生。如果工资提高,多工作一小时的动机也加强那么多。但是工人收入也因同一行动而增加,这可能使他愿意为另一小时闲暇而牺牲的货币额增加得更多些。在这种情形下,提高他的工资不会使他更艰苦地工作,也许反而会缩短他的工作时间。

然而这不致推翻我们的论证。使工资等于工人边际产品的价值,依然会改进这种要素在其各种替代产品间的配置,这不只是靠调节边际产品的价值,而且是靠改变另一种产品(闲暇)的价值。忘掉闲暇是同任何其他劳动产品一样重要的东西,只不过是我们大家都有的一种坏习惯。我们倾向于忽略它,或许是因为它在工厂的传送带上是看不见的。

第十章　复杂生产 I
（各要素间与各产品间的比例是固定的）

我们现在要谈到复杂生产了，在这种生产中使用一种以上稀缺的生产要素，或工厂提供一种以上纯一的产品。在这一章，我们将只考察各种不同要素或各种不同产品必须按固定比例配合的情形，这些固定比例是由生产技术所独特决定的。

在比例系由生产技术确定的场合，上述“规则”是同样适用的，就像它适用于简单生产一样

首先考察各要素间具有由技术决定的比例的情形，我们发现，应用到简单生产的那条“规则”还是适用的。我们记得，这条“规则”预先假定一个生产要素的自由市场（因而每种要素的价格对所有生产者都是一样的）和一个销售产品的自由市场（因而所产货物是最适度配置的）。这条“规则”指示集体主义社会中所有工厂的经理人员，在 $vmp > pf$ 时就扩充生产，在 $vmp < pf$ 时就收缩生产，这样来接近在每种要素的一切用途中 $vmp = pf$ 时所达到的最适度状态。

严格地讲，在各要素必须按技术决定的比例配合的条件下，一种要素的边际产品是不确定的。单把其中一种要素追加一单位是没有用处的，根本不会使生产有任何增加。边际产品好像是零。另一方面，如果从生产中撤出一单位要素，它将会造成生产的大量减少，同时使相应数量的只能同它配合使用的其他要素变成没用的。所以这种生产的减少可以说是从生产中排除掉的任一要素的边际产品；这种减少似乎应当在它们中间依某种方式实行分摊。我们依然抽掉不可分性，使得生产规模的任何变化，一方面对各要素的数量比率或比例，另一方面对产品的数量，都不发生关系。（我们假定任一要素和其他任一要素间的比率或比例是由生产技术决定的。）

假设要素 A、B、C 和产品 P 间的比例为 1∶2∶3∶6。那么 $100A+200B+300C$ 结合起来就可以生产 $600P$。其中任何一种要素或任何两种要素的数量的增加，根本不会影响产品数量。另一方面，任何一种要素的数量减少，都将使生产作**比例**的下降。例如，如果要素 A 减少百分之一，即从一百减到九十九单位，产品也将减少百分之一，虽然这意味着减少六个单位，即从六百减到五百九十四。然而，即使其他要素也减少百分之一，这一产品数量还是能够生产出来的。$99A+200B+300C$ 不会比 $99A+198B+297C$ 生产得多些。要素 A 可以说，这六单位产品是它提供的，因为如果要得到这六单位产品，就要靠第一百单位 A 的继续服务。然而要素 B 和 C 可以同样正当地提出这个要求，因为，如果 B 或 C 减少百分之一，产品也要减少那么多，尽管在每一种情形下，其他要素的数量保持不变。如果这个要求是许可的，则 A 的 mp 是

$6P$，B 的 mp 是 $3P$（因为 B 减少一单位等于减少百分之零点五，这会使产品按同一比率减少，即减少三单位 P），C 的 mp 是 $2P$（因为 C 减少一单位，即从三百减到二百九十九，会使产品从六百减到五百九十八）。

如果每种要素的价格等于这样计算出来的 mp 的价值，那么，**每种**要素的报酬要等于所有要素的总产品的价值。一百单位 A，每单位按 $6P$ 的价值付酬，将会获得足够多的钱来购买 $600P$（总产品），二百单位 B，每单位按 $3P$ 的价值付酬，将会获得 $600P$；三百单位 C，按每单位 $2P$ 计算，也得到 $600P$。这又表明，用这种方法来计算时，每种要素就把其他要素对生产的贡献据为己有了。

对于任何私人企业家来说，必须把几种要素的总产品全部支付给其中一种要素，那是要命的事情，然而这在集体主义经济中不是不可能的。我们将会看到，作为集体主义经济的经济指针来说，损益的考虑是完全不相干的。但是这里还有一些可疑的地方，并且，除非我们对边际产品找到一个更满意的尺度，否则这条"规则"是无法应用的。

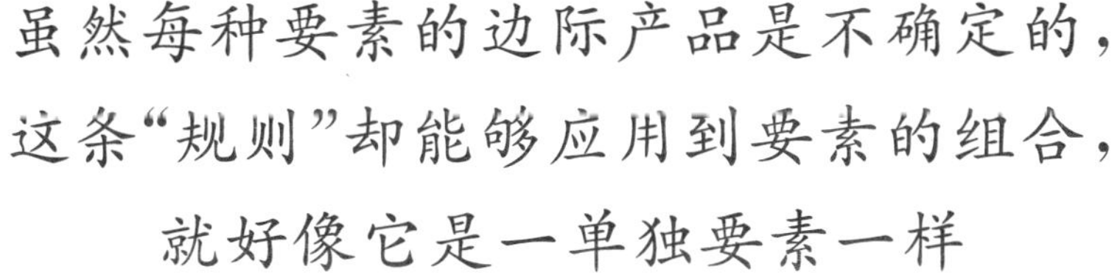

虽然每种要素的边际产品是不确定的，这条"规则"却能够应用到要素的组合，就好像它是一单独要素一样

的确，到现在为止我们已经看到，边际产品是不确定的，它介于**零**（这是我们将某一要素增加一单位时将会获得的产品）与**平均产品**（所有要素的总产品除以一特定有关要素的单位数）之间，平

均产品就是我们拿走一单位要素时要损失掉的产品。

我们不妨把许多要素的**组合**而不只是其中一种要素作为一单位来克服这些困难，这些要素必须按照技术决定的比例配合起来。于是我们把 $1A+2B+3C$ 叫作一单位 F（要素）。这一组合的价格就是要素 F 的价格。这样，我们就可以应用这条“规则”，正如同只谈一种稀缺要素时一样。经理人员将把这一要素组合 F 的边际产品价值同它的价格进行比较。如果 *vmp* 大于 *pf*，他就扩充生产；如果它小于 *pf*，他就收缩生产；如果它和 *pf* 相等，他就知道，他达到了适当的产量。假如所有经理人员都遵守这条“规则”的话，要素 F 在其各种不同产品间的分配将是最适度的分配。

对这一点的证明是和对简单生产的证明非常相似的。F 的价格是其他生产者必须支付的价格，他们使它和另一些替代用途中的 *vmp* 相等。这使得 F 的价格等于另一种产品的价值，从而等于 *msc*。这条“规则”又会使 *msb* 和 *msc* 相等，从而达到要素的最适度分配。

一个替代办法是把这条“规则”应用到各种要素的边际净产品，这也能取得同样结果

有两种方法可以表明，对这条“规则”所做的新解释，是它应用到简单生产时的简单意义的逻辑推论。

首先，它可以用增加一单位要素来说明。假设 A、B 和 C 的价格分别为三元、一元五角和一元，它们的 *mp* 是六单位 P，价值十元。现在考虑再使用一单位 A。单单这一单位 A 不会增加生

产，所以只考虑使用要素 A，是愚蠢的。然而工厂的经理人员知道，一单位 A 必须同二单位 B 和三单位 C 结合起来进行生产。如果这些要素也能得到的话，生产将会增加 $6P$，价值十元。可是这十元并非全部都是 A 的 mp 的价值。要从它减去追加其他要素数量的成本，即支付二单位 B 的三元（每单位一元五角）和支付三单位 C 的三元（每单位一元）。这就剩余四元作为 A 的边际净产品的价值。这要大于 A 的价格（三元），从而按照这条“规则”，生产应当扩充。同样论证也可应用到生产需要收缩的情形，要是 $6P$ 只值八元的话。在同样的要素价格下，A 的边际净产品的价值只有二元，这要小于它的价格。

其次是比较直接的方法。把同样原理应用到各要素的组合就像应用到其中每一种要素一样，也可以得出上述结果。还假设 $6P$ 的价值是十元。再增加一单位 A 是不值得，这条“规则”也没有那样要求，因为 pf 是三元，而单单增加一单位 A 的 vmp 却是零。同样，单单增加多少 B 或多少 C 或仅只增加三种要素当中的随便哪两种，也是不适当的。但是 F，即 A、B 和 C 按 1∶2∶3 比例的组合，应当增加，因为它的 pf（或 vmf）是九元，而 vmp 却是十元。同样，如果 $6P$ 的价值是八元，仅只拿走一单位 A 是不适当的，因为它的 pf 是三元，而 vmp 是八元（由于这是 $6P$ 的价值，$6P$ 是 A 减少一单位后将会减少的产品），只有当 $vmp < pf$ 时才能将要素从生产中撤出。根据同样理由，仅只把一些 B 或一些 C 从生产中撤出，或仅只把三种要素当中的随便哪两种要素撤出，都是不适当的。然而按理应当减少 F 的数量，F 代表按 1∶2∶3 比例组合起来的 A、B 和 C；因为这时 pf（或 vmf）是九元，而 vmp 却是八元。

在比例由技术决定的情形下，最简单的方法是把各要素结合成为一个复合单位下，然后像在简单生产的情形中一样应用这条“规则”。

要素价格是由各要素按不同目的结合起来的比例的差别决定的

关于要素相对价格的决定，这里发生一个有趣的问题。为了遵循这条“规则”来实现资源的最适度配置，人们知道复合单位 F 的价格就够了，不论这个价格是怎样由其各个组成部分的价格构成的。它们的价格可能是二元、二元和一元，或八元、二角和二角，或任何其他一系列的价格，只要一单位 A 加二单位 B 加三单位 C 的价值总共是九元就行。那么，这些要素的价格是怎样决定的呢？

对这条“规则”如何导致每种要素在其各种不同用途中最适度分配的解释，并没有对这一点提供说明，因为这种解释也完全是依据复合单位 F 的另一替代产品而不是依据组成 F 的各个要素（A、B 和 C）做出的。但是在考虑我们的其次一个问题的过程中，对这个理论上的难题还是作了一些说明。

假设复合要素 F 不在任何其他地方使用。这就是，在其他货物的生产中，A、B 和 C 等要素只是按照不同于 1∶2∶3 的比例加以使用，也许它们只有同其他要素 D 和 E 结合起来才能使用。那么，F 的另一替代产品，即 *msc*，又是什么意思呢？如果它是不存在的，我们怎么能够说这些要素的最适度分配已经实现？

通过某一要素使用得多一些的产品代替这种要素使用得少一些的产品，就可间接地用一种要素来代替另一种要素

我们将会看到，这两个问题是互相依赖的，需要同时解决。要素的相对价格是由它们用于生产各种不同产品时的配合比例的**差别**这个事实决定的。如果其中一种要素——譬如说 *A*——的需求小于供给，它的价格就要下跌。这要降低各种产品中复合要素（各个 *F*）的价值，*A* 要素是这些复合要素的组成部分，*A* 在 *F* 的价值中所占比重愈大，价格就跌得愈多。相对其他产品来说，因 *F* 价值下跌而受影响的产品要扩充生产。与 *A* 搭配的各要素的需求增加，将会抬高他们的价格。这对于 *A* 不是重要组成部分的那些 *F* 来说，将不止抵消 *A* 的跌价，而对于 *A* 是重要组成部分的那些 *F* 来说，则不足以抵消 *A* 的跌价。后一种货物要扩充生产，前一种货物要收缩生产，从而使比较低廉的要素 *A* 的需求会有净的增加。

因此，尽管在生产任何一单独产品时，要素的比例是固定的，不可能多使用一些 *A* 来代替任何其他要素的一部分，但是当 *A* 的价格下跌时，还是有一种**间接**方法用 *A* 来代替其他要素。间接替代是靠扩大生产使用 *A* 相对多的一些产品进行的，因为 *A* 的价格下降，使得复合要素 *F* 的价格跌到它的 *vmp* 以下。

这样决定的每种要素的价格，是衡量其边际净产品的价值的尺度。假使 *A* 要素的价格是三元，那么一单位 *A* 要素，在其他要素（这些要素是使它进行生产所必需的）的协作下，能够生产出一

种产品，它的价值要比协同生产的要素的价值多三元，这必定是不错的。如果情形不是这样，则包括 A 要素在内的所有要素的价值要大于它们联合提供的边际产品的价值，按照这条“规则”，它们就不会被雇佣了，它们的需求将会下降，它们的价格将会跌落。如果在三元的价格下，A 的需求等于它的供给，那么它在另一替代用途中的边际净生产的价值等于三元，这一点必定是不错的。因此，任何要素的价格都可衡量它在另一替代用途中的净生产，这就是使用这种要素的 msc。假使所有经理人员都使他的复合要素 F 的边际产品价值 vmp 等于复合要素的价格 pf，那么 $msb = msc$，这就实现了要素的最适度利用。

即使在各种不同用途中的比例并无不同，要素价格还可由它们的供给情形来决定

要素价格的决定要取决于一种要素间接代替另一种要素的可能性，间接替代是靠扩大生产那些按相对高的比率使用这种要素的产品和缩小生产那些按相对低的比率使用这种要素的产品进行的。如果一切用途的要素比例是一样的，这种间接替代会比制造一单独产品时用一种要素来直接代替另一种要素有更大的可能，于是要素价格将是不确定的。这一点用不着我们十分担心。首先，因为在这种情形下，要素的相对价格对于实现要素的最适度利用是不起作用的。的确，从要素在各种不同产品间的分配这个观点来看，甚至无须知道组成复合要素 F 的个别要素。同样的复合要素也用于生产另一些替代产品，遵守这条“规则”的经理人员

直接使复合要素的价值同另一替代用途的 *msb* 相等起来。由此可见，*msb* 和 *msc* 是相等的，用不着费事去考察任何边际**净**产品，像要素比例因生产不同货物而不同时我们必须做的那样。

其次，这种不确定性只是在学术上才是重要的。如果组成 *F* 要素的各要素的供给对价格有些反应的话，相对价格必定是使各种供给和需求相等的价格（当然要按照它们根据技术要求配合起来的比例）。只有当供求对要素的相对价格**都**绝对没有感应时，不确定性才会继续存在。

如果实际情形是这样的，而现有固定供给和它们必须结合起来进行生产所依据的比例又不完全一样，那么，供给相对过多的所有要素都将是没有价值的，因而只有一种稀缺要素。这种要素是得到充分利用的，当种种数量的其他要素按技术决定的比例同它结合起来时，其他每一种要素都将有一些数量剩余下来。这些要素的现有数量大于能够利用的数量，所以它们并不稀缺，它们的价格是零。稀缺要素的供给限制了生产，它现在有权利把整个 *F* 组合的 *mp* 叫作它自己的 *mp*，并且（在报酬不变的情形下）它的 *mp* 要等于它的 *ap*（它的平均产品），从而它的全部报酬要等于全部产品的价值。

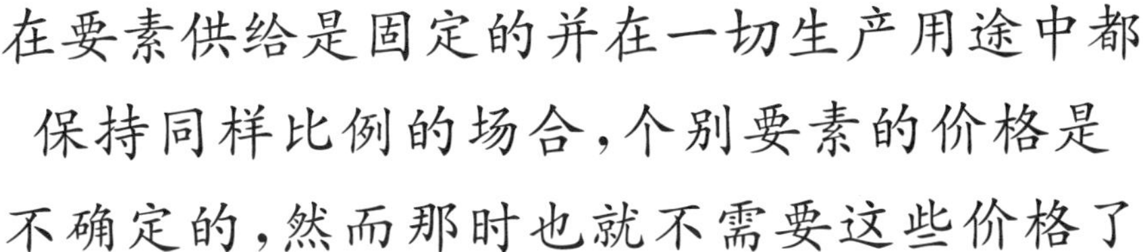

在要素供给是固定的并在一切生产用途中都保持同样比例的场合，个别要素的价格是不确定的，然而那时也就不需要这些价格了

如果两种或两种以上的要素碰巧可以完全按照它们由于技术

原因而必须配合起来进行生产的比例获得的话，我们就会有不确定性。不确定性只存在于各要素的**相对**价格之间。由这些要素组成的 F 的价值是完全确定的。不确定的是，一单位 F 的报酬中多少要付给要素 A，多少要付给要素 B。因为这不会影响各要素的利用方式，因为各要素全都属于国家所有，所以经理人员不妨一并支付它们的报酬，或任意规定相对价格。这是没有区别的。

即使在集体主义社会，劳动要素也不是属于国家的。它属于从事工作的个人，但是这个问题决不涉及劳动，因为它的供给要取决于支付给它的价格。

在生产中产品和要素起着对称的作用

当几种产品按照技术决定的比例来生产时，这种复杂生产可以完全用这个方法进行分析。的确，在生产中产品和要素完全是起对称的作用。它们只是符号不同而已。就任何一定的要素入量来说，使产量**达到最大限度**是值得想望的，正如就任何一定的产品出量来说，使要素量达到最小限度是值得想望的一样。边际产品现在不是一定量的某一单独产品，而是几种产品按技术决定的比例配合起来的组合。*vmp* 是要素增加一单位时这几种产品的增加量的价值。产品价格像简单生产一样是在自由市场上决定的。这条“规则”是照通常方法应用的，并导致要素在各种不同用途中的最适度分配。如果各种产品的相对需求绝对不依赖于它们的相对价格，如果需求也碰巧是和生产这些产品所依据的比例一样，我们就会遇到我们刚才讨论过的那种不确定性，即在生产要素的供求都是刚性的并保持同样比例下的那种不确定性。然而这在集体主义经济中是不大可能的，而且是没有意义的，因为它不会影响要素的使用，只会影响产品的相对价格。在必要时，一个任意决定就可解决问题，绝不至于干涉各要素在这些不同产品间的最适度分配。

现在我们看到，当各要素或各产品间具有由技术决定的比例时，这种复杂生产不会成为集体主义经济的新问题。同样的"规则"还是适用的；衡量 *vmp* 的困难可以这样来克服，即把它解释为减去那些由于技术原因必须同它搭配在一起的其他要素成本后边际**净**产品的价值。更加简单而结果相同的方法，是把这条"规则"直接应用到复合要素，它的每个单位是由根据技术要求的比例相结合的一些原始要素组成的。在产品不止一种而它们之间的比例是固定的场合，*vmp* 就是复合产品的价值。要素和产品是完全对称的。

和净 *vmp* 相对应的是净 *vmf*，和复合要素 *F* 相对应的是复合产品 *P*

在生产方面，我们并不会使用边际**净**产品价值的对立物。这是因为我们一直在应用我们这条"规则"的两个式子中的头一个——即根据移转一单位要素而展开的那个式子。如果我们应用第二个式子，这条"规则"就要根据产品价格 *p* 与 *vmf* 间的关系来表述了，*vmf* 是多生产一单位产品所必需的边际要素量。当我们依固定比例生产几种产品时，我们遇到把 *mf*——多生产一单位产品所必需的边际要素量——分解开来这样一个明显的困难，正如同我们在上面遇到把 *mp* 分解开来的困难一样。我俩恰恰也有两个方法来摆脱这种处境。一个方法是把我们的产品结合起来，说它是由不同的个别产品按照技术决定的比例所构成的复合单位 *P*。这是和上面把一单位 *F* 作为复合生产要素相对应的。另一个方法是保持个别产品，但是把 *vmf* 解释为**净** *vmf*，它等于边际要素的价值**减**另外若干单位其他产品的价值，这些产品是和我们考察的另外若干单位产品同时生产出来的。如果多生产一单位产品 *X* 要多使用一定数量的某种要素（或几种要素），其价值是五元，但也另外生产出来某些数量的 *Y* 和 *Z*，其价值是二元，那么，生产一单位 *X* 的**净** *vmp* 就是三元（五元减二元）。其他产品 *Y* 和 *Z* 被看作是**负要素**，必须从五元中减去它们的价值，恰如 *X* 增产一单位时附带使其他要素少消耗二元一样，所以，为了多生产一单位 *X* 就只需多花三元来购买要素了。

在其他一切方面，在固定比例下的复合生产是和简单生产一模一样的。我们依然假定要素和产品的不可分性，因而报酬不随生产规模而改变。所以在资本主义经济中，企业的大小是不确定的，它具有和完全竞争一样的危险，并碰到和简单生产完全一样的问题。的确，在固定比例下的复杂生产同简单生产，比起它同可变比例下的复杂生产来，要更加类似得多。

第十一章　复杂生产Ⅱ
（各要素间与各产品间的比例是可变的。没有重大的不可分性）

在这一章，我们要考察一种复杂生产，在这种生产中，各要素间与各产品间的比例是可变的，但是我们仍将保持我们关于生产要素和生产过程的可分性的假定。

资源分配与要素配置间的区别和收入分配与货物配置间的区别是相同的

在要素的组合可以改变的情形下，我们碰到一个新问题。到现在为止，我们只是关心一种要素在其不同产品间的最适度分配，因而我们不会使一种产品生产得太多和另一种产品生产得太少。我们已经看到，这在分析上可同收入的最适度分配进行比较，后者的目的是不要使一个人的收入太多和另一个人的收入太少。现在我们还得看到，在生产各种产品时（按照适当的比例），我们把构成资源的要素结合起来，以便我们所想望的一切产品都尽可能提供最大的总量。可以设想，这不会使任何一种货物由于牺牲任何其他货物而生产得太多，然而用来生产每种货物的**要素的组合**并不是最好的，所以要素在不同产品间的重新安排或调整，将会使**所有**货物都多生产一些。虽然在分析上一种要素在不同货物间的最适度配置是和收入在各个人间的最适度分配相类似的，但是用于生产几种货物的不同要素要获得最适度的比例，则要素的配置在分析上就和社会上各个人所消费的货物的最适度配置是相同的。在不可能靠货物在各个消费者间的调整来使任何消费者的处境变好而其他消费者的处境却不致变坏的场合，货物的最适度配置就达到了。在不可能靠生产要素在不同企业（生产单位）间的调整来增加任何企业的产量而不减少任何其他企业的产量的场合，生产要素的最适度配置就达到了。[①]（有关企业可以生产同样产品或不

① 这里要加以区别的是，把一单独的纯一的项目在许多用途之间进行**分配**和把许多**不同**的项目按照适当组合在许多用途中的每一种进行**配置**。分配（distribution）这个字眼往往是在这两种意义上以及在许多其他意义上使用的。“收入的分配”（“the distribution of income”）是指一个社会的总收入在社会上各个人间进行分配的方式；我们一贯把这叫作“收入的分配”（“division of income”）。生产要素按照适当组合在它们能加以利用的不同用途中的安排，也往往叫作生产要素的分配。各种货物按照适当组合在各消费者间的安排。也往往叫作消费品的分配。我们一贯用“配置”（“allocation”）这个词语来表示这样一些安排。

我们所用的术语不是以文字学做支柱的。要更合乎逻辑地使用语言，就要用**配置**这个字眼来代替我们所谓的“分配”，用**排列**（collocation）这个字眼来代替我们所谓的“配置”。于是“配置”所关切的只是一个项目要达到的目的。收入要多分配给某一个人还是多分配给另一个人；资源要多用于某一种产品的生产还是多用于另一种产品的生产。另一方面，**排列**则关系到不同项目在它们要加以利用的一些用途中的**组合**方式，社会上各个人所消费的货物的组合是不是最适度的组合，或有没有可能靠货物的重新安排使一切人的处境都变好，或至少使一些人的处境变好而其他任何人的处境却不致变坏；生产要素是不是按照尽可能好的方式组合起来，或有没有可能靠要素的重新安排来增加一般生产，使某些产品多生产些，而不减少其他任何产品的产量。**排列**表示对分派给要素或其他成分的位置以及它们组合起来的方式要同时加以考虑。可是这样一种改变，虽然更合乎逻辑些，却和我们的语言习惯发生抵触，因而决定用“分配”和“配置”这些字眼，它们是不会使那些习惯于经济成语的人们觉得刺耳的，收入

同产品，每个企业可以生产一单独产品或几种不同的产品——这不会影响我们现在的论证。）

这意味着，只要可能靠要素在它们从事生产的不同产品间的重新分配来**增加总产量**，则要素就不曾达到最适度的配置。这里增加总产量的意思是说，增加一切有关的产品，或增加某些产品，而不致减少任何其他产品。显而易见，如果这一点能够做到的话，那么，凡是有任何稀缺货物的社会都应当这样做（一切货物都不稀缺的社会是不可想象的）。

随便哪一个问题都太复杂，不借助价格机构就不得解决

在集体主义经济中，经济计划部可能打算直接做到这一点；许多作者也建议这样搞，他们甚至断言，在计划一切事务使之互相协调方面，这种集中化将是最有效的。这需要一种集中的知识，知道每个工厂正在做什么，在经济社会的各个地方，在一切货物、劳务与生产要素的一切可能价格下，供求一天一天地在发生什么变化，以及一切生产部门中技术知识的最新发展。显然，正如托洛茨基所说的，这要有拉普拉斯的万能脑才行，因而是不切实际的。如果试图这样做的话，它还是要被放弃的；当经理人员靠种种欺骗性的

或一种要素或资源的**分配**是指一单独项目分派在几种可能的替代用途中，这个项目就现在的目的来说被认为是纯一的。货物或生产要素的**配置**是指在实现这些目的的过程中，以他们的适当组合作为注意的中心而分派给他们的位置，这个位置是就相互关系来说的。在更加符合传统用法的场合就使用**分配**一词，如果没有必要作这种区别的话。

和非正式的安排使经济靠一些偶然的设计来运行时，这种设计不论多么没有效率，至少总会做点工作。

解决办法还是要应用价格机构，它使每个生产单位的经理人员能把他们的专门知识集中使用到整个经济的组织上面。由此，依据要素的边际产品价值来叙述要素最适度配置的条件是必要的。

在要素比例可以改变的情形下，其中一种要素增加（或减少）一单位，而所有其他要素的数量不变时，通常是会使总产量增加（或减少）的。总产量的变动叫作这种要素的边际产品。

如果任何两种（或更多的）要素被两个（或更多的）生产单位所使用，那么，除非这两种要素的边际产品间的比率在两个生产单位是一样的，否则这些要素不会达到最适度的配置。让我们把这两种要素叫作 A 和 B，把这两个生产单位叫作 X 和 Y。假设在 X，A 要素的边际产品是二单位，而 B 的边际产品是四单位。比率是1∶2；在 X，B 的 mp 是 A 的两倍。现在假设在 Y，比率不是1∶2，而是任何其他比率，譬如说1∶3，于是 A 的 mp 是五单位，B 的 mp 是十五单位。那么，把 A 和 B 在 Z 与 Y 间重新安排，将会使两种货物都多生产一些。把两单位 A 从 Y 移到 X。这将使 X 的产品增加四单位，Y 的产品减少十单位。现在把一单位 B 依相反方向从 X 移到 Y。这将使 X 的产量减少四单位而回到原来的产量，Y 的产量增加十五单位，即比最初产量多五单位。把要素这样重新安排的结果，我们在 Y 获得五单位纯收益。

	X	Y
把两单位 A 从 Y 移到 X 的结果	+4	−10
把一单位 B 从 X 移到 Y 的结果	−4	+15
净收益		+5

把小量的任一要素从 Y 移到 X，都会使我们在 X 和 Y **两者**多生产一些东西。每当两种要素的边际产品的比率在两个不同的生产单位不一样时，就有可能把每种要素的一定数量移到它的相对边际产品比较大的地方而获得一些净收益。在我们的例子中，A 的相对边际产品在 X 要大些（为 B 的相对边际产品的二分之一，而在 Y，它只有 B 的三分之一），B 的相对边际产品在 Y 要大些（为 A 的相对边际产品的三倍，而在 X，它只有 A 的二倍），所以我们把 A 从 Y 移到 X 并把 B 从 X 移到 Y，是有好处的。只有不同要素的相对边际产品在一切用途中都一样时，才不可能靠要素的重新安排来获得收益，只有在这种情形下，要素才达到最适度的配置。

同样的"规则"可一并实现资源的最适度分配和要素的最适度配置

要是诱使集体主义经济中所有生产经营者都遵守我们对简单生产提出的那条"规则"，要素将会达到最适度的配置。当任何要素的 *vmp*，它的边际产品价值，大于它的价格时，就多使用这些要素，当任何要素的 *vmp* 小于它的价格时，就少使用这些要素，每个经理人员都使每一要素的价格等于它的边际产品价值。然而物质的边际产品本身是同它们的价值成比例的。因此，在每一生产单位，要素的边际产品应与要素价格成比例。要素价格对所有经理人员都是一样的，所以这将使一切生产要素的相对边际产品在一切用途中都相等。这样，应用这条"规则"就可实现要素的最适度分配。

	X	Y
A 的 vmp(边际产品价值)	10 元	10 元
B 的 vmp(边际产品价值)	25 元	25 元
A 的 mp(边际产品)	2	4
B 的 mp(边际产品)	5	10

这条"规则"要求把每种生产要素从它的相对边际产品比较小的地方移到它的边际产品比较大的地方,直到这些边际产品相等为止。在第 142 页我们所举的例子中,相对边际生产力是1∶2与1∶3。把要素 A 从 Y 移到 X 和把要素 B 从 X 移到 Y,将会提高每种要素在它被撤出的那一用途中的相对边际生产力并降低它的供给增加的那一用途中的相对边际生产力。上表假定,它们的相对边际生产力在 $1:2\frac{1}{2}$时趋于均等。

在这种情形下,在 X 和 Y,B 的 vmp 都是 A 的 vmp 的二又二分之一倍。如果 X 产品的价格定为五元一单位,Y 产品的价格定为二元五角一单位,那么,相当于 vmp 十元和二十五元的物质边际生产力有如上表所示。在每一用途中,B 的 mp 是 A 的 mp 的二又二分之一倍,要素的相对边际生产力在两种用途中是一样的。每种要素在 Y 的边际产品要比它在 X 的边际产品大一倍。这就达到了生产要素的最适度配置。

这条"规则"不只是实现各要素的最适度组合。它不单是使不同要素的边际产品在各种不同用途中**成比例**;它还使边际产品的价值**等于**要素价格。在这样做时,它同时实现了资源在不同产品间的最适度分配。要素在不同**生产单位**间达到最适度的配置(这是靠获致要素的 mp 在各种不同用途中的**比例性**),而资源在不同**产品**间却没有实现最适度的分配,这是可能的。要是发生这种情形，那就不可能靠要素在不同生产单位的重新安排来增加**总**生产了。就这个意义说，经济达到效率最高的一点。但是从消费者愿意支付的价格来判断，某些产品生产得太多，另一些产品生产得太少，这也许依然是不错的。资源在不同**产品**间的分配并不是适度的。

如果使不同要素的 *mp* 间的**比率**在所有各种不同用途都是一样的，而不进一步使 *vmp* 和价格相等，就会发生这种情形。在一个想把消费者的需要置之度外的不民主的集体主义经济中，这可能被认为是满意的。独裁政权能够用命令规定资源在不同产品间的分配（这就是，它将决定各种不同产品要按照什么比例来生产）。可是，即使为了这个目的，也只有运用和这条“规则”相类似的价格机构才有可能获得这样一种生产效率——即我们所谓要素的最适度配置。主要区别在于，中央当局不让消费者对产品竞出高价来改变价格（生产什么东西是由价格决定的），它能够依据它所想望的生产各种产品的比例来规定产品的价格，于是它所面临的问题就是这些产品将如何在人民中间进行分配。然而，即使是完全独裁的经济，如果它关心生产效率的话，那么就不能不需要价格机构作为一个工具来实现要素在不同生产单位之间相当有效的配置。

资源在各种产品间的最适度分配，意味着各种产品在技术上的边际替代率要同它们在消费方面的边际替代率相等

在有几种产品而它们之间的比例可以改变的场合，上面的分析是完全适用的。这就是说，一种产品少生产一单位就能从同样

资源获得较大量的另一种产品。假设 X 产品少生产一单位，Y 产品多生产二单位(要素数量不变)，是可能的。这就是说，这一单位潜在的 X 产品(为了生产二单位 Y 产品，它是必须牺牲的)要认为是一种生产要素，它的边际产品是二单位 Y。如果二单位 Y 的价值大于 X 的价格，那么，这条“规则”就要求牺牲这一单位 X 来生产 Y，这种移转要继续进行下去，直到 X 的价格和它的边际产品 Y 的价值相等或全部 X 都用于 Y 的生产为止(即 X 全然不生产)。如果 X 的价格**大**于它的边际产品 Y 的价值，运动就应当倒转过来，要多生产 X，少生产 Y，直到 X 的价格和它的边际产品 Y 的价值相等或产品 Y 全然不生产为止。

为生产一些替代产品而牺牲的产品可以当作要素来看待，解脱出来的要素可以当作产品来看待

很明显，这也恰恰可以倒转来叙述，即把 Y 叫作一种要素，因为减少它的产量就可扩大 X 的生产。Y 减少一单位时 X 能够增加的数量，不妨叫作 Y 用于 X 生产的边际产品。结果完全相同。X 和 Y 的产量可以这样来调整，使生产中一种产品能代替另一种产品的比率与它们的价格比率相等，后一比率则等于消费方面一种产品能代替另一种产品的比率。假谈 X 的价格是 Y 的价格的二倍，在边际上牺牲一单位 X 可使 Y 多生产二单位(所以牺牲二单位 Y 可使 X 多生产一单位)。一单位 X 和二单位 Y 就是两种替代的产品。一单位 X 是二单位 Y 的 *msc*，二单位 Y 是一单位 X 的

msc。一单位 X 的价值和二单位 Y 的价值是一样的，$msc = msb$，于是在这个生产单位，我们获得资源在 X 和 Y 间的最适度分配。

我们可以像描述各种产品之间比例的调整一模一样地来描述各种要素之间比例的调整。正好像为增加另一种产品而牺牲的一单位产品被认为是一种生产要素一样，因另一种要素多使用一单位而节省下来的某一种要素的数量可以看做是它的边际产品。如果要素 A 增加一单位可以把二单位 B 解脱出来，但所使用的其他要素数量相同，所提供的产品数量也相同，那么，二单位 B 就是用来代替它的那一单位 A 的边际产品。如果二单位 B 的价值大于一单位 A 的价值（或价格），就应当用 A 来代替 B（照这条“规则”的说法，它要更多地用于 B 的“生产”），直到二单位 B 的价值和 A 的价格相等，或这个生产单位完全排除了 B 的使用，从而用 A 来代替 B（即靠 A 来“生产”B）不可能再进行下去为止。如果 A 的价格大于二单位 B 的价值（A 可作为 B 的代替物，所以 B 也可作为 A 的代替物），那么这条“规则”就要求少用 A 来“生产”B，换句话说，也就是并非用 A 来代替 B，而是用 B 来代替 A。当然，这种情形也可以倒转来说，即把二单位 A 叫作 B 的边际产品。

要素和产品间的区别只不过是符号不同，这里有三种转变：要素转变为产品，产品转变为另一种产品和要素转变为替换掉的要素

我们又看到，要素和产品可以用同样的说法进行探讨，区别只在于符号不同。要素是用在生产上面，使之成为最小量是合算的。

产品是生产出来的东西，使之成为最大量是合算的。事实上，不妨说我们的“规则”可以应用到三种不同的转变。首先是生产要素转变为产品，我们在讨论简单生产时把它隔离开了。其次是一种产品转变为另一种产品或各种产品在技术上的替代。第三是一种要素转变为另一种要素或各种要素在技术上的替代。在每一种情形下，凡是被牺牲的东西（不论是一种要素或一种产品）都叫作“要素”，而这种牺牲所提供的东西（不论是增加的另一种产品或解脱出来的另一种要素）都叫作“产品”。对于资源在不同产品之间的最适度分配和要素在不同生产单位之间的最适度配置来说，这一点是必要的，即**在所有这些意义上**，“要素”的价格及其“边际产品”的价值都趋于相等，就像这条“规则”要是在整个集体主义经济中直接应用到所有这三类转变的话它将会趋于相等一样。这就是说，一切生产单位的经理人员不单是要把每种真正要素的价格与其各色各样的真正边际产品（依据实际产品）的价值进行比较，而且还要考虑到这条“规则”是不是要求用一种要素来代替另一种要素，或减少一种产品的产量，以便扩大另一种产品的产量。[①]

简单地把这条“规则”应用到要素转变为产品的情形，就可对所有这三种转变进行适当的调整

但是把这条“规则”搞到如此错综复杂的地步是不必要的，虽

① 依据这三种不同的转变形式对生产进行类似的和更详尽的分析，可参看希克斯：《价值与资本》，牛津大学出版社，1939年，特别参看第15章，“生产的计划”。

然能干的经理人员要从生产的这些方面来检验这条“规则”应用的效率。如果这条“规则”只用来真正调节所使用的要素量，从而使 *vmp*，它生产每一种产品（和任一产品组合）时的边际产品价值，等于它的价格 *pf*，就足够了。如果在整个经济中所有经理人员都遵守这条“规则”的话，那么，要素与要素间、产品与产品间的其他关系自然会得到照应，更确切些说，将会自动实现。

凡是真正遵守这条“规则”的经理人员都将增加或减少生产每种产品（与每一产品组合）所使用的每种要素的数量，直到每种边际产品的价值与要素价格相等为止。设有 A、B、C 三要素用来生产 X、Y、Z 产品。这就要使要素 A 的价格等于它的边际产品 X 的价值，又等于它的边际产品 Y 的价值和它用于生产 Z 时的 *vmp*。这对其他要素 B 和 C 是同样适用的。这就是说，如果 X 产品减少价值一元的数量，它刚好使价值一元的要素 A（或 B 或 C）解脱出来，因为 $vmp = pf$。如果用这一要素量来生产 Y，它能够使 Y 刚好增加价值一元的数量，因为这里也是 $vmp = pf$。换句话说，牺牲一小量（譬如说一单位）的产品 X，将会使产品 Y 增加一定数量，其价值刚好是和牺牲的那一单位 X 的价值一样（如果要素和所有其他产品的数量都保持不变的话）。X（当作一种“要素”）的价格会自动地和它在另一种产品 Y 上提供的边际产品价值相等，于是 $msb = msc$。

在简单生产中，这种关系只是间接地应用到不同生产单位的各种产品之间，在这里，它是在企业的范围内靠这条“规则”的应用来真正地调节要素直到 $vmp = pf$ 为止时自动和直接实现的。

要素的最适度组合同样是自动实现的。这从生产过程中要素所起的作用和产品所起的作用的一般对称来看可以认为是当然的。这条“规则”使每种要素的边际产品价值等于它的价格。因此，每种要素的价格要和任何它所能取代的其他要素的价值相等，同时总产品（和其他一切要素的数量）仍保持不变。如果要素 A 的价格是每单位一元，要素 B 的价格是五角，那么这条“规则”应用的结果，A 的 *vmp* 将是一元，B 的 *vmp* 将是五角。如果用一单位 A 来代替二单位 B，总产品是不受影响的。抽掉二单位 B 将会减少一元价值，但是这刚好由增加一单位 A 来抵补，因为 A 的 *vmp* 是一元。这就是说，用节省下来的 B 要素来表示的 A 的“*vmp*”等于 A 的价格。于是我们看到，只有在集体主义经济中一切生产单位的经理人员都遵守这条“规则”，资源才会在不同产品间获得最适度的分配，同时要素才会在不同生产单位间获得最适度的配置，因为根据这条“规则”的要求，经理人员所使用的各种生产要素的数量，要使每种要素的价格等于它生产每种产品所提供的边际产品价值。

对于经济问题，依据要素的入量比依据产品的出量可以看得更清楚些

不消说，这一章的全部分析可以用另一种术语来重新写过，即不谈一单位要素从一种用途移转到另一种用途，而从增减一单位产品开始，再看它对这个生产单位和整个经济的反响。不打算把全部分析加以移译。这对于读者会是一个很好的练习。不过这里也要对这种表述进行一些研究，因为它产生了不幸的结果，即同实

际情况比较起来，它使问题显得更加复杂了。我们已经看到，根本问题是资源在不同产品间的分配和要素在不同生产单位间的配置问题。真正的问题是**入量**问题。这样来考察要比把注意力集中在**出量**方面，可以对问题看得更清楚些；如果生产要素全都得到适当安排的话，出量自然会得到照应。把注意力集中在出量方面而不集中在入量方面，大概是生活在企业经济中的结果，这里，每个生产经营者自然要集中注意于出量，他必须卖掉产品，才能获得他的利润。不论就生意人和生产者来说这种态度是多么正当，它对经济学家是不适宜的，经济学家宁可关心社会生产潜力的最好安排。

从出量观点来考察时要表述两条规则

另一种表述是依据额外一单位出量的生产（这里 *p* 表示产品价格，*vmf* 表示多生产一单位产品所必需的边际要素量的价值），为此，这条“规则”可以正确表述如下：“**当 *p* 大于 *vmf* 时，就多使用这种要素；当 *p* 小于 *vmf* 时，就少使用这种要素；当 *p* = *vmf* 时，就依同一速度继续生产，因为最适度的位置已经达到了**。”我们可依这样的移译来把我们以上所讲的全部重述一遍，唯一改变是无关紧要的单位大小的变化。

然而这条“规则”并不是这样展开的。它是依据 *p* 和 *mc*（边际成本）来叙述的；我们还在脚注里指出，*mc* 的意思不完全是指边际成本，而是指边际成本将会是什么，如果买主对要素价格没有影响的话，或者，如果这种影响在计算时可以略而不计的话。这不是一个很满意的修正。它的确使 *mc* 的货币价值等于 *vmf* 的货币价值，但是依然有重点的不同，它曾经使读者至少使一位作者搞糊涂了。[①] *mc* 这个说法是指货币支出或成本项目，而 *vmf* 这个说法不是指这个成本项目，而是指一定的生产要素组合的价值。如果 p 等于 *vmf*，那么，这一点是可取的，就是，即使 *mc* 小于 *vmf* 从而小于 p，生产者也不应减少产量。如果生产者自以为他的采购不会影响要素价格，这意味着，他自以为 *mc* 和 *vmf* 相等，因而不会减少产量。然而这个指示不能完全解决问题，它太一般化了。假如产量需要调整来适应情况的变化，生产者必定计划一个产量，它使新情况下的 p 和 *vmf* 相等。产量变动将会对要素价格从而对 *vmf* 发生一定的影响。如果想不经过很多不必要的摸索而达到新的最适度状态的话，这要加以考虑。所以告诉生产者要自以为他对要素价格没有影响，这是不能令人满足的。然而没有这样进行推敲是很自然的，因为全部重点是放在**出量**方面，而不是放在入量方面。于是这条"规则"就变成这样的形式："如果 p 大于 *mc*（*mc* 系按特殊方法来计算，使之和 *vmf* 相等），就扩大产量。如果 p 小于 *mc*，就缩小产量。如果 $p = mc$，就依同一速度继续生产，因为那是适当的产量。"

我们已经看到，这对简单生产以及由技术决定要素比例的复杂生产来说都应用得很不坏。可是在生产产品的方法不止一种时（这就是，当要素可以按各种不同的比例组合起来时），这条"规则"就不够了，因为它不会说明，在各式各样的方法中要按哪个方法来

① 勒讷："社会主义经济学中的静态学与动态学"，《经济学杂志》，1937 年 6 月号，第 270 页。

扩充或收缩生产。根据第151页对这条“规则”所作的正确移译，这种含混不清的情形是不会发生的，因为那里特定的 *vmf* 是和 *p* 进行比较，这条“规则”指出使用的每种要素量是增加还是减少还是保持不变。当 *mc* 取代 *vmf* 时，就不同了。即使用来计算特种 *mc* 的一些特殊规则得到遵守，因而这条“规则”没有**错误**，但它不会告诉经理人员**怎样**去生产，所以它是**不充分的**。

这种不充分情形要这样来补救：把上述规则叫作**第一条规则**，另外增加一条规则，称之为**第二条规则**。[①] 第二条规则指示经理人员用**尽可能经济的方法**来生产他正在生产的东西。这好像是真正的常识，非常符合资本主义生产者关于什么是合理的和在经济上是正确的东西的想法，所以这种想法还继续保持着，尽管它的意思经过修改之后，它已经不是指尽可能经济的方法了，正如同 *mc* 的意思并不是指边际成本一样。这种修改和 *mc* 的情形是一样的。在盘算什么是最经济的生产方法时，经理人员必须假定（尽管这是不真实的）：当前要素价格是固定的，不会由于他的购买而发生变化。如果这碰巧是不错的话，那么一切都很好，但是，如果情形不是这样，问题会变得十分复杂。一方面，在计算总成本以便寻求把总成本减到最低限度的生产方法时，他必须忽略他对价格的影响，然而另一方面，他又必须考虑到这种影响，因为他每次改变他的产量或他的要素配合比例，他都得重复计算（忽略他对价格的影响）。要是他在作出任何改变之前就知道这些改变会对价格产生什么影响，他能省掉不少麻烦。在一定物价下不论处于哪一种

① 参看勒讷：“简论社会主义经济学”，《经济研究评论》，1936年10月号，第76页。

状态，他的计算可能表明一种不同的生产方法是经济的，可是当新方法被采用后，因此而产生的物价变动也许会使情况改变，从而旧方法要显得更经济些（如果在重新计算时把新的物价作为已知数）。于是经理人员要回到旧的生产方法或某一居间的方法。如果知道他对各种不同要素的需求的改变，会使价格发生什么变化，那就能够直接选择适当的方法，从而可以省掉所有这一切试验。

第二条规则的目的（它可能是很含混的）是要实现不同要素在不同生产单位间的最适度配置。如果经理人员确实偶尔对要素价格没有发生影响，他们就会仅仅依靠把他们的总成本减到最小限度来实现要素的最适度配置，因为那时这种办法的效果是使每种要素的价格（那时它将和要素的边际成本相等）同它的边际生产力成比例。如果要素 *A* 的边际产品是 *B* 的边际产品的二倍，但是它的价格要小于 *B* 的价格的二倍，则经理人员将会用 *A* 来代替 *B*，每解雇二单位 *B* 就增加一单位 *A*，以便保持他的产量（因为 *A* 的 *mp* 等于二单位 *B* 的 *mp*）并减低他的成本。*A* 要被用来代替 *B*，直到要素的价格比率变得和他们的边际产品间的比率相等或 *B* 全部由 *A* 取代为止。这样，第二条“规则”将会导致要素在各个生产单位间的最适度配置，从而回答**怎样**提供第一条规则所决定的产量问题。

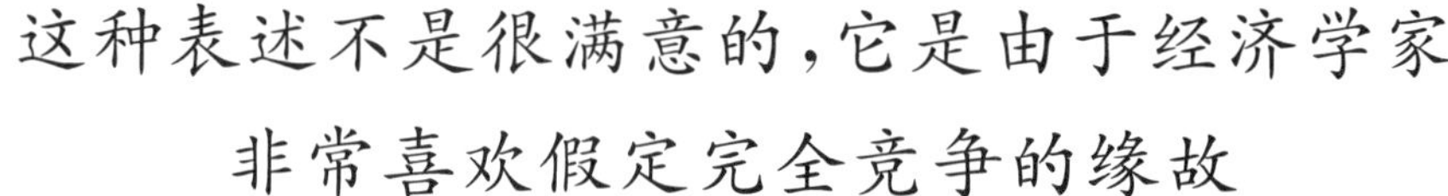

这种表述不是很满意的，它是由于经济学家非常喜欢假定完全竞争的缘故

然而当价格事实上要依赖于生产经营者对要素的需求时，第

二条规则就变得有点难于掌握了。[①] 坚守我们的头一个术语连同它的单独"规则"就可完全避免这种错综复杂情形。第二个术语连同它的两条规则(不是一条)以及它对 *mc* 和最低总成本所下的混乱不清的定义,是经济学家过于喜欢假定完全竞争的一个例子(虽然是有些微妙的例子)。不直接处理资源的最适度利用问题,而假定完全竞争,主要是因为资源的最适度利用碰巧是完全竞争的后果之一,于是从完全竞争进到现实世界时,就得用心搞出一套修正和限制来。这样一种考察使得资源最适度利用的探讨比直接进行考察要更困难得多,因为完全竞争的其他后果是不相干的,它只能把问题掩盖起来。[②]

这两条规则是和资源分配与要素配置间的区别相适应的

作为替代办法的第二个式子比起我们一直喜欢使用的式子来有一个优点,这就是它的两条规则对一般资源在不同货物间的最适度分配与不同要素的最适度配置从而使每一生产单位获得要素的最适度组合这两者间进行区别的方式。第一条"规则"告诉生产

① 虽然这只是就这样的标准来说的,这个标准对建立合理的或统制的经济的建议是适用的。同普通商业簿记的错综复杂情形比较起来,它简直是儿戏。

② 参看勒讷:"社会主义经济学中的静态学与动态学",《经济学杂志》,1937 年 6 月号,第 253 页;又"简论社会主义经济学",《经济研究评论》,1936 年 10 月号,第 72—76 页。在这几篇文章中,我认为,我自己已经摆脱了从完全竞争出发的习惯,然而现在我相信,我批评了其他人的缺点,而我在这几篇文章中使用我这里叫作的第二个术语和两条规则就是那一缺点的残余。

者某一特定货物要生产**多少**。当 $p = mc$，而 mc 系反映另一种产品的价值时，$msc = msb$。第二条规则告诉生产者要使用什么要素，并使要素的 mp 在各种不同用途中成比例，从而没有浪费情形，并且要素在不同生产单位间得到最适度的配置。但这是很小的事情，特别是这两条规则实际上是互相依赖的。两者都不能保证一个最适度状态，除非另一条规则同时带来另一个最适度状态。所以我们对于集体主义经济中的生产经营者要继续使用我们原来的式子，即用一单独的、毫不含糊的"规则"依尽可能好的方式来指导社会生产力。

在考察资本主义经济中同样的复杂生产时，对于上面讲过的一切没有什么要补充的。因为我们依然假定要素、产品与生产过程的可分性，我们在下述意义上仍然得到不变报酬，这就是，生产规模的变化不会影响各要素间与各产品间的比例。如果在整个经济中购买要素与出售产品都是完全竞争的话，那么决定各要素间的比例与各产品间的比例恰和由技术确定比例的情形是一样的。唯一区别在于，规定它们的比例的，是各要素的相对**价格**，而不是技术的刚性。因为企业恰是要按照这样的比例来使用要素，这些比例可把它们的成本减到最低限度，所以它们能够从事竞争。一个企业按照任何其他比例来使用要素，将会发现它的成本大于它的竞争对手的成本，在完全竞争的情形下，它会马上被消灭掉。同样，各产品间的比例是由它们的相对价格决定的，因为只有一个比例是最有利的，任何企业不按照这一比例进行生产，它就不能同按照这一比例进行生产的企业竞争。

完全竞争所面临的危险和简单生产中要素可变的危险是同样性质

在不变成本下，企业可以无限制地扩充或联合，一直到它们大到能够影响价格从而赚取垄断利润，并强大到足以威胁未来的（“激烈的”）竞争者的地步，否则的话，这些竞争者会参加进来并摧毁它们赚取任何利润的能力。统制经济的政府，为了保持资源的最适度利用，是要同私人企业竞争的。在它自己的企业里，它要依照这条“规则”使 *vmp* 和 *pf* 相等，因而 $p = vmf$，由于保持完全竞争的关系，所以 p 也等于 mc。在不变报酬下，$mc = ac$；由于 $p = ac$ 的关系，所以总收益等于要素成本，除了比集体组织的生产单位效率更高的企业外，谁都赚不到利润。而且，政府还可采取其他措施，如同宣布垄断与限制贸易的联合为非法，或实行**反投机**来防止任何贸易的限制和保持完全竞争的条件。纵然使完全竞争成为可能的大量企业碰巧建立起来并且提供完全竞争的**可能性**，我们也不能指望完全竞争会在非统制经济中出现。这种局面是不能指望长期继续下去的。

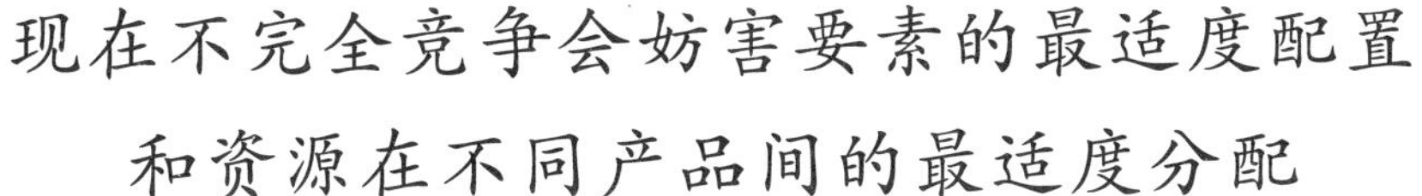

现在不完全竞争会妨害要素的最适度配置和资源在不同产品间的最适度分配

在不是完全竞争的场合，要素配合比例的可变性会引起资源最适当利用的另一种偏离。在简单生产情形下，我们已经看到，在销售不同货物方面竞争程度的不同，将会使竞争程度最小（或垄断程度最大）的货物生产得太少，竞争程度最大（从而垄断程度最小）的货物生产得太多。在一切用途中实行同样程度的竞争并不能避免这种资源在不同货物间分配失当的情形，因为至少在某些用途中（例如一个人投闲置散），竞争必定是完全的。所以，不完全竞争自然要导致资源分配的失当，即资源投在某些用途太多（这可包括失业与休闲），而投在另一些用途太少。

在购买要素方面完全竞争不存在时，要素的 *mc* 不是等于而是大于它们的价格。除非在购买一切要素方面竞争的不完全程度对于每个企业都一样（这是十分不可能的，可以略而不论），否则 *mc* 甚至不会同价格成**比例**。企业依然打算把它们所产物品的成本减到最小限度：因为每节省一元，它们的利润就增加一元。它们是这样把要素配合起来做到这一点的，即使要素的边际生产力不是同它们的价格成比例，价格对于一切企业是一样的（如果垄断组织不容许价格歧视的话），而是同 *mc* 成比例，一般讲来，*mc* 是不一致的。所以在不同企业里，每种要素的边际生产力是不同的，这就使要素在不同企业间得不到经济的配置。

这种浪费在简单生产或要素比例系由技术确定的复杂生产中是不可能的，因为在这些场合，要素的配合不可能是不经济的。因此，当要素配合的比例可以改变时，要对经济实行统制的主张就更强烈了。

因为**产品**的组合可以改变，这种无效率情形也是会发生的。追求最大量利润的企业要按这样的比例来生产它们的产品，这些比例使它们在生产中的技术的替代率同它们的**边际收益**而不是同它们的价格成比例。即使价格一样，边际收益对于不同企业也是不相同的，因此在生产其他产品时产品的 *vmp* 不会和这些其他产品的价格相等。

乍看起来，这像是资源在不同产品间的分配失当，我们在考察简单生产时已经了解这一点了。一种产品生产得太多，另一种产品生产得太少。但是它比这种情形还要严重些，因为这种背离是因企业不同而不同的。一个企业生产 X 产品太多而生产 Y 产品太少；另一个企业生产 Y 产品太多而生产 X 产品太少。这是不能抵消的，正如同一个企业使用某一要素太多，其他企业使用另一要素太多时不能抵消一样。这是纯粹的资源浪费，而不是在应当生产什么东西方面忽视了对消费者的指导。浪费是因为在不同企业间**产品**的技术的边际替代率（M）是**不同的**。如果把各企业的产品加以调整，每个企业，凡是产品的技术的 M 比较小的（相对其他企业而言），就多生产一些，凡是产品的技术的 M 相对大的，就少生产一些；那么，这**两种**产品都能够增加生产。[①] 对这一点的证明非常类似前面（第 141 页）提出的证明，即生产任何两种货物时使两种要素的边际产品间的比率相等，是可取的。如果在一厂，技术的 M 是 $1X$ 对 $1Y$，在二厂，技术的 M 是 $1X$ 对 $2Y$；那么一厂使用和以前一样多的要素量就能够少生产一单位 Y，多生产一单位 X，而二厂用同样的资源就能够少生产一单位 X，多生产二单位 Y。所以，使每个企业集中生产技术的 M 相对小的产品，就能

① 要记住，比较大的技术的 M 意味着，有关货物牺牲一单位就可生产出更大量的其他货物来代替它，或增加有关货物的产量就要牺牲更大量的其他货物。所以，企业最好是集中生产其 M 相对小的货物，因为这意味着另一种货物的牺牲要小些。

够获得一单位 Y 的净收益。一厂集中生产 X，在那里 X 的技术的 M 是相对小的（是一，在二厂是二）；二厂集中生产 Y，在那里 Y 的 M 是相对小的（是二，在一厂是一）。这种生产的调整将会提高总产量，直到技术的 M 对于所有生产同一产品组合的企业都一样时为止。这在非统制经济中是做不到的，于是我们遭到一种社会净损失，我们必须把这个损失加到前一节所叙述的要素在各企业间的不经济配置上面。这进一步加强了实行统制经济的主张，统制经济是会防止这种浪费情形的。

第十二章　渐减的边际转变率

我们已经熟悉了边际替代率渐减原理。它是在第二章(第16页,尤其第20页脚注)中提出来的,表明货物怎么能够达到最适度的配置,而无须每个消费者把他的全部收入用来仅仅购买一宗货物。要记住,一宗货物对任何其他货物的边际替代率,是在消费者的处境既没有变好也没有变坏的情形下,用一单位所能替代的其他货物的单位数来衡量的。

M(边际替代率)渐减原理也适用于生产

由于一宗货物替代另一宗货物,所以消费者多得到一些这宗货物,少得到一些它所替代的其他货物;这时同其他货物比较起来,它不那么迫切需要再增加了,于是额外一单位只能替代比以前数量为小的其他货物——它对其他货物的 *M*(边际替代率)要下降。这样,在一宗货物完全替代这个人消费的其他一切货物以前,*M* 就调节得和相对价格符合一致了。

在这一章我们将要表明,怎样把同样的原理应用到各要素间或各产品间的比例可以改变的**生产**上面。

两种要素在技术上的 M 是由其边际产品间的比率确定的

我们已经看到，要素在不同生产单位间的最适度配置所遵循的原理是和货物在不同消费者间的最适度配置一样的。每一对要素的边际产品（*mp*）比率对于使用这两种要素的每个生产单位必定是相同的。各个 *mp*（边际产品）间的比率只不过是一种要素对另一种要素的技术的 *M*。如果 *A* 的 *mp* 是 *B* 的 *mp* 的二倍，那么一单位 *A* 就可替代二单位 *B*，它对 *B* 的 *M* 是二，它对任何其他要素的 *M* 是 *B* 的 *M* 的二倍。如果任何两种要素的 *mp* 间的比率（第一种要素对其他要素的 *M*）在使用这两种要素的一切生产单位不一样，要素就不曾达到最适度的配置。把每种要素的一部分从其 *M* 相对低的地方移转到它是相对高的地方，就有可能增加总产量。在集体主义经济中，这是靠生产单位的经理人员遵守这条“规则”而做到的，这条“规则”使每种要素的 *vmp* 与其价格 *pf* 相等，并自动促使各要素的 *M* 在一切生产单位都均等起来（参看第 143 页）。

在这种调节中，每个生产经营者都发挥了他的作用，他用任何一种要素（它的 *M* 比照其价格要大些）来替代其他要素（它的 *M* 比照其价格要小些），直到 *M* 都变得和价格成比例或一种要素把另一种要素全部排除掉为止。

如果市场是完全竞争的，那么，独立的企业在使他们的利润成为最大量的过程中也会产生同样情形。

如果这些 M 不因一种要素替代另一种要素而改变，这种替代将会继续下去，直到这个生产单位完全用一种要素替代所有其他要素而由它单独进行生产为止。（那要把这种不大可能的情形排除掉：一开始各个 M 碰巧是和价格成比例，但各要素间的比率是不确定的。）所以我们必须找一个理由来说明，为什么 M 要因替代而改变，从而在每一企业中它们要和价格成比例。

一种解释也许是要素价格的变动。当要素 A 代替要素 B 时（因为它的 M 比照其价格较 B 的 M 比照其价格要大些），A 的需求增加倾向于提高 A 的价格，B 的需求减少倾向于降低 B 的价格。这种相对价格的变动将会使两种要素的 M 对 pf 之比趋于均等，从而 A 对 B 的替代终于要停止下来。但这只适用于大的生产单位，它们的需求能够影响付给要素的价格，这对不只雇佣一种要素的一切生产单位可能是不真实的。不错，在许多小的生产单位中 A 之代替 B，会产生一种总的影响，即改变要素价格，从而价格要和它们的 M 成比例，但在这种情形下，对于每一生产单位来说，它只使用 A 而不使用 B，或只使用 B 而不使用 A，或任何居间的比例，是无关紧要的事情。

所以它不能说明这个事实：各生产单位并不限于只用一种生产要素，并且对于他们把要素配合起来的比例也不是漠不关心的。

它取决于要素配合的比例

答案在于 M 渐减原理。由于一种要素之代替另一种要素，前者相对增加，所以它的 M 下降了。被替换掉的其他要素相对减

少，所以依据同一原理，它的 M 提高了。各个 M 间的比率取决于各要素（的数量）间的比率。调节 M 使之和价格成比例的，正是各要素配合的**比例**的变化。

在某一范围内 M 可能不变或渐增，但这在经济上是不相干的

正好像在消费品相互间的 M 渐减的情形中一样，这条原理不一定总是有效的。M 不变甚至渐增的范围也许会有。然而这个范围——即使有的话——在经济上是不重要的，因为在这种组合的范围内，要素组合不能代表要素的最适度配置。在 M 渐增的情形下，即使要素的 M 与其价格成比例，但依任一方向用价值一元的某种要素代替价值一元的另一种要素，这种小量的替代不会影响总产量，却会提高那**增加了**的要素的 M 并降低那**减少了的**要素的 M，于是继续同一方向的变化，将会使总产量**增加**。M 同价格成比例的最初位置是**最低**的而不是最高的位置，因而朝着任一方向的变化都会改进要素的配置。假如 M 不变，价值一元的某种要素代替价值一元的另一种要素，不会影响总产量，于是我们碰到一种离奇的情形，即对要素配合的比例是漠不关心的。

关于 M 一般是渐减的假定，还可提出一点论证。如果任何两种要素间的 M 不是渐减的话，在经济上就完全没有理由要把它们加以区别。对生产来说，它们是如此的类似，所以生产者会把它们叫作一种要素。另一个极端是比例固定不变的情形，在这种场合，各要素是如此的不同，所以它们彼此间根本不可能进行任何替代。

各要素间和各产品间的最适度比例是使 M 同价格成比例的一个

现在我们看到，要素在各生产单位间的最适度配置是靠在每一生产单位建立各要素间的最适度**比例**来实现的。这就是各要素间的一个比例，这会使它们的 M 与其价格成比例。最适度比例是可以获得的，因为当每种要素与其他要素间的比例增加时，它的 M 也就随着渐减。

这种关系对于各种产品是完全有效的。当两种或更多的产品能按可变的比例来生产时，最适度的比例就是使各产品在技术上的 M 与其价格成比例的一个。这里最适度比例也是可以达到的，因为，当各产品间的**比率**改变时，M 也要发生变化。

转变率渐减的一般原理表现为渐减的 mp，渐增的 mf，各要素的 M 渐减与各产品的 M 渐增

当要素数量的增加使其中一种产品增加而其他要素和产品的数量保持不变时，我们说，要素增加的数量已转变为产品的增量。当一种要素增加从而使第二种要素得以解脱出来，而产品和其他要素的数量仍不改变时，我们就能够说，第一种要素的增量已转变为解脱出来的第二种要素量。当一种产品的数量减少可以增加第二种产品而不影响其他要素或产品的数量时，我们不妨说，第一种

产品已转变为第二种产品。在这一切情形中，**边际转变率渐减原理**是可以应用的。

在一种要素代替另一种要素的场合，边际转变率渐减原理表现为 M **渐减**的形式，我们已经碰到这样的情况。在一种要素转变为一种产品的场合，边际转变率渐减原理采取边际产品渐减的形式。（这就是 mp **渐减**律。）在一种产品转变为另一种产品的场合，边际转变率渐减原理采取后一产品在技术上的边际转变率渐减的形式，这一产品的产量因另一产品的增加而减少了。

第一种产品继续作出同等的牺牲，将会使第二种产品依越来越少的增量而增加。这可叫作各产品间在技术上的 M 的渐减，然而在这样做时，我们要把**替代**这个字眼改变为与其通常意义刚刚相反的意思。A 产品之替代 B 产品意味着，生产 A 而不生产 B，或多生产 A 而少生产 B。最好是按照语言的通常用法，把 A 产品之代替 B 产品说成是多生产 A 来代替 B，后者的产量减少了。现在我们碰到的，不是技术的 M 渐减，而是技术的 M **渐增**。当一种产品生产得越多以便用来代替另一种产品时，必须牺牲的其他产品的数量就变得越来越多了，这是由于它变为产量增加的那一要素的边际转变率渐减的关系。产品的 M 渐减只不过表示这里的**符号**相反而已。我们关心产品的**出量**，但同时关心要素的**入量**。它和这一点是有关系的，即使要素成为最小量而使产品成为最大量是值得想望的。

当我们从产品角度来考察时，这又表现为从要素到产品的转变。我们在第九章叙述这条“规则”和福利方程的另一个式子时已经看到，mp 渐减和 mf 渐增是一回事。如果一种要素按一单位的等量增加时，会引起产品增加量的渐减（mp 的渐减），它就要用**渐增**的要素增加量来获取不变的产品增加量。这使我们得到 mf 渐增原理。各要素相互间渐减的 M，渐减的 mp，各产品相互间渐增的 M，渐增的 mf，都是边际转变率渐减这个比较一般原理的特殊方面。

因此，用来生产某一特殊产品的任一要素量是由 mp 渐减原理来调节的。调节将会进行下去，直到要素的增加把它变为产品的边际转变率减至它和要素价格与产品价格之比相等为止。举个例子，如果一单位要素的价格是一单位产品的价格的二倍，要素就要应用到额外一单位要素能转变为额外二单位产品为止。用比较普通的生产语言来说，这不过意味着要按照这条“规则”使用要素直到 vmp 下降到与 pf 相等为止。

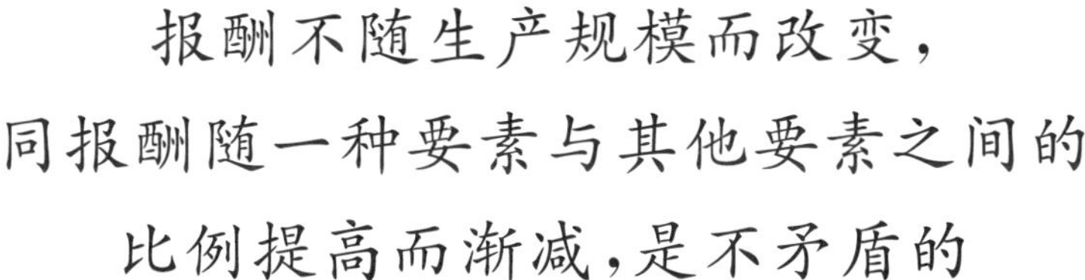

报酬不随生产规模而改变，同报酬随一种要素与其他要素之间的比例提高而渐减，是不矛盾的

这好像是奇怪的，因为我们依然假定要素、产品与生产方法的完全可分性，并且看到，只要是那样的话，则生产进行的规模对于平均产品或边际产品来说是毫无关系的。的确，我们把这种状态叫作**不变报酬**（平均的和边际的），现在我们将这条普通的边际转变率渐减原理加以解释后又表明边际报酬渐减（等于 mp 渐减）可以认为是一般的。

对这点疑难情形的说明是，我们碰到的不变报酬仅仅是就生产**规模**来说的。如果除一种要素和产品以外把所有要素和产品都增加一倍，那么剩余的一种也必须加倍，生产规模作任何其他程度的收缩或扩充也是一样。这是从要素、产品与生产方法的可分性推论出来的，这种可分性允许在比较大或比较小的规模上重复采用任一特定的生产方法，包括各要素间与各产品间的一些比例在内。

转变率渐减对于一单独要素用于生产一单独产品的情形是不适用的。在那种情形下，没有理由认为同样的转变率不能无限地继续下去。转变率渐减原理是应用到转变属于**替代**性质的场合，替代会造成生产过程所包含的各种不同项目间的比例的变化。它可能改变各要素间的比例，像一种要素替代另一种要素那样；它可能改变各产品间的比例，像一种产品替代另一种产品那样；或者，它可能改变一切要素间与一切产品间的比例，如同改变几种要素中的一种以便改变产品，或几种产品中的一种因要素改变而发生变化。这时生产过程中这种变化的继续将要遇到越来越大的阻力，这个越来越大的阻力就是边际转变率渐减原理在其一切表现与变形中的实质。

当使用的要素不止一种时，其中一种要素增加而**其他要素没有变化**，那就意味着，这种要素相对其他要素来说是增加了。撇开规模问题不谈（这和我们现在关心的比例是不相干的），如果把其他要素按这一要素增加的同样比例减少，或者，如果用这一要素代替其他要素从而使它们之间的比例发生同样变化，这和上面所说的情况是一样的。**当一种要素与其他要素间的比例提高时，这种要素的 *mp* 就要下降**。如果其他要素也按同一比例增加的话，就不会发生一种要素对其他要素的替代，也不会有 mp 的渐减，因为达时除了生产规模改变以外，什么都没有变化。

替代至少总要涉及三个项目

换个讲法，这只是说替代至少总要涉及三个项目。一个增加，一个减少，第三个保持不变。于是我们不妨说，第一个项目是按照这样的比例代替第二个项目的，它使第三个项目依然保持不变。第三个项目是根本的，因为只有使它保持不变，我们才能衡量第一个对第二个的替代率。否则我们不能肯定，一个项目增加的影响完全被另一个项目的减少所抵消了。这样我们就能够说，在保持产品不变的情形下，一单位要素 A 可以代替二单位要素 B。我们能够说，一单位产品 X 可以代替二单位产品 Y 而要素与其他产品的数量仍保持不变。我们能够说，一篓水果可以代替二磅肉，而消费者的幸福仍保持不变。最后我们还能够说，一单位要素 A 可以转变为二单位产品 X，而其他要素与产品的数量仍保持不变。

直到现在为止，这一章只是讨论**在生产单位以内**各要素间与各产品间的比例以及它们相互间各种不同的可替代性。所以我们必须注意，不要把 mp 的渐减与 mf 的渐增同一些类似现象混淆起来，当我们再撤销我们作出的几个简单化假定并能够从一种工业或从整个社会这个更广阔的角度来考察渐增的与渐减的报酬和成本时，我们将会遇到这些现象。我们现阶段的分析只适用于个别生产单位。因为所谈的是纯技术的关系，所以它和集体主义的、资本主义的、统制的或非统制的经济是同样有关的。

第十三章　替代弹性与报酬渐减律

替代弹性系衡量可替代性渐减所依据的比率

由于一种要素对另一种要素的比率提高，它对另一种要素的 M 也就减低。当一种要素对另一种要素的 M 下降不超过某一点时，它可能代替另一种要素的程度叫作它的**替代弹性**。如果在 M 发生一定变动之前，大量替代是可能的，那么替代弹性可以说是大的。如果在 M 发生同样变动之前，只能进行极少的替代，那么替代弹性可以说是小的。由此可见，替代弹性是一个尺度，用来衡量各种要素之间的比例的变化性，以及一种要素能以代替另一种要素的程度，而不致碰到太大的阻力，像转变率渐减原理所表明的那样。如果转变率减低得很慢，则替代弹性大；如果转变率减低得快，则替代弹性小。替代弹性是转变率渐减所依据的比率的**倒数**。它是衡量转变率因各要素间的比例变化而渐减的**缓慢性**的尺度。

不要把替代弹性同边际替代率 M 混为一谈，后者是替代率本身。M 是在产品与其他要素量不变时用一种要素的一单位所能代替的其他要素的单位数来衡量的。替代弹性（它用符号 σ 来表示）是在 M 发生一定变化时用一种要素可能代替另一种要素的程度来衡量的。它衡量 M 对各生产要素间的比例变化所起反应的**缓慢性**。它是各要素间的比例发生变化时**替代率的变动率**。

替代弹性能够一般化以便应用到一切转变的形式——衡量可替代性增加产量所依据的比率

替代弹性的概念，像替代本身的概念一样，不仅对生产要素是适用的，而且对产品与消费品也是适用的。在消费品方面，A 之代替 B，就是要按照使消费者的处境依然不变的比例，多消费一些 A，少消费一些 B。在消费者的处境既没有变好也没有变坏的情形下，为了抵消增加的一单位 A 而必须少消费的 B 的单位数，就是衡量 A 对 B 的 M 的尺度。当用 A 代替 B 时，M 下降的缓慢性是由 A 对 B 的替代弹性来衡量的。在产品方面，X 之代替 Y，就是要按照使要素与其他产品的数量保持不变的比例，多生产一些 X，少生产一些 Y。由于生产更多的 X 来代替 Y，X 对 Y 的技术的 M 将会**提高**。我们在第十二章已经看到，这是因为就产品说符号是相反的。由于多生产 X 是以少生产 Y 作为代价，所以 Y 变为 X 的转变率**渐减**意味着 X 对 Y 的 M **渐增**。然而 X 对 Y 的技术的替代弹性还是要遵循同样的原理。它系衡量 X 对 Y 的技术的 M 因 X 对 Y 的比率增加而**提高**的缓慢性。（这和 Y 变为 X 的转变弹性是一色一样的，后者系指 Y 变为 X 的边际转变率因 Y

与 X 之间的比例改变而发生变动的缓慢性。)在所有情形下,当 M 因各要素间或各产品间的比例改变而变动得愈慢,则继续代替的机会愈大,替代弹性也愈大。

替代弹性为零系表示固定不变的比例,无限大的替代弹性是指各要素或各产品在经济上是不能区别的,它们之间的比例可以无限地改变

在各种要素配合(或各种产品生产,或各种消费品消费)所必须依据的比例在技术上是固定不变的场合,M 就从无限大突然下降到零。只要任何要素少于固定比例所决定的数量,这种要素的减少是无法用其他要素量来抵补的。所以它的 M 是无限大;但是,一到它对其他要素的比率提高到技术所要求的比例,它就不能进一步增加来抵补其他要素的任何减少,于是它的 M 下降到零。在这里**替代弹性**可以说是**零**。

另一个极端是这样的情况,即一种要素能够代替另一种要素而 M 根本不下降。这在两种要素在经济上是相同的时候才会发生,它们之间的差别,如果有的话,对于当前目的来说是不相干的——就像黑发的与金发的煤炭矿工,或对于大多数用途来说,就像甘蔗糖与甜菜糖一样。这时**替代弹性**可以说是**无限大**。我们用不着操心来区别各种要素,不妨把它们叫作一种要素。正如我们已经指出的,不同单位相互间的完全可替代性——更确切些说是无限大的替代弹性——也就是使各生产单位的集合(collection)

可以称为一种生产要素的东西。

替代弹性用第二图来说明(见下图)。A/B,即每一单位 B 所使用的 A 的单位数,沿横轴来衡量。$\partial B/\partial A$,A 对于 B 的 M,即一单位 A 能够代替 B 的单位数或能够用来代替一单位 A 的 B 的单位数,沿直轴来衡量。经过 P 和 Q 点而用 M 标明的一条线表示,当 A 对 B 的比率提高时,A 的 M 是怎样下降的。(这是依据 M 渐减原理。)这条线可以叫作边际替代曲线或 A 对于 B 的 M 曲线。P 点表示,当所使用的 A 的单位等于 B 的二倍时($A/B=2$),一单位 A 可以代替四单位 B,于是 $\partial B/\partial A$(A 对于 B 的 M)是四。Q 点表示,当 A 代替了 B 从而比率是三单位 A 对每一单位 B,A 的 MT 降到 3,于是现在一单位 A 只能代替三单位 B。

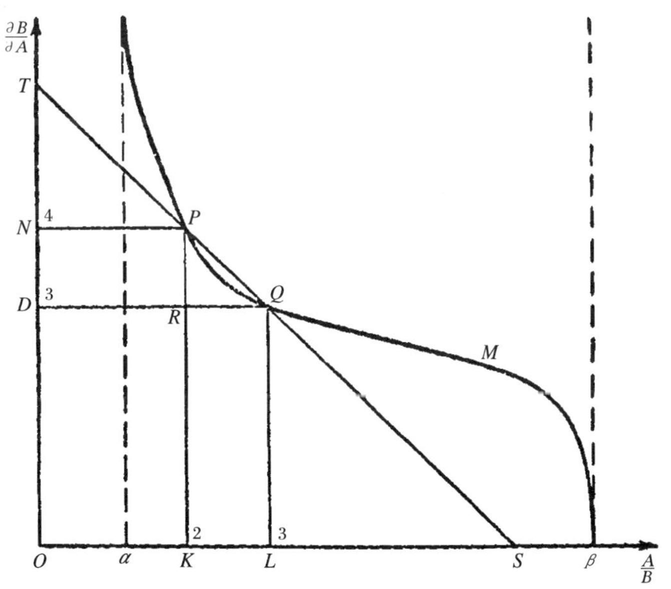

第 二 图

渐减的 M 是由 M 曲线向右下方倾斜的情形来表示的。我们愈是趋向右方，A/B（A 对 B 的比率）就愈大，因而 A 的 $M(\partial B/\partial A)$ 就愈小。无限大的替代弹性可用一条水平线来代表，它表明，当一种要素代替另一种要素时，M 根本不下降。替代弹性为零（即在技术上比例是固定不变的），可用绘于横轴一点上的一条垂直线来代表，它表示由技术决定的各要素间的比率。正常的弹性可用一条 M 曲线来代表，如上图所示，它是向右下方倾斜的。

一切弹性都可依据比例的变化来衡量

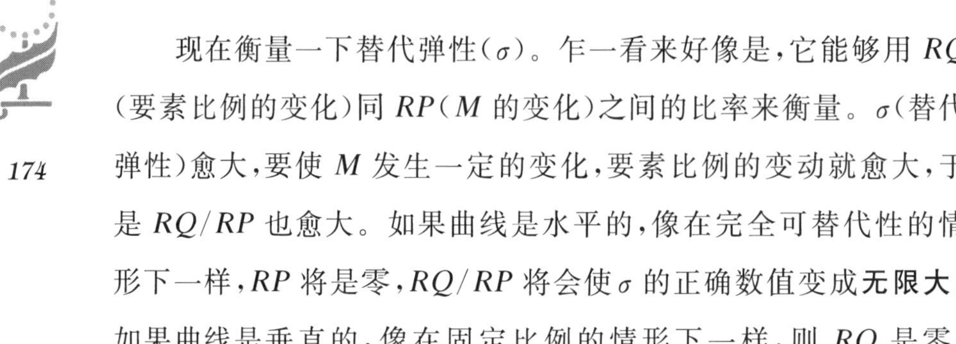

现在衡量一下替代弹性（σ）。乍一看来好像是，它能够用 RQ（要素比例的变化）同 RP（M 的变化）之间的比率来衡量。σ（替代弹性）愈大，要使 M 发生一定的变化，要素比例的变动就愈大，于是 RQ/RP 也愈大。如果曲线是水平的，像在完全可替代性的情形下一样，RP 将是零，RQ/RP 将会使 σ 的正确数值变成**无限大**。如果曲线是垂直的，像在固定比例的情形下一样，则 RQ 是零，RQ/RP 也要等于零，它又是 σ 的正确数值。

但是这样衡量 σ 是不行的。把这些计量应用到第二图中的例子，会使 σ 等于一，然而这个数值要取决于衡量 A 和 B 所使用的任意单位。如果 A 所使用的单位是尺而不是码（它对于衡量 σ 是没有关系的），则水平的计量（在 K 与 L 点）将是六和九（尺），而不是二与三（码），垂直的计量，不是三与四，而是一与一又三分之一，这将是 B 的数量，可以用来代替一呎 A 而不是一码 A。这要使我们的计量从一增加到九$\left(\text{即从}1/1\text{增加到}3/\frac{1}{3}\right)$。同样，$\sigma$ 的计量要取决于测度 B 时所用单位的大小。这是很不方便的。我们需要一种计量，它不依赖于衡量要素所用单位的大小。

不把 A/B 的**绝对**变动而把它们的**比例**变动加以比较就可获得这样的计量，它不依赖于衡量各要素时所用的单位。**比例变动**可定义为绝对变动除以两种计量中比较小的一种。A/B 的比例变动是 KL/OK，这等于$\frac{1}{2}$，不论我们使用码$\left(\frac{1}{2}\right)$或尺$\left(\frac{3}{6}\right)$或寸$\left(\frac{36}{72}\right)$或任何其他尺度来衡量 A 和 B。在 A 的 M 方面的比例变动是 DN/OD，这等于$\frac{1}{3}$，不论我们使用什么计量单位。所以替代弹性 σ 是从 $KL/OK \div DN/OD$ 求得的，这等于$\frac{1}{2} \div \frac{1}{3}$或 $1\frac{1}{2}$。这就是 σ 的数值——**要素比率的比例变动除以 M 的比例变动**。[①]

---

① 用很简单的几何就可把这一点简化。通过 P 和 Q 点绘一直线而与两轴相遇于 S 和 T 点。

$$\sigma=\frac{KL}{OK} \div \frac{DN}{OD}=\frac{RQ}{NP} \div \frac{RP}{LQ}=(\text{因系相似三角形})\frac{PQ}{PT} \div \frac{PQ}{QS}$$

$$=\frac{PQ}{PT} \times \frac{QS}{PQ}=\frac{QS}{PT}$$

（QS/PT 可以用作 σ 的计量，在第二图中它等于 LS/OK 或 OD/NT，这又各自等于$\frac{3}{2}$或 $1\frac{1}{2}$。）

如果我们假设 P 和 Q 点是非常接近的，我们能够在替代无限小的情形下来计量 σ。我们不妨假设 P 和 Q 是合一的（或邻近的两点），绘 ST 与 M 曲线相切于 P，于是 σ 就可用 PS/PT 来衡量。这种计量不仅适用于替代弹性，而且也适用于任何其他事例，只要它对防止所用单位的任意影响是有帮助的。它首先是对需求弹性提出来的，需求弹性系测度一宗货物的价格变动对所需数量的影响，也就是所需数量的比例变动除以

关于 σ 的这个简单论述完全是根据两种要素(在最广泛的意义上——包括产品与消费品)进行的。它当然可以应用到随便多少种的要素,而且可以认为是指其他要素保持不变时任何两种要素间的可替代性;或是指下述两者间的可替代性,一方面是任何一种要素,另一方面是其他要素的一部或全部,这些要素是作为一个整体来看待的,就好像它们全部构成一种要素一样;或是指这样的要素组合中随便哪一对组合之间的可替代性。

我们已经看到,mp 渐减律是怎样从边际转变率渐减原理推论出来的,它是这一原理的一个特例。mp 渐减原理有时叫作报酬渐减律,但是这个名称更经常地——和更便当地——是用于渐减的**平均**产品,我们现在就来谈这个问题。我们只是在后面这个**平均**产品渐减的意义上使用"报酬渐减"这个词语。

这条原理,像 M 渐减原理一样,不是指生产**规模**的改变(我们已经看到,它本身决不会对边际或平均产品发生任何影响),而是指要素配合**比例**的变化。它是说,如果一种要素增加而其他一种要素或一些要素保持不变,**总**产品要按照小于这种要素增加的比例来增加。所以它的**平均**产品(总产品除以这种要素的总单位数)

价格的比例变动。如果我们不测度 A/B 而沿横轴测度所需数量,不测度边际可替代性而沿直轴测度货物价格,那么 M 将是需求曲线,于是需求弹性就可用一色一样的方法来计量,并将等于 $1\frac{1}{2}$。把数字略微改变一下就可把这个方法应用到供给弹性,它的意思是指一宗货物供给数量的比例变动除以价格的比例变动,而供给变动是由价格变动所引起的。

参看马歇尔:《经济学原理》,第 102 页脚注、第 839、840 页。又勒讷:"需求弹性的图解说明",《经济研究评论》,1933 年 10 月号,第 39—44 页;勒讷:"替代弹性的图解说明",《经济研究评论》,1933 年 10 月号,第 68—71 页。

要下降。假如有 A 和 B 两种要素，A 增加了，譬如说，百分之十，而 B 要素的数量不变，则产品 P 增加不到百分之十，因而平均产品，P/A，将会减少。这好像是常识。我们知道，当**所有**要素都按某一比例增加时，产品也将按同一比例增加。如果只有一种要素按照这个比例增加，则产品的增加不会像所有要素都增加时那么大，于是产品要按照小于这种要素增加的比例来增加，这种要素的平均产品就要依据**报酬渐减律**而趋于下降。这实在是自然的。

这个常识性的解释，作为一些有关原理的粗糙说明，是有用的，然而它稍许超出了正当许可的范围，因为它包含有某些不一定正确的暗含假定。以后我们将要回到这些假定来。在这里，我们必须更仔细地探讨报酬渐减律的意义以及它的正当性。

报酬渐减律（即平均产品渐减律）和 mp 渐减律两者看来好像是关于技术的生产条件的说法，这种技术的生产条件是我们坐在扶手椅子上从基本原理推论出来的。我们知道，技术知识是不能那样获得的，所以任何这一类的议论都必定是错误的。老实说，这些规律并不包含有任何关于技术关系的知识（它只能从实际调查得来），它们只是一些关于要素和产品组合的性质的结论，这些结论同我们作出的某些假定，例如要素达到最适度的分配，企业经营者要使他们的利润成为最大量，并且他们是在完全竞争的条件下做到这一点，是符合一致的。所以我们不妨消除我们对驱使恶魔的魔术所抱有的猜疑，我们要记得，这些规律不曾叙述被认为是靠直觉得到的现实世界的任何事实，它们只不过说，如果某些条件满足的话，其他一些条件也将得到满足。这是一种有用的命题，尽管坐在扶手椅子上也能够提出这种命题来。（哪一种命题更有用些，这当然是老早就存在的问题，而且的确是毫无意义的演绎对归纳的争论。我们自然不希望接触这个问题，只不过要说明一下，坐在扶手椅子上的演绎分析也会有实际用处，只要它开始时所依据的假定同现实世界的情况或目的有些关联就行了。）

这条“规则”通常要排除掉而完全竞争总是要排除掉不变的或渐增的 *mp*，然而它可能在垄断的情形下存在下去

我们能够靠表明我们必须摒弃 *mp* 渐增或 *mp* 不变的假设来证明 *mp* 必定是渐减的。剩下的唯一可能性是渐减的 *mp*。最适度位置不可能是渐增的 *mp*，因为它意味着这条“规则”不曾得到贯彻。如果要素的 *mp* 是渐增的，而使用它的最后一单位是符合这条“规则”的，那么，再追加一单位也必定是符合的，因为它的 *vmp* 要大于实际使用的最后一单位的 *vmp*。这时，要么 *vmp* 小于 *pf*，从而这条“规则”不许可使用它，要么另外一单位的 *vmp* 大于 *pf*，从而违反了这条“规则”，因为没有更多地使用这种要素。所以，这条“规则”的彻底应用排除了 *mp* 渐增的可能性。

根据同样理由，*mp* 也不可能是不变的。如果使用这种要素的最后一单位是符合这条“规则”的，那么，使用另一单位也必定是符合的。它的 *vmp* 是和前一单位一样大，*pf* 也是一样，因此，如果在一种情形下 *vmp* 大于 *pf*，那么，另一单位也将是这样的。这条“规则”的彻底应用也排除了 *mp* 不变的可能性。所以 *mp* 总是要渐减的，如果这条“规则”得到适当应用的话。

产品价格也许会由于生产得更多而下跌，这种可能性似乎会推翻上面的论证。产品价格的下跌也许大于 *mp* 的增加，因而 *vmp* 能下降到足够的程度，使它跌到 *pf* 以下。在这种情形下，停止追加这种要素是符合这条“规则”的，尽管 *mp* 也许是不变的或渐增的。

然而这不是真正的例外。这时生产经营者继续用这种要素代替其他要素而不增加产品的数量，是适当的。换句话说，他应当少使用其他要素而多使用这种要素，改变各要素间的比例，直到建立一个新比例，使所有要素的 *mp* 都渐减为止。其他要素的 *mp* 也要渐减，因为所有要素的 *mp* 渐增意味着，它们合成一个正体时的 *mp* 是渐增的。这是不可能的，因为，如果所有要素都一齐增加的话，我们只有生产规模的变化，它不能改变任何要素的 *mp*。如果任何要素的 *mp* 是渐增的，那么，这条“规则”的应用必然导致这种要素对其他要素的替代，直到渐增的 *mp* 消失或这种要素完全取代所有其他要素为止。在这种情形下，各要素间的比例就不能作进一步的改变，因为这时只剩下一种要素了。这种要素增加量的 *mp* 将是不变的，因为这不会涉及比例的变化，而只会涉及生产规模的变化。

所以 mp 渐减原理没有报酬渐减律那么强有力

由于生产经营者更多地使用一种生产要素，因而它的价格比起其他要素价格来上涨得相当快，在这场合，*mp* 渐减原理就产生一个例外。这也许有使 pf 大于 vmp 的影响,尽管 mp 是渐增的。这种要素代替另一些要素的倾向也许不是它的上涨价格所能抵消的。要是几种产品当中有一种产品的价格此起其他产品价格来下跌得这么迅速,以致它的 mf 也许是渐减的(这是要素的 mp 渐增在产品方面的对应部分),同样情形在产品方面也有可能发生,可是这不会牺牲其他产品来增加它的产量,因为它的价格随着产量扩充而下跌的速度不只是抵消 mf 渐减的影响。

我们知道,mp 渐减原理(与 mf 渐增原理)对于完全竞争必定是有效的,因为一个经理人员追求他的最大量利润时,他不得不这样进行活动,就像他是在遵循这条"规则"一样;而要素与产品的价格是不依赖于企业产量的,所以这种种例外情形不会发生。然而,如果不是完全竞争的话,那么,我们在集体主义经济中所考察的例外或许在私人企业的经济中也会发现。[①]

平均产品渐减律(报酬渐减律)有着比这更为广阔的基础。它在任何程度的垄断下都会存在下去,只有不可分性才能推翻它(我们对这一点依然置而不论)。

① 不过,这里有一重要区别。在集体主义经济中,只要这条"规则"得到遵守,则渐增的 mp(或渐减的 mf)并不含有资源最适度利用的任何偏离。在不完全竞争的私人企业下,例外包含有资源最适度利用的背离,因为企业家要考虑的,不是要素价格的上涨或产品价格的下跌,而是这种要素对他的边际成本或他从扩大产品生产所获得的边际收益。我们已经看到(第 157—158 页),这会导致资源在不同产品间最适度分配与要素在不同企业间最适度配置这两方面的脱节情形。

报酬渐减是从这一必然性推求出来的，即一切被雇佣来协同生产的要素要提供正量的边际产品

让我们更仔细地考察平均产品渐减律，以便弄清楚，为什么它是那么颠扑不破的。我们最好是通过试验做到这一点，即假定渐增的（和不变的）平均产品，然后看看这会得出什么结果来。我们还是假设要素 A 和 B 结合起来生产产品 P。A 的平均产品渐增意味着，在 B 不变的情形下，A 的增加将会使 P 按照大于 A 增加所依据的比例来增加，因而 P/A（A 的平均产品）提高了。我们知道，使 B 按照和 A 一样的比例增加，也将使产品按照同一比例增加。这意味着，在两种要素都按照单只 A 增加时所依据的比例增加的场合，P 的增加要**小**于单只 A 增加的情形。A 和 B 都增加百分之一，P 也恰恰增加百分之一（因为报酬不随生产规模而改变），可是 A **单独**增加百分之一，却会使 P 的增加大于百分之一（如果 A 的平均产品是渐增的）。这又意味着，B 增加的净效果是**减少**总产品。B 的**边际产品是负量**。一般讲来，我们不妨说，**如果任何要素提供渐增的平均产品，则另一要素或一些要素必定提供负边际产品。**

现在由于一种要素实际上是**减少**总产品，所以追求利润的人都不会继续雇佣它，更不用说酬劳它了，垄断资本家尤其是这样，对他来说，这种要素的边际产品要大于它的价格。在遵循这条“规则”的集体主义社会里也不会继续雇佣这样的要素，因为它指使每

个生产经营者要解雇价格高于其边际产品价格的一切要素，尽管边际产品（和它的价值）是正量。

任何要素的渐增报酬意味着协同进行生产的一些要素的边际产品是负量，这可以用另一种方法来说明。A 的增加对其平均产品的影响，不可能是由于生产**规模**的变化（因为那不会影响各要素间与各产品间的比例），而完全是由于各要素间的**比例**变化。这就是说，如果用任何其他方法使各要素间的比例发生同样变化，则 A 的平均产品还是要增加那么多，尽管生产规模也许不一样了。用一些 A 代替一些 B 或简单地减少 B 而 A 保持不变，恰也能够造成 A 与 B 间的比例变化（我们原来假设 A 增加而 B 保持不变来实现这一点）。

假如采取后一种方法。A 保持不变，B 的数量减少，A 对 B 的比例提高得像 A 添加而 B 保持不变时一样大，因而 A 的平均产品 P/A 也要增加同样多。当 A 保持不变时，P/A 的增加必定意味着总产品 P 增加了。P 的这种增加只是靠减少所使用的 B 的数量达到的，所以 B 的 mp 必定是负的。（如果 B 的小量减少将会使产品增加的话，那么，B 的小量增加将会使产品减少。）

一种要素的 mp 是负量，就不会有人使用它，所以 B 对 A 的比率要下降（因而 A 对 B 的比率要提高），不仅是直到 B 的 mp 不再是负量为止，而且是直到它上升到零以上的相当程度，使其（正量的）边际产品价值等于它的价格（在统制经济中，不论生产单位是集体化的还是完全竞争的），或等于它对这个企业的 mc（在资本主义经济中）为止。在这种场合，B 的 mp 就不再是负的，A 也不再显示出渐增的报酬。

用类似的论证可以表明，A 的不变报酬（不变的 ap）是和 B 的 mp 为**零**相联系的，它同样被排除掉了。A 的不变报酬意味着，A 增加百分之一，将会使 P 增加百分之一，不论 B 保持不变还是增加。这样，B 对 A 的比率对于 P/A 是没有关系的，因而当 A 保持不变时，B 的变化不会改变 P。B 的 mp 等于零。只要 B 的 mp 必须是正量（如果这条“规则”得到遵守或使利润成为最大量的话），它就不能是**零**或**负**的，所以 A 的 ap 不能不变或渐增，而必须依照报酬渐减律成为渐减的。

我们不妨把我们发现的一种要素的平均产品和与它配合的要素的边际产品间所具有的关系（不要同第 109 页探讨的同一项目的平均计量与边际计量之间的关系混淆起来）扼要叙述如下。

一种要素的 ap	另一种要素的 mp
渐减的	正的
不变的	零
渐增的	负的

不难证明，这种关系是可以倒转的。

一种要素的 mp	另一种要素的 ap
正的	渐减的
零	不变的
负的	渐增的

这方面的意义已经弄清楚；当报酬渐减律表明，它是从不同要素之间的替代弹性（依据定义）小于无限大（否则在经济上这两种要素将是不可区分的）这一点推断出来的，我们就可以进一步说明它的力量了。这就是说，生产不能单靠一种要素来进行。要使任何生产成为可能，其他一些要素就必须占一最低的比例；超过这一

点，要能够**经济地**经营生产，那就得先达到另一较高的最低限度。

要素比例有一中间区域，在这里，没有一种要素绝对过多，并且报酬渐减是普遍情形

当要素 B 对要素 A 的比例是如此之小，因而生产不可能进行时，增加 B 的数量，或减少 A 的数量，就会使生产成为可能，因为随便哪一种措施都倾向于纠正比例关系。在比例失调没有严重到完全停止生产的程度，A 对 B 的比率还可能有这么大，因而减少 A 将会使总产品**增加**。只要这是不错的，A 的 mp 就是负量，B 则显示出渐增的报酬。正如 A 的负量 mp 表示 A（对 B）的比率太大一样，B 的渐增报酬表示 B（对 A）的比率太小了。另一个极端是 B 对 A 的比率太大，在这种情形下，B 的 mp 将是负的，A 会提供渐增的报酬，因为它对 B 的比率太小了。在达两个极端当中有一中间区域，它以这样的比率作为界限，依据这些比率，相对丰富的要素实际上不再使产品减少，然而也还不曾开始使它增加。这里 $mp=0$，相对稀缺的要素显示出不变的报酬。在中间范围的一端，A 的 $mp=0$，B 的 mp 则显示出不变的报酬。在另一端，B 的 $mp=0$，A 则显示出不变的报酬。在这个中间区域内，两种要素都不是按照**绝对**太大或太小的比例来使用的，然而一种要素对另一种要素的比率还可能是**相对地**太大或太小——即相对要素价格而言。但是，甚至在我们晓得要素价格之前，我们就知道，它们之间的适当比率必定是在中间区域以内。因为价格总是正的（不考虑

自由要素，它的价格是零，而且总是可以略而不论），所以 mp 也必定是正量。这就把我们局限在中间区域内，在这里，一切要素都要受渐减报酬的支配。

这三个区域有如第 173 页第二图所示。在图形的左边，M 曲线是垂直的。这标出中间区域的一个界限（α）。在 α 的左边，A/B，A 对 B 的比率，是绝对太小了，B 对 A 的比率是绝对太大了。在 α，B 是这么多，所以它的 $mp=0$。（在这一点的左边，它将是负的。）不论 B 的数量是多么大，都不足以抵补 A 的任何减少，于是 A 对 B 的 M 是无限大。中间区域的另一个界限是 β，M 与横轴相交于这一点。这表示 A/B 的数值，在这里，A 同 B 比较起来是如此之多，所以它的 $mp=0$，它根本不能代替任何数量的 B。A 对 B 的 M 等于零，B 则显示出不变的报酬。在这两点中间是一中间区域，这里 A 对 B 的，M 是正的但小于无限大，因而两个 mp 都是正的，并且两种要素都受渐减报酬的支配。

我们已经看到，固定比例的情形是由一条全部垂直的 M 曲线来表示的。这就是说，中间区域缩小为一单独点——固定比例的一点。所有其他比例表示不变的或渐增的报酬，因而是不经济的。

另一个极端情形是替代弹性对一切要素比例来说都是无限大（因而这两种要素在经济上是相同的）。这是由一条水平的 M 曲线来代表，它表示中间区域的界限完全打破了。没有太极端的比率，报酬总是渐减的，mp 总是正量。如果有任一要素增加了，产品也将增加，它要按照增加**两种要素的总量**所依据的比例增加（因为它们在经济上是一种要素，并且报酬不随生产规模而改变）。这就是说，产品是按照小于一种要素增加所依据的比例增加的，于是我们得到渐减的报酬。

由于几点理由，报酬渐减的一般论证是不够充分的

报酬渐减律有时用这个论证作为支柱，就是，要不是因为耕作土地所得到的报酬是渐减的，那么，用足够数量的劳动和资本来耕种一花盆的土壤并取得全世界所需要的粮食，是可能的，也是合算的。

这个论证比起上面的分析来好像是简单得多，然而它在几方面是容易令人误解的。首先，它所表明的不变或渐增报酬不是对花盆里的土地来说的，而是对投在土地上面的要素来说的，因为增加的是这些要素，而报酬是指一种要素增加的结果。

其次，如果增加的那一要素的报酬是渐减的，只要报酬的减少不比它在更正统的农业耕作程序中减少得更快，那么，在花盆里推行这种技艺也许是可能的。

第三，例证表明，在有限面积的土地上面增加协同生产的要素可以获得的总产品有一定**限度**，由此可以推断出，增加的那一要素的平均产品必定要从某一点起开始下降，然而它不曾表明，在实际生产中所选择的比例总是要呈现渐减的报酬。

第四，它不曾表明，对这些要素来说，**一开头**总有一个范围是**渐增**的报酬，因为增加的那一种要素的比率是绝对太小了，正如**最后**要有一个范围它是绝对太大一样，它的 mp 是零或是负的。

第五，它不曾表明，报酬渐减是各要素之间的一种对称状态，

每种要素都会呈现渐增或渐减的报酬，要看它对其他一种要素或一些要素的比例而定。

明智的生产并不是要避免渐减的报酬，而是要避免渐增的报酬

第六，也是最后一点，它几乎总是给学者们一种完全虚伪的观念，即明智的耕作方法虽不试图从一个花盆里生产出全世界所需要的粮食，却尽可能避免渐减的报酬。这和事实恰恰相反。明智的生产要尽可能避免**渐增**的报酬，因为这是一种迹象，即提供渐增报酬的要素同其他要素对比起来是绝对太少了。通常这种情形一发现，就要追加这种要素，因为这会提供渐增的平均产品。仅只把一种要素增加百分之十，实际上会使所有协同生产的要素的产品增加百分之十以上。这要继续推进到报酬开始减少的一点，并进而达到一点，它和使企业利润成为最大量的各要素的最适度配合是符合一致的。我们已经看到，这样选取的一点正好是在中间范围以内，在这里，一切要素的报酬都是渐减的。

即使提供渐增报酬的要素不可多得，或由于任何理由增加生产是不可取的，报酬渐增情形也不容许存在下去。各要素间的比例关系会靠**减少其他要素（它们的 mp 必定是负值）的数量来纠正**。这有**增加**总产品的效果。如果那是不可取的，不妨把两种要素都从有关用途撤出一部分，而用于其他目的。于是渐增报酬就会消失，而这种情况所表明的资源滥用情形也就一并被消除了。

在产品方面的相应规律是 *af* 渐减律

我们对于各要素间的关系所谈的一切,又一次地在各产品间的关系上找到它的对应部分。当生产过程不只提供一种产品和各产品之间的比例可以改变时,经济的生产要求,在其他产品保持不变的情形下,任何产品产量的增加,应使所用要素按比较小的比例增加。这可以表述为 *af*(每单位产品的平均要素量)渐减律。*af* 渐增的意思是说,为了使这种产品的产量增加百分之一,同时使其他产品的产量保持不变,生产要素要增加不止百分之一。但是由于报酬不随生产规模而改变,所以把**所有**产品增加百分之一,同时使各要素也恰恰增加百分之一,是可能的。这就是说,只是为了防止其他产品产量的增加,各要素才必须增加百分之一以上。各要素的数量超过百分之一的增加部分,是使其他产品的边际产品成为负量,于是其他产品的 *mf*,像提供其他产品的各要素的 *mp* 一样,是负的。这种状态表明要素的配合是不经济的。

单单减少各要素的数量就可能增加其他产品的产量。*mf* 是负量的其他产品应当增加它们的产量,直到 *vmf* 提高到和这些产品的价格相等为止。这样,其他产品的 *mf* 就不再是负的,头一种产品的 *af* 也不再是渐增的了。

即使其他产品的额外产量没有用处,扩充这种生产(并把多余部分丢掉)直到它们的 *mf* 从负值上升到零为止,也是适当的,因为这将使原来的产品增加而无须增加所使用的资源。即使为了任何原因,这种产品的增加也是不可取的,那么撤出一些生产要素,用在其他方面，同时使头一种产品生产得和原来数量一样多而其他产品却多提供一些，这是可能的。

af 渐增是和 *ap* 渐增一样清楚的生产浪费的迹象，它也要尽可能消除掉。在第十五章，我们将会谈到一些事例，就这些事例说，这种浪费在技术上是不可能消除的，只有到了那个时候，我们才会有合乎经济的 *af* 渐增或 *ap* 渐增的情形。

从产品角度来看，*ap* 渐减的对应部分应当是渐减的而不应当是渐增的 *af*，这好像有点奇怪。要记得，*mp* 渐减的对应部分是 *mf* **渐增**，在（平均）报酬渐减的情形下，符号的改变不一样了，这好像是不可思议的。这时经济生产的条件，像从产品角度来看一样，是 *mf* 渐增而 *af* 渐减；*mf* 是依照和 *mp* 相反的方向变动的，因为韩变率渐减意味着，从一特定要素的相等增加量所获得的产品增加量越来越小，于是取得一特定产品的相等增加量所必需的要素增加量就越来越大；*af* 是依照和 *ap* 相同的方向变动的，因为增加几种要素当中的一种，将会使产品的增加小于**所有**要素都按这个比例增加的场合，于是增加几种产品当中的一种，必定使要素数量的增加小于**所有**产品都按这个比例增加所必需的要素增加量。只有改变生产规模使所有项目都恰恰按同一比例增加时，所有要素和所有产品才会按同一比例增加。所以，仅增加几种要素当中的一种，能够使总产品按比较小的比例增加，仅只增加几种产品当中的一种，必定使生产要素按比较小的比例增加。

第十四章　生产成本

成本与报酬并不是相互间的简单倒转。成本是指单位产品,报酬是指单位要素

人们有时把报酬与成本说成是相互间的倒转。这就是,好像渐增报酬的意思就是渐减成本,渐减报酬的意思就是渐增成本,而不变报酬和不变成本是一样的意思。从这些名词的任何清晰的意义上说都不一定对,而从我们这里所提出的报酬意义上说肯定是不对的。迄今为止,我们还不曾对成本进行任何论述。

在大多数场合,报酬与成本是根本不能直接比较的,尽管它们都是就我们要在这里假定的平均数来说的。报酬或平均产品(ap)是指总产品(P)除以一种要素 A 的单位数。不论报酬增加、减少或固定不变,它是在要素 A 增加而其他要素(B,C,等等)保持不变时由 P/A 比率的变动来衡量的。成本是指生产产品 X 时的货币支出(O)。如果还有其他产品 Y 的话,则出售这些产品的收益(r_y)就要从对所有要素的总支出中减掉,以求得产品 X 的总成本。于是这个总成本除以 X 的单位数就得出式子$\frac{O-r_y}{X}$,这是

X 的平均成本(ac)。不论我们遇到渐增、渐减或不变成本,它是由 X 的产量增加时$\frac{O-r_v}{X}$(或 ac)的变动来衡量的。一般讲来,ap 与 ac 之间显然不存在一种简单的关系。

在一种情况下,这种简单的倒转关系确实是存在的。这就是在只用一种要素仅只生产一种产品而要素价格不变的场合。那时 O 等于 $A(pf)$(要素 A 的数量乘以它的价格),X 和 P 是一样的,从而 ap 和 ac 的两个式子可以归结为 X/A 与 $A(pf)/X$。因为 pf 不变,所以这两个计量必定是依反比例而变化的。A 的任何增加将会引起 X 的增加。如果报酬是渐增的,X/A 就随着 A 的增加而提高,$A(pf)/X$ 则按同一比例下降,于是我们得到渐减的成本。同样,不变报酬是和不变成本相结合的,渐减报酬是和渐增成本相结合的。

不幸的是,这并不像听起来那么有趣,这不仅是因为一单位要素生产一单位产品是罕有的事情。如果只用一种要素仅只生产一种产品,报酬必定总是不变的。这里没有比例可以改变,所以它只涉及活动的规模。活动规模本身决不会改变产品与要素间的比例(X/A),因而 ap 不受影响。这样,成本的变动完全是由产品增加时要素价格的变动决定的。如果要素价格(pf)依然不变,成本就是不变的。如果 pf 上涨,成本就是渐增的。如果 pf 下降,成本就是渐减的。

因此,最好心中总是在报酬前面加上"一单位特定要素的"这些字眼,并在成本前面加上"一单位特定产品的"这些字眼,以便把成本与报酬明白划分开来。这将是防止许多混乱情形的一个重要保证。

依据我们现在所作的假定，我们将会在整个经济中碰到不变的成本和渐减的报酬

依据我们现在假定的要素、产品与生产方法的可分性和这条"规则"在集体主义经济中的应用，在一切生产单位——这些单位没有大到足以影响它所购要素或它所卖产品的价格的地步——每种要素的(平均)报酬都将是渐减的，每种产品的(平均)成本都将是不变的。在前一章，我们充分说明了报酬渐减的必然性。不变成本是扩大或收缩生产规模而不改变各要素间与各产品间的比例的结果。如果除了我们正进行考察的产品之外还生产任何其他产品的话，它们的产量也将依同一比例而变动，由于它们继续按原来价格出售，所以除生产规模外，一切都照样，平均成本是不受影响的。

这就使边际产品的总和恰等于总产品

由于平均成本不变，所以它将等于边际成本，由于边际成本等于价格(不论这是不是这条"规则"对经理人员提出的形式)，所以平均成本将等于产品价格。因此，总成本或对生产要素支付的金额将等于出售产品所获得的总额。在集体主义经济中以及在统制经济中的集体化部门，这是无关紧要的，对这条"规则"是没有作用的。销售价值与要素费用间的关系也许可以用来检验企业的效

率，然而它不会自动地具有什么重要意义。我们在这里要注意它，只因它和资本主义经济是有关联的，在下一章我们将会看到这一点，离奇的是，这是在看来好像没有什么规则可以实现那个目标的场合发生的。

原因在于报酬不随生产规模而改变的现象。如果所有生产要素都增加，譬如说，百分之一，总产品也将增加百分之一。如果各要素不是同时增加而是一次增加一种，也会同样得到这百分之一的增加。在每一步，产品要增加的数量就是一特定要素增加百分之一时的 mp，因而所有要素都增加百分之一时的 mp 的总和等于总产品的百分之一。由于（依据这条“规则”）每种要素的价格等于边际产品的价值，所以对要素追加百分之一所支付的金额等于总产品价值的百分之一。按照同样的报酬率，对各要素的百分之百所支付的金额恰等于产品价值的百分之百。

所以报酬不随生产规模而改变，就引起不变的平均成本与边际成本，两者都和产品价格相等。这使得生产单位的大小变成不确定的，并使得资本主义经济在技术上有可能实行完全竞争，然而它是不稳定的。

但从工业的观点来看，成本将是渐增的，因为工业产量的增加使得一些要素更形稀缺，从而提高它们的价格

然而从一个工业的观点来看，成本通常是**渐增**的，而不是不变的。这是因为，当我们考察整个工业的产量时，我们不能忽视需求

增加对要素价格的影响。由于产品的产量增加了,所以用来生产它的要素的需求也将增加,这倾向于提高它们的价格。如果所有要素的价格系依同一比例上涨,则成本也将依同一比例增加。然而更可能的是,一些价格比其他价格上涨得慢些。在这种情形下,成本是依据价格上涨最大与价格上涨最小两者间的比例增加的。价格上涨得慢(或根本不上涨)的要素代替价格上涨得快的要素,将有助于阻止成本增加得像这种替代要是不曾发生时将会增加的那么多,但是,如果任一要素的价格上涨,而没有一种是下降的,这种替代就不能完全阻止成本的增加——除非替代弹性是无限大,从而比较昂贵的要素可以完全为其他要素所替换,而不致使 M 有任何下降,尽管现在这些要素自己必须提供全部产量,它们的价格并没有上涨。

因所购数量增加而引起的要素价格的上涨,是用供给弹性来衡量的

当任一要素的需求增加因而它的价格上涨,这可以用供给弹性来表示。这表明,价格上涨取决于我们正在考察的特定工业所吸收的要素量的增长。精确的计量是从所吸收的要素量的比例增长除以诱致这个额外供给所必需的价格的比例上涨得出来的。它用**比例**的变动而不用绝对的变动来衡量,以避免由于测度这些因素(这里是数量和价格)任意使用单位而受到影响。(这适用于经济中的一切弹性,如替代弹性、需求弹性、供给弹性,等等。)

如果价格的微小上涨带来供给的极大增加,供给可以说是有

弹性的。如果不需要提高价格来使供给增加的话，供给弹性可以说是无限大，或供给有无限弹性。如果供给对价格上涨的反应是微小的，供给可以说是相对缺乏弹性。如果供给根本不因价格上涨而增加的话，供给可以说是绝对缺乏弹性。当然，这种计量也可依相反方向来进行，即衡量供给数量因价格下跌而减少的程度。

对供给弹性的影响是极端复杂的

所以，一种产品受渐增成本支配的程度要取决于各要素的供给弹性（这决定它们的价格必须上涨多少才能使其供给有一定的增加），和各要素间的替代弹性（这决定要素价格上涨对成本的影响可能靠变得相对低廉的要素代替那些变得相对昂贵的要素来减轻的程度）。一种要素的供给弹性要取决于许多不同的情况，但不妨把这些情况划分为三类影响。

首先是要素的**总**供给弹性，这就是价格上涨对**一切**用途可以获得的数量的影响。它有时是零，例如总供给固定不变的土地。它有时是相当大的，例如在下面这种情形下的劳动，即工资从一个水平，——在这个水平下大多数工人宁愿去钓鱼，——提高到另一个水平，　　在这个水平下为获得丰富报酬而去做工是值得的；又例如大量耐用物品的存货，这些货物有一定的预期的将来价格，当价格刚刚提高到界限以上时，大量为将来贮备的东西就立刻拿到市场上来供应了。（在这两种情形中，闲暇或为将来使用的存货这些替代办法没有计算到**总**供给当中。如果把它们也包括进去，供给弹性将是零。）总供给弹性有时是负数——如同工人要求劳动报酬的增加中至少一部分是多有一些空闲时间。(如果我们把空闲算作劳动时间的用途之一,这又将使总供给成为固定不变的,于是它的弹性等于零。)

其次是一种要素对其他要素的替代弹性,在另一些用途中,它是与这些要素相结合的。如果这个替代弹性是大的,那么,这一要素价格的微小上涨将会导致其他要素在其他用途中的大量替代,因而它将会大量解脱出来,可以用于这种用途。这会使供给弹性大起来。如果在其他用途中这一要素的替代弹性是小的,那么,当它的价格上涨时,它被替换得很小,被解脱出来的很小,因而这对供给弹性的作用也是很小的。总之,如果需求的增加提高了这一要素的价格,也提高了在其他用途中协同生产的要素的价格,那么,这对它的供给弹性就不起作用了。这就不会发生其他要素对这一要素的替代,即使替代弹性很大,它却一点也没有被解脱出来。

第三是这一要素的另一些产品的需求弹性。如果这个需求弹性是大的(这就是,如果对它们的需求的比例下降,同它们的价格的比例上涨对比起来,是大的),那么,这种要素就会大量解脱出来(和它一并用于生产另一些产品的其他要素也是一样),这对增加这种要素的供给弹性是有帮助的。

总供给弹性、在其他用途中的替代弹性和这种要素的另一些产品的需求弹性,这三项并没有说明影响一种生产要素供给弹性的全部情形。它还取决于在另一些用途中协同生产的要素的供给弹性,这依次又取决于同样的三个项目以及和**它们**协同生产的要素的供给弹性,要无限地依此类推下去。同样,另一些产品的需求弹性取决于它的代替品的价格变化，而这又取决于这些代替品和用来生产它们的要素的供给弹性以及我们最初考察的商品的一些代替品的替代弹性。这就是一特定产品的产量增加在整个经济中所起反响的情形，这就是为什么由一个中央机关管理经济的企图必定要造成绝对的混乱，而正确地利用价格机构，它就完全可以得到满意的调整。

从工业观点来看的渐增成本必须同那些从社会观点来看的渐增成本区别开来

所有这些影响可以归结为两个因素。一是**技术**的因素，即把资源从生产一种物品转向生产另一种物品的难易；一是**经济**的因素，即诱导消费者的难易，这就是，在不利于他们的情况下提高（成本与）价格，以便诱使他们放弃另一些产品，把考虑中的生产加以扩充所必需的资源解脱出来。这两个因素都会使成本提高。记住这一点，我们就能够区别两种渐增的成本：

首先，如果当局在另一些货物的需求无任何变化的情形下扩充产量，生产成本将会提高到什么程度。其次，当消费者决定要改变他们的支出分配，多消费一种货物而少消费另一些货物时，成本因需求转移将会上升到什么程度。我们不妨把前一种叫作从工业观点来看的渐增成本，把后一种叫作从社会观点来看的渐增成本。

供给弹性从工业观点来看比从社会观点来看要小些，因为前者除技术的阻力外还反映心理的阻力

从工业观点来看，由于技术的和经济的原因，成本是要渐增的。**技术**因素反映的是，为使有关产品能以提供不变的增量，另一些产品必须牺牲越来越大的**数量**。**经济**因素系反映消费者对另一些稀缺产品之连续的等量的物质牺牲具有越来越大的**评价**。

从社会观点来看，渐增成本只是由技术因素构成的，因为 X 产品的需求的增加是和 Y 产品的需求的相应减少相联系的。所以把 Y 的资源转向生产更多的 X 时，Y 的较小产量不会引起 Y 的价格上涨。相反的，它几乎一定要下跌。如果用于生产 X 和 Y 的要素恰恰是一样的，那么，生产的移转不会遇到技术的阻力，X 的价格将不会上涨（从社会观点来看，成本是不变的而不是渐增的），Y 的价格将不会下跌。在这种巧合不存在的情形下，因 Y 产品的需求减少而变得低廉的要素不会全都趋向于压低 X 的价格，于是 X 的价格，同 Y 的价格对比起来，将要上涨。这种相对成本的变化是衡量资源从生产 Y 转向生产 X 的技术阻力的尺度。把这一点作为**比例**的变动并同它们的产量比率的比例变动进行比较，我们就可以得到 X 与 Y 间的**社会**替代弹性。[①] 替代弹性的定

① 因为 X 对 Y 的 M 的比例变动同 Y 对 X 的 M 的比例变动是一样的，X 对 Y 的比率的比例变动同 Y 对 X 的比率的变动是一样的，所以 X 和 Y 间的替代弹性是完全对称的，我们用不着区别 X 对 Y 的替代弹性和 Y 对 X 的替代弹性。在所有情况下，两个弹性都具有同一数值，因而说 X 和 Y 间的替代弹性就够了。参看勒讷："略论替代弹性"，《经济研究评论》，1936 年 2 月号。

义是和**技术**的替代弹性所使用的一样。它依然是两个数量间的比率的比例变动除以它们的 M 的比例变动。M 是用它们的价格比率来衡量的(因为我们假定产品在各消费者间的配置是最适度的)。

替代弹性的概念可以在重新配置社会资源时应用到一种产品对另一种产品在技术上的间接替代

替代并不是在生产单位以内进行,而是经由生产要素从一个生产单位移转到另一个生产单位而间接实现的。它甚至可能是这样的,即从 Y 解脱出来的要素根本不适于生产 X,而是用于另一处地方,把那里的要素解脱出来用于 X 的生产,于是要素的调整可能是很复杂的,涉及许多这样的步骤。然而不论调整是多么复杂或间接,它终归是一回事。如果这条"规则"一直得到遵守的话(或资源的最适度分配与要素的最适度配置要是靠完全竞争保持住的话),这个结果就可衡量 X 对 Y 的 M 渐减情形。

所有这样的转换始终是,在需求从一种产品转向另一种产品以致要素和产品的价格发生变化时,每一生产单位(它不能够影响价格)都是在报酬不随生产规模而改变和成本不变的条件下经营的。从工业观点来看,由于技术和经济两方面的原因,成本是渐增的。就工业说渐增的平均成本意味着,工业的边际成本大于平均成本,但是工业的边际成本并不具有社会意义。它只对这样一种工业有利害关系,这个工业是由一家企业垄断的,它限制生产,牺牲经济社会的其他方面来追求最大量的利润。从社会观点来看，边际成本是和工业的平均成本相等的，这也是每个生产单位的平均成本与边际成本，因为它衡量另一替代用途中 *msb* 的价值。

第十五章　不可分性Ⅰ

要素、产品或生产方法都会碰到不可分性

我们现在不妨放弃完全可分性的假定，然后看看，当我们考虑下述情形时，我们的结论要受到怎样的影响，这就是，一些要素往往只有大单位可以利用，如同航路，产品往往是按自然的大单位来生产，如同远洋轮船、摩天楼，即使要素和产品是完全可分的，生产方法也往往有一个最小规模，如同一座汽车装配厂或一座连续生产的采钢辗压厂。只要存在着这些不可分性当中的任何一种，那么，同样的要素就不可能在或许会选择的任何规模上用同样的配合方法来生产同样的产品。最小规模是这样一个规模，它涉及每个不可分项目的一整个单位或若干整个单位，即使规模较大而各要素间与各产品间的比例相同的生产，也只能按照这个最低限度的倍数来进行。把所有要素增加八分之三来建造一又八分之三艘的远洋轮船，这和用所有要素数量的百分之一来建造一艘远洋轮船的百分之一并按整个轮船价格的百分之一来出售产品，或依一年生产一百万部汽车那样的方法和单位成本来每年生产十部汽车，同样是不可能的。

我们所举的例子是极大的不可分性，我们不要因此就认为，我们依据完全可分性进行的分析决不能直接应用到实际问题上。不错，没有什么东西是真正完全可分的。一粒玉蜀黍是个不可分的单位，甚至一切东西赖以构成的电子也好像是分离的和不可分的实体。但是依据完全可分性进行的分析可以直接应用到许多生产部门，在这些部门中，不可分的单位是相当小的，因而是无足轻重的。

它能够限制要素比例的可调节性来推翻报酬渐减律

不可分性的存在使报酬不随生产规模而改变的原理失去了作用，因为它使得生产规模在各要素间与各产品间的任何比例都不改变的情形下不可能改变。因此，从报酬不随生产规模而改变的原理推论出来的一些原则，在不可分性的场合，也许会不适用。这对报酬渐减律来说是不错的。

在有一种生产要素是不可分的场合，产量的增减不足以保证不可分的要素增减一整个单位，它就得靠改变其他（相对）可分的要素的数量来实现。结果是各要素间的比例不同于要是有完全可分性时本来会选择的比例。如果两者的背离是这么大，以致固定要素的 *mp* 成为负量，我们将会碰到其他要素的渐增报酬。

由于报酬渐增，企业（在完全竞争的情形下）实行扩充或关闭掉，总归是合算的

如果 A 要素（一个不可分的要素）的 mp 是负量（在这种情形下，B 要素的报酬将是渐增的），企业的经理人员将会采取一些措施。如果是完全竞争的话，企业不论关闭掉或扩充，总归是合算的。假如这家企业是够本的，它要关闭就不合算了，它雇佣更多的 B 要素就能够赚到利润。B 增加百分之一，会使企业成本的增加不到百分之一，因为对 B 的支出只是企业成本的**一部分**，由于报酬渐增的关系，它将会使产量增加百分之一以上。这意味着利润的明显增长。如果企业这样进行扩充，直到 B 对 A 的比例提高，使渐增报酬消失并把 B 的 vmp 减低到与其价格相等为止，尽管企业的规模扩大了，完全竞争依然占有支配地位，于是 A 的不可分性不会有什么意义，一切就好像要素是完全可分的一样。

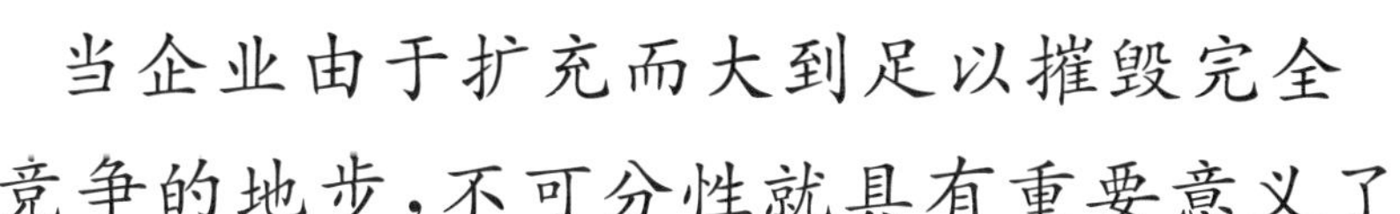

当企业由于扩充而大到足以摧毁完全竞争的地步，不可分性就具有重要意义了

当企业大到足以摧毁完全竞争的地步，不可分性就变得重要了。要克服不可分性，企业的产量也许要扩充到这么大，于是仅仅一家企业或几家企业就能够满足需求（按照使 $vmp = pf$ 的价格，这在完全竞争的情形下会使资源得到最适度的利用）。企业对其

利润成为最大量自然是关心的，它们不再认为使 $vmp = pf$ 是最有利的事情，因为 vmp 和 mpr 不再相等，pf 也可能和 mpc 不再相等；于是企业在努力追求它的最大量利润时就只是有意识地企图使 mpr 和 mpc 相等起来。

现在我们看到，不可分性导致企业产量的扩大，要么把产量扩大到使不可分性变成无关紧要的，要么破坏竞争的完全。重大的不可分性是要摧毁完全竞争的。

在集体主义经济中，要是 vmp 大于 pf，渐增报酬也会导致产量的扩大。当这两者相等时，扩充随即停止。要是渐增报酬在 $vmp = pf$ 之前就已消失，那么情况可能恰和完全竞争一样。产量可能大到足以使不可分性变成无关紧要的。但若不可分性是重大的，vmp 在渐增报酬被摧毁之前就下跌到 pf 的水平，我们会得出一个有趣的结论，即**这一生产单位必定是在亏本经营**。

这是因为，由于报酬渐增（那意味着渐增的平均产品）的关系，边际产品必定大于平均产品——否则它不会提高平均产品（参看第102页）——vmp 要大于 vap（平均产品的价值），现在对要素 B 支付的总额要等于 vmp 与所用要素 B 的单位数的乘积，而总产品的价值将是 vap 与同一数字的乘积。这就是说，单单对要素 B 的支付额就要大于总产品的价值，而对不可分的要素 A 支出的任何费用只不过是额外损失罢了。

在不可分性系属十分重要的情形下，完全竞争或这条“规则”的应用，必定造成企业的亏本经营，因而资源的最适度利用只有在集体的或享有补助金的机构中才是可能的

要是我们注意到它只是下面这一论证的另一方面，这也许不会显得那么奇怪，这个论证是用来表明，如果是渐增报酬和完全竞争的话，那么企业不论关闭掉或扩充都是合算的。如果资源达到最适度的利用，并且 $vmp = pf$，于是（在完全竞争的情形下）$mpr = mpc$，利润是最大量（或亏损是最小量），那么企业进行扩充是不利的。所以另一个替代办法必定没有错，即把企业关闭掉是合算的！在这种条件下，处在完全竞争中的企业要关门大吉。我们再次看到，重大的不可分性怎样摧毁了完全竞争。在有重大的不可分性的场合，只有在集体组织和实行贴补来应用这条“规则”的情形下，资源的最适度利用才是可能的。

渐增报酬只是这种情况的一个极端例子

渐增报酬只是这种情况的一个极端例子，注意这一点是重要的。在 $vmp = pf$ 之前，要素 B 的增加（与不可分的要素 A 对比起来）也许使各要素间的比例超出报酬渐增的范围而进入报酬渐减的中间范围，因而 vmp 小于 vap，付给 B 要素的报酬（这等于 B

的 *vmp* 与 *B* 的单位数的乘积）也就小于总产品的价值（这等于 *B* 的 *vap* 与 *B* 的单位数的乘积）；然而总产品价值大于付给 *B* 的报酬的超过额也许不够抵付 *A* 要素的成本，从而在这条“规则”所决定的（最适度）产量下还是要遭受亏损的。这也是不可分性的结果，因为我们已经看到（第十四章，第 191 页），在完全可分的情形下，报酬不随生产规模而改变，这使得付给所有要素的报酬加起来恰等于总产品的价值。这里发生的事情是 *A* 对 *B* 的比例太大——不是**绝对**的（像 *B* 的报酬渐增时那样），而是**相对它的价格**来说的。它的价格大于它的 *vmp*，它使用得“太多”，正是这个超过部分造成损失。

假使要素是可分的，那么减少所用要素 *A* 的数量（相对要素 *B*），直到 *A* 的 *vmp* 与其价格相等为止，就会纠正这一点，然而不可分性妨害了这种调整，所以资源的最适度利用包含有亏本的经营。因此，不津贴私人企业就不能达到资源的最适度利用，但这对集体主义的生产方法是不成问题的。在那里，一个生产单位无须仅仅因为它出售产品所获得的总收益小于付给所用要素的报酬总额而关闭掉。只要这条“规则”得到遵守，一切就都不成问题。

当不可分性具有这种效果（即在每种可分的要素的 *vmp* 与其价格相等时，使总收益小于总支出），同时在购买要素方面是完全竞争的，则单位产品的平均成本将是渐减的（正好像实行完全竞争时报酬渐增的情形一样）。这又意味着，如果在销售方面也是完全竞争的话，那么，企业不论关闭掉或扩充，都是合算的。

要是单位产品的平均成本**大**于产品的价格（这是平均收益），企业就是在亏本经营，所以把它关闭掉是合算的。要是平均成本

小于产品的价格，扩大产量将会使各要素达到最适度的比例，至少是更接近最适度的比例。这会降低平均成本，在产品价格不变的情形下（假使在销售方面是完全竞争的），利润将会增加。即使平均成本大于价格，从而企业是在亏本经营，但平均成本随产量扩大而渐减，仍然要扭转亏损变为赢利。在这种情形下，企业最好是扩充而不要关闭掉。企业总是要么关闭掉，要么扩充，而扩充要么使不可分性变成无关紧要的，要么破坏竞争的完全。即使不可分性不会使不可分的要素出现这么大的超过量，以致它的报酬成为渐增的，但是不可分的要素还是会**相对地**（虽然不是**绝对地**）太多，这将造成成本的渐减。不可分性将会摧毁完全竞争，也连带摧毁靠追求利润的自由企业来实现资源最适度利用的可能性。

产品的不可分性和生产的不可分性同样会破坏完全竞争。后者甚至可以用恰和一种要素的不可分性一样的说法来进行分析，而把不可分的生产项目，传送带或碾压机，简单地叫作一种**要素**，这是由它背后的一些要素制造出来的。我们已经看到，只要人们注意符号的变化，它表明产品是生产单位的**出货**而不是**进货**，那么产品是可以像要素一样对待的。不论不可分性的原因是什么，企业在谋求克服它时将会扩大规模。如果不可分性具有经济的意义，那么，企业扩充到足够消除它的地步，它也将摧毁完全竞争。

对于因不可分性而形成的垄断，反投机本身不是有效的对付办法

我们曾经探讨过，在有完全可分性和报酬不随生产规模而改

变的时候，联合或扩充对完全竞争的危险。在那里我们看到，完全竞争有时可以靠政府的反投机来保持住。在对付不可分性对完全竞争的威胁方面，反投机的作用要小得多。政府能够用这个办法来防止垄断对价格的影响，可是那只会是使一切企业都陷于破产的境地。它们会被迫使 $vmp = pf$ 来追求最大量的利润，然而那时它们，正好像遵循这条“规则”的集体事业一样，将会发现，当它们达到这一点时，扩充就不再是有利的了，关闭掉倒合算，因为它们是在遭受损失。它们的最大量利润是负数。这里边的原因恰和集体企业亏本经营的原因是一样，用不着重复地讲。靠反投机来保持完全竞争的企图，将会导致大规模的破产。在集体事业亏本提供劳务或贴补私人企业来维持业务遭到政治上的反对的地方，通常最好是让垄断——它可以做到收支相抵——存在下去，并在一定程度上偏离资源的最适度利用，而不要在不可分性使完全竞争在技术上成为不可能的地方，妄想靠反投机来保持它，这会摧毁整个工业，从而使资源更进一步偏离最适度的状态。

微小的不可分性——它相对于有关市场来说可能是巨大的——也许比巨大的不可分性更重要些

这些结论是极端重要的。它们不仅适用于非常巨大的不可分性，而且也适用于相对微小的不可分性，后者是有意义的，因为市场也是狭小的。这时普通的生产扩充就能够摧毁完全竞争，但它不足以使不可分性变成无关紧要的。重要的一点是不可分性的大小与市场大小之间的关系。不可分性可以用企业的产量来衡量，这个产量是使它变成无关紧要所必需的。市场可以用这样的产量来衡量，在这个产量下，企业理解到它对价格的影响能力。在这一点，企业的边际私人收益（*mpr*）跌到产品价格（*p*）以下。

如果不可分性大于市场，在自由企业下的完全竞争就要遭到毁灭。这时要作出的选择是：牺牲资源的最适度利用，而让私人企业靠对产量的垄断限制来抬高价格，做到收支相抵（甚或赚取巨额利润）；或者保持资源的最适度利用，而对那些推行这条"规则"而不得不亏本经营的集体机构或人为地保持完全的和"剧烈"的竞争而亏本经营的私人企业实行**贴补**。

如果市场大于不可分性，从而企业的产量足以把不可分性变成无关紧要的，那么完全竞争是可能的。由于企业规模扩大，不可分性将会减少同一市场上的企业数目，并且增加它们为形成垄断而实行联合的概率，这种垄断要限制产量，抬高产品价格，或许还压低付给要素的价格来把零数的利润变为相当可观的实在利润。然而这个危险**能够**靠反投机或政府竞争来对付，就好像不可分性完全不存在一样，因为这些措施能够保持在技术上仍属可能的完全竞争。

当人们认识到不可分性的时候，它在公用事业的问题上就显露出来了，在这方面，无理性的折中办法导致无穷无尽的管理

不可分性大到使完全竞争成为不可能的工业叫作**公用事业**，

这个来历是稀奇的。人们已经认识到，在这些公用事业里，完全竞争是无法安排的，甚至是不能容许的，它会导致破产，从而停止对公众提供的重要劳务。所以垄断是许可的，虽然政府要实行管理，为的是限制垄断组织在努力扩大它们的利润时偏离资源最适度利用的程度。国营企业与私人企业的这种折中就导致无穷无尽的管理，逃避管理的企图和实行更严密的管理来防止逃避行为。在这个问题上卷帙浩繁的著作是混乱的，这和庞大的公用事业公司所具有的一种自然趋势不是完全没有关系，这种趋势是，它们极力要使公众把它们的无限权力（它们为了利润而限制产量抬高价格时牺牲了资源的最适度利用）和公民的民主自由等同起来。产生这种混乱的一块同样肥沃的土壤，是把巨额利润的消除同资源的最适度利用混为一谈。这种混同是由于集中注意完全竞争——它碰巧引起巨额利润的消失和资源的最适度利用——太过密切造成的。我们已经看到，在上面所考察的情况下，完全竞争是不会实现的，试图靠立法来获得它的征兆之一，而立法的目的却是要实现它的另一个征兆，这样做不会有什么收获。

我们从美国公用事业的管理得到一个典型的例子，就是在非统制经济中管理的复杂性怎样大大地超过统制经济所必需的管理。在统制经济中，公用事业——依据定义它不能实行完全竞争——要由政府机构来经管，根据这条“规则”的要求，它使 $vmp = pf$。这种公用事业通常都是亏本经营，这就资源的最适度利用来说是无可非议的。

在现实世界中，微小的不可分性多半比公用事业一类的巨大不可分性更为重要，只因通过管理来防止它们过多地偏离资源的最适度利用不是那么容易的。在许多小市场里，竞争是不完全的，因为一特定企业的顾客在或大或小的程度上偏爱一家企业，他们不会因为它索取稍高一点的价格就全都抛弃它而光顾其他的企业。他们也许觉得这家企业的地点比较方便；他们也许正确地或错误地认为，这家企业的产品要比它的竞争者更优良些或更合用些；他们也许喜欢这家企业的老板或欣赏和这家职工进行的谈话；它也许只是一种习惯。不论原因是什么，对企业的偏爱破坏了完全竞争，因为企业觉得，它能够抬高价格而不致失掉它的全部顾客，并且把价格提高到一定程度，随后限制它的产量，是有利可图的。*vmp* 不再和 *pf* 相等，于是我们得不到社会资源的最适度利用。

在不可分性不存在时，到处实行完全竞争是可能的。自由加入，像政府管理一样，能够防止过多的利润，但不能防止资源的浪费

如果一切要素都是完全可分的，那么，根据人们略微不同的需要或欲望而进行的专门化是有利无害的。企业会更多些、更小些，但是每家企业都用最适度的方法来生产，它所雇佣的要素是按照最适度比例配合的。这里是报酬不随生产规模而改变和完全竞争。然而不可分性还是有的，这就导致要素的配合不当，即同其他要素比较起来不可分的要素太多了，就像垄断性的公用事业一样。新企业的自由加入可能防止任何企业攫取任何超额利润，正好像政府管理可能防止公用事业取得非法利润一样。可是社会同样要

遭受损失，因为过多的不可分要素是和过少的可分要素相结合的，而且企业也太多。这方面的典型例子是人所熟知的一套加油站，在一条街的转弯处设立四个，其实那里一个加油站就足可提供全部服务，而设备和招待顾客的服务员的空闲时间都可以大大节省。（在一个加油站上服务员的最少人数构成一种固定的或不可分的要素。）

天真的计划工作人员往往把竞争不完全所造成的浪费叫作竞争的浪费

正好像公用事业的情形一样，这通常是不能靠重新恢复完全竞争来纠正的，否则全部企业也许都要破产。标准化能够带来巨大的节约，这就是头脑简单的计划工作人员所憧憬的一种经济，他们不理解组织现代经济所涉及的错综复杂的情形，普通所谓竞争的浪费正是这种缺少完全竞争所引起的浪费。怎样最好地把私人企业同避免这些浪费调和起来，这是一项难搞的工作，它很容易同一个更基本的和更简单的问题混淆起来，这个问题是，怎样最好地满足各个消费者略微不同的一些嗜好，同时又充分利用标准化带来的经济。后一问题靠简单地遵循那条老“规则”就可以得到解决。

标准化的经济也是以不可分性为依据的，这条“规则”对它起了相当的促进作用

标准化的经济只是不可分性的另一个方面。如果可分性是完

全的，最小产量就会取得所有这一类的经济。如果一种产品的市场是够大的，可由一单独企业供应，来克服一切不可分性，尽管有不可分性，它仍能使各要素保持最适度的比例，那就充分实现了标准化的经济。只有在市场小于不可分性的时候，增加产量才会降低成本，于是情形好像是，消费者需要特别鼓励来使用这种产品。这是因为，这样做不仅对他们自己有利，也对他们的邻居有利。在进行这种购买时，他们促进了标准化的发展，并使其他买主更便宜地得到这些标准化的货物。

应用这条“规则”就可充分地和准确地照顾这一切情形。在所有这一切情形中，我们碰到的是渐减的成本和边际成本小于平均成本。由于使 $vmp = pf$，又使 $p = mc$（在第九章提出的条件下），所以价格小于平均成本。这个差额可以看作仅仅为了补助目的而给予消费者的津贴。然而这样说或许要好些：这种情况的显著特点是，额外一单位产品可以用这种要素的一个异常小的追加量生产出来，或这种要素的增加量具有异常大的边际产品，因为它使生产转向最适度的组合。这在产品价格方面得到准确的反映，它是这么低，足可使异常大的边际产品的价值与要素价格相等。简单地遵循使 $vmp = pf$ 的这条“规则”，就会使这一特殊情况的全部利益都归消费者所享有，不多也不少。

第十六章　不可分性Ⅱ
（"虚 mp"，重大的决定）

一不可分要素的边际产品是什么意思

我们现在可以转到一直被忽略的一点。一不可分要素的 mp 是什么意思，我们如何把这条"规则"应用于一种不可分的要素？因为根据定义，要想使这种要素作小量的增减，然后再看看它对产品的影响，是不可能的。那么，在报酬渐增的情形下，不可分要素的 mp 是负量，在成本渐减的情形下，不可分要素的 vmp 小于它的价格，这样说是什么意思？如果这不是不错的，那岂不是说这条"规则"——它要使 vmp 与每一要素的价格相等——没有得到适当的应用吗？

必须承认，在第十五章，不可分要素的 mp（与 vmp）是就特殊意义来叙述的，把它说成是"虚 mp"也许更好些。这就是不可分要素要是事实上是可分的话，mp 将会是什么。它是这样求出来的：即考虑，如果在足可使不可分性变成无关紧要那么大的规模上发生同样的比例变动，每单位不可分要素的真实的 mp 将会是什么。举一个例子说，假设不可分要素 A 只能按一百吨的单位来获得，一单位 A（一百吨）是同五十单位要素 B 配合来生产五百单位的产品 X。对要素 B 的报酬是渐增的。用五十一单位 B 就会使总产品增加到五百六十一单位 X。B 的 ap 是渐增的（从十增加到十一），于是 B 的 mp 是六十一，这要大于它的 ap。A 的 mp 是 A 要是能够增减一吨时产品将会发生的变动。由于 A 的不可分性，所以这是不可能的，然而靠想象力就可在不可分性变成无关紧要的较大规模上进行同样的计算。我们知道

$$10,000A+5,000B \text{ 将会生产 } 50,000X$$

和

$$10,000A+5,100B \text{ 将会生产 } 56,100X$$

这些数字是把生产规模扩大一百倍，而使各要素和产品间的比例保持不变得出来的。如果我们现在用一百零二去除第二种情况，则得

$$98,04A+50B \quad \text{生产} \quad 550X$$

所以 A **减少**略小于二单位的数量，将会使产品**增加**五十单位，于是 A 的“虚 mp”约为**负**二十五 X。

当 B 表现为渐增报酬时，这个“虚 mp”是负数；当成本是渐减的，并且把这条“规则”应用到所使用的不可分要素量后，使总产品的价值小于对**所有**要素的支出时（在完全竞争的情形下），它的价值（vmp）要小于要素的价格。

这条“规则”必须应用到不可分的一批

只有当经理人员在实际上对要素进行调整时能够把 A 增减一小单位，他们才能利用实际的 mp 和相应的实际的 vmp，但由

于不可分性的关系，这是不可能的。因此，和 *pf* 不相等的虚 *vmp* 并不意味着这条"规则"没有得到应用。但是我们怎样才**能**应用它呢？

答案是，这条"规则"必须**具体地**应用到这个问题上：不可分要素 *A* 应当增加一百吨这样一整批，还是应当减少一百吨这样一整批（这可能意味着完全停止生产）。这里不涉及其他问题，因为没有别的办法可想。

如果增加一批要素 *A* 所提供的额外产品的价值大于这批要素的价格，就应当增加另外一批。如果放弃一批要素 *A* 所减少的产品的价值小于这批要素的价格，它就应当退出生产，即使这意味着把这个生产单位关闭掉。这好像是应用这条"规则"的合理方法，可是它却产生一些尴尬的结果。在表面上一切可能的成本渐减情形都消除了，这只不过是完全竞争和不可分性的矛盾的反映。

在表面上一切可能的成本渐减情形都消除了，这只不过是完全竞争和不可分性的矛盾的反映

这条"规则"的应用一举而消除了一切报酬渐增和成本渐减的情形。因为把它应用到可分要素的结果，正如我们已经看到的，是使生产单位扩充到全部活动都要遭受净损失的一点。这种损失意味着不可分要素的**净** *vmp*（减去对协同生产的可分要素的支出以后）要小于一批不可分要素的价格，所以情形好像是，这条"规则"要求这个生产单位关闭掉，如果它是亏本的话。在只使用一批不

可分要素的场合，像刚才所举的例子那样，这一点看得最清楚。当它因其边际净产品的价值小于它的价格而退出时，这个生产单位必定会关闭。在不可分要素不只一单位的场合，情形也是一样，因为比例性（即报酬不随生产规模而改变）原则表明，要是依次减少一单位，那也必定是不错的。如果要素 A 有三个单位并且发生总损失的情形，则 A 减少一单位，其他要素减少三分之一的数量（以便使它们的 vmp 还和它们的价格相等），将会使成本与收益都减少三分之一，损失也要减少三分之一。从损失减少来看，A 的价格大于它的净 vmp，所以它的退出是强制性的；其他两个单位也是一样。

然而这个尴尬的结论只不过是暗含假定完全竞争的结果。我们已经看到，只要是那种情形，扩充就能够进行下去，使不可分性变成无关紧要的。所以这个暗含假定要撵掉与它相矛盾的重大不可分性，是没有什么奇怪的，而且是完全正当的。这只能证实我们的分析。

对容许完全竞争的条件所做的暗含假定，在于假设有一独特的 vmp，无论不可分的单位是否用于生产。在这样做时，我们事实上假定，这一不可分单位的增减所引起的产量变动不影响产品价格，协同生产的要素的数量变动不影响这些要素的价格，它们是买来与不同数量的不可分要素一起进行生产的。只有销售产品与购买协同生产的要素方面都是完全竞争，这才是不错的。如果是完全竞争的话，那么这个生产单位一直扩充到竞争不再是完全的或不可分要素变成无关紧要的时候为止，是合算的。

净 *vmp* 和 *pf* 的数值取决于这一不可分单位的是否使用，所以它们不再是衡量边际社会利益（*msb*）和边际社会成本（*msc*）的适当尺度了

当一不可分单位得到使用时，重大的不可分性将会影响产品或要素的价格或这两者的价格。于是不可分要素的净 *vmp* 不会有一独特的数值。当不可分要素没有得到使用时，产品价格要高些，或协同生产的要素的价格要低些（或两者兼而有之）。适当的净 *vmp* 也许要大于不可分要素的价格。根据我们对这条“规则”的简单解释，这表明，不可分要素应当用于生产。然而当它加以使用时，协同生产的要素的价格将会上涨，或产品价格将会下跌（或两者兼而有之）。于是净 *vmp* 也许变得此要素价格为小，从而根据这条“规则”的简单解释，不可分要素是要勒令退出的。显而易见，这里事情有点不对头。

要应付这一情况，我们必须考虑这条“规则”的目的和意义。它是在我们考察不致影响价格的微小调整时提出来的，那时 *vmp* 代表 *msb*，*pf* 代表另一替代用途的 *msb*，这和 *msc* 是一回事。于是这条“规则”使 *msb* 和 *msc* 相等并达到最适度状态。现在由于不可分性的关系，我们碰到比较大的调整。不可分要素的价格不再是衡量它在另一替代用途中的 *msb* 的满意尺度了。这就是说，*pf* 不再代表 *msc*。这里 *msb* 是产品对消费者的价值，净 *msb* 就是这一价值减去可分要素能在别处提供的东西。最后这一项依然

是用可分要素的价格来衡量的。这里产品的 *msb* 介于依据不可分要素使用前后流行的两个价格计算的 *vmp* 的两个数值之间。它的 *msc* 介于这种要素的两个价值之间，这两个价值也是在它使用前后计算出来的。这一不可分单位是否应当使用，要取决于估计的 *msb* 大于或小于估计的 *msc*。就这样的大项目说，*vmp* 和 *pf* 不再是 *msb* 和 *msc* 的适当指南了。

对 *msb* 和 *msc* 所处范围的估计，可以从考虑垄断性歧视的可能性来加以缩小

有一些方法可以缩小 *msb* 和 *msc* 所处的范围，因而上述规则几乎总会告诉我们不可分的生产项目是否应当使用。*msb* 不能小于一个垄断组织从出售产品所能获得的收益，这个垄断组织在规定产品价格时能够实行歧视，向不同消费者尽量勒索他负担得起的大价钱（只要消费者认为向他们索取的价钱大于产品对他们的所值时，可以放弃这种产品）。*msc* 不能大于要素所有主所遭受的同样垄断剥削能够把要素价格减低到的最小限度。这就缩小了对 *msc* 和 *msb* 估计的范围，并有助于表明，就任何一种经济来说，消费者究竟从要素用于这一用途得到的好处多还是让它们用在别的地方得到的好处多。

举个例子，假设在这些要素没有用于生产 *X* 时依当前价格进行的计算表明

$$pf = 11{,}000\ 元和\ vmp = 15{,}000\ 元$$

但在应用上这些要素时，计算出

$$pf = 12{,}000\text{ 元和 } vmp = 10{,}000\text{ 元}$$

这条“规则”的简单应用将会表明，如果这些要素还不会用来生产 X 的话，它们应当加以使用（社会可得净收益四千元），但若它们已经得到使用的话，它们就应当退出（社会可以节约二千元）。这显然不是满意的行动指南。

由于各单位要素在不同用途中的相对效率的差别，这就有可能对要素实行歧视性的剥削

假如靠垄断性歧视用小于产品销售的所得来雇佣要素是可能的，这证明，把要素用于 X 的生产从社会观点来看是值得想望的事情。

靠垄断性歧视用小于一万二千元的价格来雇佣要素，应当是可能的，因为按照它们分配于 X 生产以前的一般价格，在另一替代用途中它们只能赚到一万一千元。由于它们从另一替代用途退出，所以在那里它们的 vmp 逐渐上升，要素价格也随同上升，直到它们达到一个速率，把这个速率应用到一切要素时，它们的价值就是一万二千元。但是，由于两点不同的原因，退出较早的要素的 vmp 要小于这个数目。

第一个原因是，对于另一种产品，在技术上它们也许相对地没有对 X 那么合适，它们在另一种替代用途中的物质 mp 要小于以后解脱出来的一些单位。这可能是它们在其他要素之前并在 pf 一直提高到它们的新数值之前转向 X 生产的一个理由。因为这

个理由而较早解脱出来的要素，是可以比较便宜地靠垄断性歧视来获得的。

第二个原因是，比较早的撤退是和它们的另一些产品的价格一直上升到新水准以前这些产品的减产相适应的，因此，即使它们的 *mp* 不是比较低的，它们的 *vmp* 却是比较低的。这是不能比较便宜地靠歧视的垄断来获得这些要素的，因为在新位置下（要素全部转向 *X* 生产），另一些产品的价格将会上涨到新的高水平。

如果从另一种产品退出的要素（我们把它叫作 *Y*）生产 *Y* 的效率，同它们生产 *X* 的效率比较起来，是完全相等的，那就只有上述二种力量中的第二种在起作用。*Y* 所牺牲的数量，譬如说一千单位，按老价钱每单位十一元计算，要值一万一千元，按新价钱十二元计算，要值一万二千元。假如价格随着产量减少而依照不变的速率上涨，则牺牲部分的价值将是一万一千五百元，恰恰介乎这两个数字之间。这个数字表示价格总额，在这一价格总额下，消费者因价格从十一元上涨到十二元而牺牲了另一种产品的一些连续单位，而这是他们越来越不情愿牺牲的。*msc* 是一万一千五百元。

我们也能够说，一万一千五百元的 *msc* 与生产 *X* 时对要素支出的一万二千元之间的差额五百元，是和产品 *Y* 的消费者损失的五百元（不能再用一万一千元来购买他们本来愿意花一万一千五百元来买得的东西）与要素所有主获得的一千元（他们在生产 *Y* 时得到一万一千元，现在生产 *X* 可得一万二千元）之间的差额相适应的。在 *X* 部门实行歧视的垄断者不能用少于一万二千元的价格来获得要素，因为要素在 *X* 和 *Y* 的相对效率是相等的，不容许实行任何歧视。

如果不是所有要素生产 Y 和生产 X 都具有同样的相对效率，那也会感觉到第一种力量。要素在 Y 部门挣得一万一千元，在 X 部门还是挣一万二千元，Y 的产量还是要减少那么多（即按老价钱值一万一千元的数量），但是现在 Y 的价格必定上涨得少些，譬如说上涨到十一元六角，于是按照新价钱，它值一万一千六百元，消费者的损失（依然假定价格继续上涨是线性的）是三百元。要素在 X 部门获得一万二千元，这比它们在 Y 部门即使按照新的较高价格所能挣到的要多四百元。这是因为，从 Y 移转到 X 的要素是在 X 部门相对多产的一些要素（这只是它们在 Y 部门相对少产的另一个说法）。实行歧视的垄断组织能够把它们的报酬减到一万一千六百元，而不致促使任何要素回转到 Y 部门，在 X 部门雇用它们的 *msc* 是一万一千三百元，这是价格的总额，在这个价格总额下，产品 Y 的消费者刚好愿意在十一元与十一元六角之间的价格下放弃 Y 的一些连续单位。要素报酬一万二千元要比 *msc* 多七百元。这代表要素收益一千元与产品 Y 的消费者损失的三百元（不能再用一万一千元来获得他们本来愿意花一万一千三百元来购买的货物）之间的差额。

假如 Y 的需求弹性是无限大，那就只能感觉到第一种力量。Y 的价格根本不会上涨，Y 的消费者不会遭受丝毫损失。转移到 X 部门的要素所增加的收入，完全是由于相对效率的不同，这使得它们在 X 部门能够索取比它们在 Y 部门的 *vmp* 更高一些的代价，但 X 部门实行歧视的垄断组织却能够将它全部攫为己有，而支付给它们的钱用不着多于它们在 Y 部门能够挣得的一万一千元。*msc* 将是一万一千元。

msc 绝不会大于一个最低额，实行歧视的垄断组织能够靠对要素的最有效剥削而按照这个最低额来得到它们，它介于这个价值与比较低的 *pf* 两者之间，*pf* 是要素不用于 *X* 生产时的价格，而 *X* 产量的调整则是我们正在考察的问题。

如果消费者的需求弹性不是无限大，对他们实行歧视性的剥削，是想象得到的

msb 介于一万五千元与一万元之间，这是 *vmp* 的两个价值，从不可分要素（与协同生产的可分要素一起）应用到 *X* 部门时的产品乘以 *X* 的两个价格得出的。*mp* 是，譬如说，一千单位 *X*，当这一千单位 *X* **不**生产时，它的价格是十五元，当这一千单位 *X* **要**生产时，它的价格是十元。如果 *X* 的需求曲线是线性的，从而在产品 *X* 按一千单位从此较小的产量不断增加到比较大的产量时，价格将依不变的速率从十五元下跌到十元，那么，*msb* 恰为一万二千五百元。所以十二元五角是**平均**价格，要劝说消费者购买追加的每一单位就得按这个价格出卖，同时实行完全歧视的垄断组织能够从产品 *X* 的消费者为追加的产量获得一万二千五百元，而不是一万元。

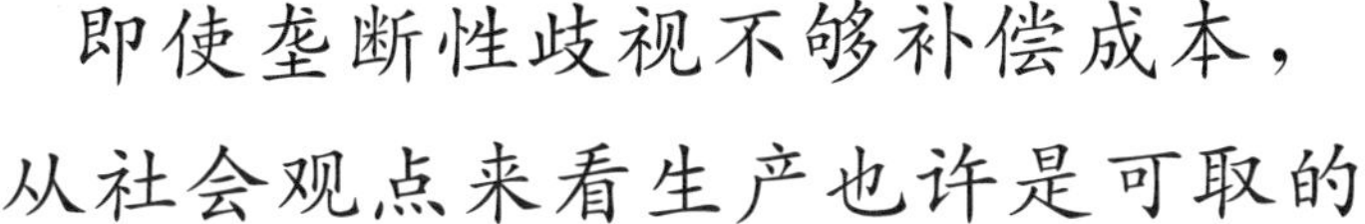

即使垄断性歧视不够补偿成本，从社会观点来看生产也许是可取的

在我们刚才考察过的算术例子中，不可分要素**应当**用来生产

X,因为 *msb* 约为一万二千五百元,而 *msc* 介于一万一千元与一万一千五百元之间。我们不妨比较一般地说,如果一个垄断者使用不可分要素有可能补偿他的成本,即使他必须实行极端的歧视与剥削才能做到这一点,搞这种生产还是对社会有利的。*msb* 要大于垄断者从扩大产量所获得的收益,因为实行完全歧视的垄断组织使所有消费者最大限度地按照他们愿意出的价钱来支付而不要放弃额外的产品,是绝行不通的。由于两点原因,*msc* 要小于垄断者对要素的支出。首先,对要素的完全剥削意味着付给任一要素任一单位的钱都不会大于它在其他用途中所能获得的钱,这是绝对做不到的。其次,即使垄断者实现对要素的完全剥削,付给它们的报酬表示它们的另一产品 Y 的价值,这个价值是按照要素全部从 Y 移转到 X 时产品 Y 的比较高的一般价格来计算的。但是,*msc* 的真正尺度是由测定另一些产品的评价来表示,这些产品是按照刚好足以促使消费者放弃它们而规定的价格进行评价的。在我们的算术例子中,*msc* 是一万一千三百元,尽管完全剥削不能用少于一万一千六百元的价钱来获得要素。

这个分析可以靠图形(第二图)的帮助看得更清楚些。

在这个图中,A 表示不可分要素和与它配合的可分要素用于生产另一产品 Y 时的情况。*pf* 是每单位十一元,或不可分要素和必须与之配合的其他要素全部为一万一千元。*vmp* 是一万五千元,或每单位十五元。B 表示要素移转到 X 生产时的情况。*vmp* 下降到一万元,或每单位十元,而 *pf* 则上升到一万二千元,或每单位十二元。A 和 B 之间的距离表示一千单位 X 或一千单位 Y。(X 和 Y 的单位大小是这样选定的,即 Y 在 A 要比在 B 多一千单

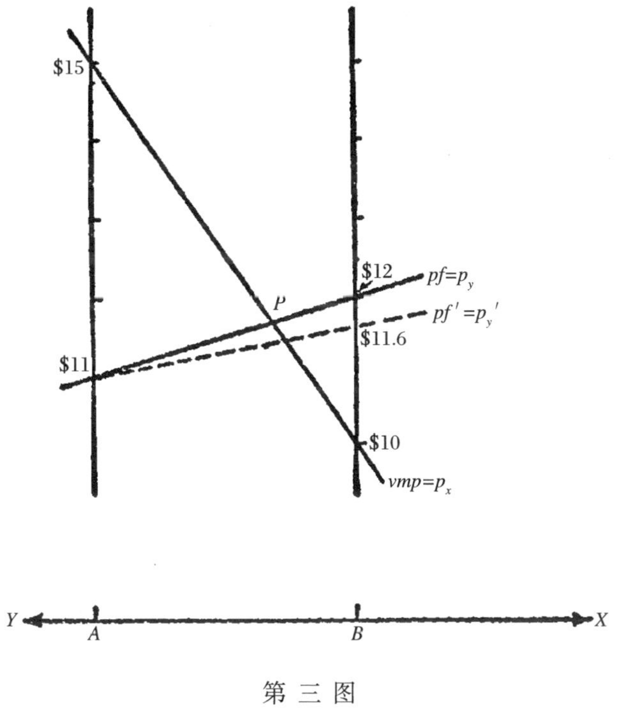

第 三 图

位，X 在 A 要比在 B 少一千单位。）

vmp 曲线表明 p_x，X 的价格，如何随着它的产量增加一千单位而从每单位十五元下跌到每单位十元。所以它是 *vmp* 曲线，又可以认为是产品 X 的需求曲线。如果各单位要素生产 X 的相对效率和生产 Y 是一样的，则 *pf* 线表示每单位产品 X 所使用的要素的价格，也表示 p_y，另一产品 Y 的价格，这个价格从 A 的情况下每单位十一元上涨到 B 的情况下每单位十二元。那么这条线也就是产品 Y 的需求曲线（虽然它是朝着和 X 的需求曲线相反的方向绘画的，因为从 A 到 B 的移动表明，Y 的产量**减少**一千单位，X 的产量**增加**一千单位）。

如果要素的不同单位生产 X 的相对效率和生产 Y 不一样，*pf* 曲线就不表示 Y 的价格变动。*pf* 的增加只有一部分是因为它的另一产品 Y 的价格上涨了。一部分是由于要素从 Y 的生产退出的必要性，这些要素相对地越来越不适合 X 的生产。我们曾经研究了这个问题，那时我们假设（第 221—223 页）Y 的价格从十元上涨到十一元六角，*pf* 则从十一元上涨到十二元。另一产品的价格比从它退出的要素的价格上涨得慢，因为剩余要素恰是生产 Y 的相对效率大于生产 X 的一些要素，于是 p_y'，另一产品的需求曲线，不会和 *pf* 曲线相合，而是位于它的下面。在第三图中，这是由一条虚线来代表，它表明，随着要素从生产一千单位 Y 转向生产一千单位 X，Y 的价格就从十一元上涨到十一元六角。在这种情形下，X 的生产者也可能靠实行歧视性剥削来使要素费用减少这一数额，付给每种要素的钱不多于它在生产 Y 时所能挣得的钱，于是在 B 的情况下，*pf′* 不是一万二千元，而是一万一千六百元。*pf′* 曲线与另一产品的需求曲线就合二为一了。

从考察各部分需求曲线下的面积，就可对 *msc* 和 *msb* 作出直接的估计

在考察以一千单位作为不可分的整体进行 Y 和 X 间的产量调整时，我们看到，在 A 的情况下，*pf* = 11,000 元，*vmp* = 15,000 元。要是我们绝对遵循这条“规则”，我们就必须移向情况 B。在 B 的情况下，*pf* = 12,000 元，*vmp* = 10,000 元，这又要求回到情况 A。这条“规则”真正要求的是，从 A **朝着 B 的方向**和从 B **朝**

着 A 的方向移动，两种移动都指望达到位置 P，在这里，$pf = vmp$（一单位为十一元六角七分）。不幸的是，不可分性不容许这样做，因而我们不能绝对应用这条“规则”。我们只能在情况 A 与情况 B 间进行选择。所以我们深入到 vmp 和 pf 的后面去探求它们打算衡量的 msb 与 msc。msb 是 vmp 曲线下的面积，这条曲线表示消费者在必要时对 X 的各个连续单位刚好愿意发付的价钱。如果 vmp 曲线是条直线，这总计为一万二千五百元。msc 是 pf 曲线或 p_y 曲线下的面积，这条曲线表示产品 Y 的消费者愿意对 Y 的各个连续单位支付的价钱，Y 的这些连续单位是因减少 Y 的产量以便增加 X 的产量而撤出的。如果 pf 是条直线，那么，它的增加完全是由于另一产品的价格因生产减少而上涨的关系，这等于一万一千五百元或十一元与十二元这两个极端中间的平均价格的一千倍。这是由 p_y 来代表的。如果 pf 的增加有一部分是因为各要素生产 X 的相对效率（同它们生产 Y 的效率比较起来）的不同，那么，msc 要小于这个数字。根据上面所做的假定，Y 的价格只上涨到十一元六角，msc 将是一万一千三百元或十一元三角乘以一千。这是由 p_y' 来代表的。

现在我们的结论可以简化一点。要是对 p_y 和 p_x 曲线的形式没有更多的了解，根据它们是线性的假定来表述这条“规则”要方便些。我们只要简单地保持原来的“规则”就能够做到这一点，我们只要规定，vmp 表示在 A 和 B 的情况下 vmp 的两个数值的**平均数**，同样，pf 表示在 A 和 B 的情况下 pf 的两个数值的**平均数**。

如果可以获得更多的关于 p_x 和 p_y 曲线的形式的知识，那就要用这两条曲线下的面积，而不要用极端数值的简单算术平均，这就是线性假定下的面积。用曲线下的面积来代替平均数，意味着我们使用了更适当的平均数，这会增进公式的准确性。

同样分析对所有是不是要生产的重大决定是适用的

对不可分要素的这种分析，不仅可以应用到其他形式的不可分性，而且可以应用到更一般的问题，即一特定产品是不是要生产，假使这条“规则”的应用会造成对要素的总支付额大于出售产品的总收益的话。这个问题在上面已经得到解答。如果就产品的**任何**一部分产量说，在这里所阐述的意义上的**平均** *vmp* 大于**平均** *pf*，那么这一部分产量可以认为是个不可分的单位，并且应当进行生产。但是生产不能停留在这一点。它应当依据这条“规则”实行扩充，直到 *vmp* = *pf* 为止。依据平均数修正的“规则”表明，生产这个“不可分”的数量要比根本不生产好些，这条“规则”本身也指出，生产进一步扩充到 *vmp* = *pf* 的一点，会进一步改进资源的利用。只有在任何产量作为不可分的产量来看待时都**不**能证明生产是正当的才应当放弃这种产品的生产。

作出不可靠的估计的必然性，在于问题的性质，而不在于解决问题的方法

我们在这一章所谈的，实质上是暂时撇开仅只是做小的边际

调整的考察，进而考虑重大的不可分的决定。我们的解法不可避免地要依靠估计甚至推测什么是新情况下的流行价格，这种新情况不曾经过考验，所以误差也许会很大。这是不错的，然而根据这一点进行争辩并反对这种估计在统制经济中的应用，像人们经常做的那样，是十分不合理的。在知识不完全和必须做出重大决定的**任何**一种经济中，都得作同样的估计和推测。我们的“规则”并没有**制造**这些困难，它倒是把它们缩小到最低限度。但在这样做时，它把困难公开化了，批评家们不晓得这些问题是普遍存在的，于是他们得到机会把这些困难同统制经济中对付它们的手段混为一谈。

人们对忍受永久损失的忧虑，往往是因为把完全竞争的一些不相干的方面和资源的最适度利用等同起来了

许多人对本章分析的另一个方面觉得很不安，这就是，只要遵循这条“规则”，就得在一个生产单位或一种工业中若无其事地安然忍受永久的净损失。凡是在资本主义社会成长起来的人都会“本能地”感到，当支出大于收入时，事情有点不对头，应当想办法对付它。关于这条“规则”的道理和从资源最适度利用来证明它的正当性，不论它带来利润或损失，已经谈得够多了。在下一章，这个问题要以另一种形式再度出现。这里我们只能够说，这不过是一种不合逻辑的（虽则是容易理解的）心情，从资本主义经济移转到统制经济来的，在前一种经济中，它完全是合理的，而在后一种

经济中,它简直是不相干的。

这种移转是在两个平面上进行。在低一级的水平上,它单纯是根据个人对保持偿付能力的关心,这自然支配着每一个生意人对他的业务的经营管理。当所考虑的目的不是任何个人或集团或企业的利润或偿付能力而是社会资源的最适度利用时,它就是不相干的了。

在高一级的平面上,它是根据完全竞争与资源最适度利用的**混同**,而没有认识到,它仅仅是实现资源最适度利用的**一个方法**,这在某种技术的生产条件下是可能的。于是一切完全竞争的征兆都被误认为是资源最适度利用的条件。完全竞争的一个征兆是没有亏损,因而这被认为是资源最适度利用的一个条件。在这个平面上,超额利润也由于同样原因而变成了清规戒律,这就促使人们提出一条规则,使 $p = ac$。这种演绎法是站不住脚的,因为资源最适度利用和完全竞争并**不**相同。在技术上不可能再出现完全竞争的一切征兆的条件下,它靠这条“规则”的应用是能够实现的。的确,正是由于这种不可能性,完全竞争才往往要自行毁灭,从而资源只能通过这条“规则”的应用来达到最适度的利用,而这条“规则”是靠集体机构或靠用政府补助支持的**反投机**来人为地保持完全竞争才得到应用的。

第十七章　固定要素

（企业均衡，长期与短期）

在第十五章，我们讨论了不可分性的影响，并且看到不可分性是怎样推翻了比例性原则的（这是说，所有要素与产品按同样比例改变就能引起产量的变动）。这种不可分性妨害了不可分要素的适当调整，结果它对其他要素的比例变得“太大”了。我们曾经看到，在完全竞争的条件下，这造成成本的渐减，渐减成本又导致企业的扩充与完全竞争条件的破坏。于是资源的最适度利用只能靠遵循这条“规则”的集体机构来实现，而不依赖于完全竞争的条件，或者靠用政府补助支持的**反投机**人为地保持完全竞争来实现。

一　不可分要素也许会太少

在这一章，我们要考虑对比例性原则的干涉，它是从相反方向起作用的。当可分要素增加到足够的数量从而把不可分要素的虚 *vmp* 提高到它的价格**以上**时，这种情形是会发生的。在不可分要素的 *vmp* 恰和它的价格相等的一点，我们得到各要素间的最适度比例和（如果是完全竞争的话）不变的成本。现在产量的任何增加（靠增加可分要素取得的）将会使不可分要素的比例变得**相对太**

小。它的虚 *vmp* 将会提高到它的价格以上，这表明，要达到各要素间的最适度比例，不可分要素就得增加少许来保持原来的比例，因为各要素的相对价格不会发生变化。然而由于不可分性的关系，这是不可能的，而使用一整批不可分要素也是没有根据的。

这会造成渐增的成本，在完全竞争的情形下，这家企业要么赚得超额利润，要么减少产量是合算的

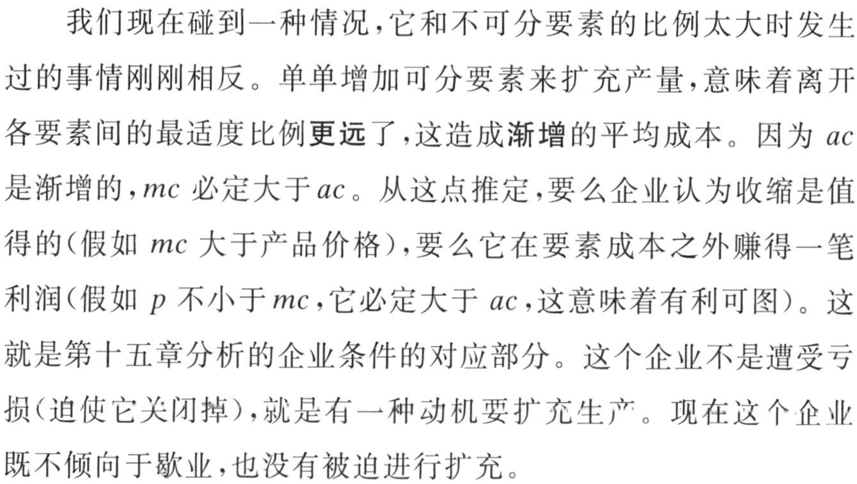

我们现在碰到一种情况，它和不可分要素的比例太大时发生过的事情刚刚相反。单单增加可分要素来扩充产量，意味着离开各要素间的最适度比例**更远**了，这造成**渐增**的平均成本。因为 *ac* 是渐增的，*mc* 必定大于 *ac*。从这点推定，要么企业认为收缩是值得的（假如 *mc* 大于产品价格），要么它在要素成本之外赚得一笔利润（假如 *p* 不小于 *mc*，它必定大于 *ac*，这意味着有利可图）。这就是第十五章分析的企业条件的对应部分。这个企业不是遭受亏损（迫使它关闭掉），就是有一种动机要扩充生产。现在这个企业既不倾向于歇业，也没有被迫进行扩充。

因此完全竞争看来好像稳定，然而这只是在有限范围内才是不错的

完全竞争并没有受到威胁。甚至没有扩充或联合的间接动机，而这在完全可分性和不变成本下却是存在的。企业不得扩充，

因为它是在**渐增成本**的支配之下。任何企业相对它的竞争者来说实行扩充,都不会得到好处,像一不可分要素过多的时候那样,甚至不会处于同等地位,像有完全可分性的时候那样,它反而要遭受损害。这样,完全竞争既不会被强制扩充所摧毁,也不会陷于一种危险,即从事间接有利的扩充,而由于任何生产单位的扩充都要遭受损害的关系,它会得到保障的。完全竞争将是稳定的,甚至在非统制经济中,我们也可指望资源的最适度利用。

这样的乐观未免太早了些。它所依据的渐增成本只是在有限的范围内才是有效的。产量的增加超过某种适当程度,取得第二个单位不可分要素变得有利可图,这马上会使情况倒转过来。不可分要素的比例将是太大而不是太小(同最适度比例比较起来),于是成本将是渐减的而不是渐增的。

企业愈扩大,不可分性的意义就愈小

第二个单位不可分要素的取得使成本渐增的范围告一结束,这在产量超过成本渐增的始点增加百分之五十以前,或许是非常有利的。这是因为,当一单位不可分要素使产量比在最适度比例的一点(这是成本开始增加的地方)增加百分之五十时,这个产量只比二单位不可分要素要达到最适度比例所必需的产量少百分之二十五。取得第二个不可分单位将会大大缩小最适度比例的偏差。在产量增加一倍**以前**,第二个单位肯定是要取得的,因为一倍的产量将在两单位的情形下恰恰实现最适度的比例。

超过这一点后是另一成本渐增的范围,直到第三个单位的取得变得有利可图为止，以此类推。不同数量的不可分要素都有一最适度的比例，和这些比例相适应的各个产量之间，总是有一个成本渐增的范围，接着是一个成本渐减的范围。然而这种成本的变化很快就会变成极不重要的。当一不可分要素使用到四个单位时，成本渐增的范围或许在产量增加百分之十二点五以前就要告结束，成本渐减率也相应变小了。在产量的增加使五个不可分单位下的各要素恢复最适度比例以前，成本渐增的范围也是这样的。我们谈的是不可分性的意义随企业扩充而渐减。如果在这一点还是完全竞争的话，平均成本的上下波动就不妨忽略掉，我们仍回到报酬不随生产规模而改变的情形，正好像在完全可分性下，我们又碰到垄断性联合或扩充对完全竞争所带来的同样危险一样（除非完全竞争是由反投机或针对这个目的而采取的政府措施来加以保障）。不可分性已经变得无关紧要，在非统制经济中完全竞争的稳定性也消失了。

固定要素倾向于稳定竞争，然而要素和成本在短期内是固定的，在长期内却是可变的

如果一家企业不可能再得到若干单位不可分要素或任何其他要素，可分的或不可分的，完全竞争的稳定性就可以得到保障——限制是这种现象的实质。在短期内，情形往往是这样的。一家企业有一**固定**要素，如同它建造的一个工厂或租赁的一块土地。在相当时期内，它要么不可能多得到一些，要么不可能以满意的价格来处理它所掌握的东西。在这个时期内，固定要素就像是能够追

加另一单位以前的一单位不可分要素,企业规模将会受到限制。如果一开始就是完全竞争的话,它是会维持下去的。

在分析这种情况时,把企业成本分为两部分要方便些。一部分是付给固定要素或不能改变的要素的,不论产量发生什么变化。这叫作**固定成本**。另一部分成本是付给其他要素的,扩充产量时这些要素是要增加的,缩小产量时这些要素是要减少的。这叫作**可变成本**。

固定成本除以产量就得出平均固定成本。由于总固定成本不随产量变化而改变,所以平均固定成本总是要随产量增加而依同一比例下降,因为这样一来,总固定成本就可分布到更多单位的产量上面。就很小的产量来说,单位产品的可变成本是渐减的,因为应用到一定量固定要素的可变要素的比例是**绝对**太小了。可变要素将会提供渐增的报酬。如果可变要素增加,譬如增加百分之一,总可变成本(在完全竞争的情形下)也将增加百分之一。产品不仅增加百分之一,于是平均可变成本要随之减少。在完全竞争的情形下,生产决不会停留在这个范围,因为企业关掉或扩充生产是合算的。生产是靠增加可变要素进行扩充,于是这些要素与固定要素之间的比例将会改变,渐增报酬也就消失了。

这可用第四图来说明。*afc* 曲线表示平均固定成本,它是随产量增加而依同一比例减少的。*avc* 曲线表示平均可变成本,它在报酬渐增的第一阶段下降,随后从用 *A* 标明的产量起开始上升。*C* 点标出在固定要素上面增加可变要素所能提供的最大产量。再多增加可变要素来生产比这还多的东西的任何企图都不会有结果,要是把它推进到足够大的程度,事实上会使产量减少,这

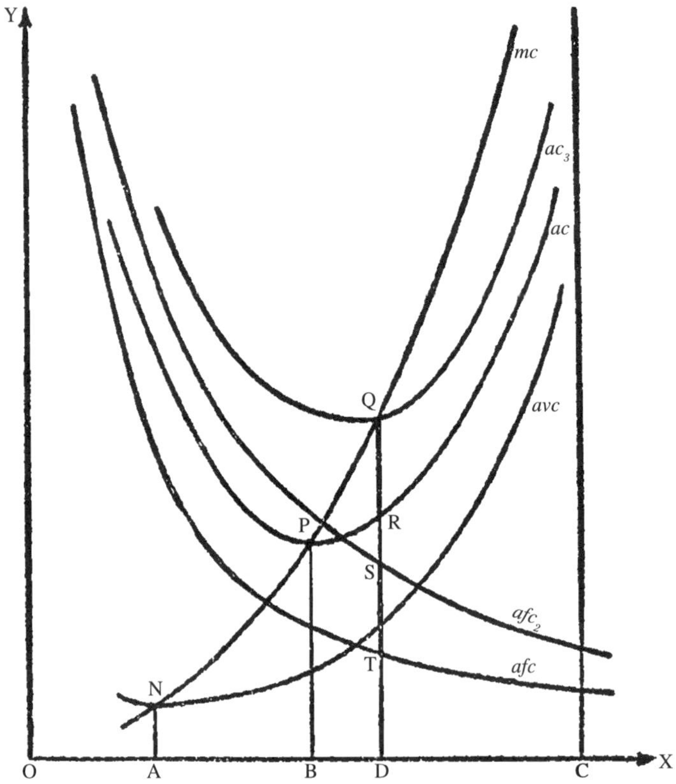

第 四 图

表明可变要素的 mp 是负量。从 A 到 C 的产量范围是和要素比例的中间范围相适应的，后者表明 mp 是正量，并且所有要素都提供渐减的报酬。

ac 曲线表示平均成本（**所有**固定的和可变的成本的平均）。它是由 afc 和 avc 相加（垂直地）得出来的。在 A 和 B 之间，afc 下降比 avc 上升要快得多，因而它不只抵消 avc 上升对 ac 的影响，所以 ac 是渐减的。过了 B 点，avc 的上涨率大于 afc 的下降率，它不只抵消 afc 的下降，所以 ac 要上升。由 mc 曲线表示的边际成本是和边际可变成本一样的，因为当产量增加一单位时，增加的总成本只包括可变成本。（固定成本当然不能改变。）

在 A 点的左方，*mc*（它等于 *mvc*）位于 *avc* 的下面，因为 *avc* 是在下降；在 A 点的右方，*mc* 位于 *avc* 的上面，因为 *avc* 是在上升。在 B 点的左方，*mc* 位于 *ac* 的下面，因为 *ac* 是在下降；在 B 点的右方，它位于 *ac* 的上面，因为 *ac* 是在上升。这是从平均—边际关系的计算推求出来的（参看第 107 页）。

企业在使其利润成为最大量（或使其亏损成为最小量）时，要调节它的产量以使 $mc = mr$。在完全竞争的情形下。$mr = ar = p$，因此企业要选择一个产量，它使 *mc* 等于产品价格。设产品价格是既定的，那么在 *mc* 曲线上企业所选择的产量就能够一望而知。价格沿直轴 OY 来衡量，在 *mc* 曲线上相应的一点决定产量，它是由这一点与直轴间的水平距离来衡量的。

我们再次看到，这排除了比 OA 为小的产量（那只能由价格低于 AN 引起），因为，只有在价格小于 *avc* 的时候，它才能使利润成为最大量（说得更确切些是使亏损成为最小量）。这就是说，销售产品的收益甚至不够抵付可变要素的成本。企业不雇佣任何这一类的要素反倒好些，即使它无法规避付给固定要素的报酬。至少它的亏损可以限于固定成本。

产量可能是在 OA 与 OC 之间的一点，视价格而定，虽然使企业认为值得把产量扩充到非常接近绝对的物质限度需要极高的价格，这个绝对的物质限度表现在它接近 OC 产量时 *mc* 上升到很高程度的情形。就 OA 与 OB 之间的产量（那只能是价格大于 AN 而小于 BP 的结果）来说，*ac* 要大于 *mc*，因而也大于价格（它

必定等于 *mc*)。这意味着企业在遭受亏损,然而销货的收益要大于可变要素的成本,因为 *p*——价格或销货的平均收益——要大于平均可变成本 *avc*。还有一些东西留下来,这是高于可变成本的**毛**利。不错,它不够抵付固定成本。那就是为什么会有**净**损失的缘故。但是,如果提供任何一个产量,它不是使 $p(=mr)=mc$ 的产量,那么净损失还要大些。要是停止生产,亏损等于**全部**固定成本,就得不到抵补一部分固定成本的毛利这个好处了。在 *OB* 产量(这是由 *BP* 价格引起的),毛利等于固定成本,因而没有净损失和净利润。在 *OB* 与 *OC* 之间的产量(那只能由大于 *BP* 的价格引起),可以提供高于固定成本的**净**利润。在所有情形下,企业产量都是确定的,不会有破坏完全竞争的趋势。

平均成本对于努力追求最大量利润的企业的产量是不起作用的

在前面的分析中,平均成本是不起作用的。它并不决定企业是否要进行生产或应提供多么大的产量。它仅仅帮助我们计算出,一家企业在生产中是否赚到足够多的钱来抵付固定成本。

造成这种情形的原因是,固定成本在经济上是不相干的。它们发生在过去,并不包括现在生产所涉及的新牺牲。它们不是生产的 *msc* 的一部分。只有可变要素才代表为了这种生产而从其他生产撤出的资源。因此,在完全竞争的情形下,使 *msb* 和 *msc* 相等的资源最适度利用是靠私人企业家实现的,在这种场合,固定成本对于产量的决定自然不起作用。由于同样原因,它对于集体机构遵循这条“规则”来达到最适度状态来说也是不起作用的。

但是在长期内，企业数目的调整倾向于使价格等于最低平均成本

当我们考察一个相当长的时期，在这个时期内，新企业可以获取或创建固定要素，旧企业可以耗尽或摆脱固定要素，情形就不同了。那时候 *ac* 曲线变得很重要，特别是这条曲线上的最低点（在第四图中用 *P* 标出的），即 *mc* 曲线穿过它的地方。如果价格大于 *BP*，则使利润成为最大量的产量大于 *OB*，*p*（它和 *mc* 相等）大于 *ac*，企业可以赚到净利润。这将诱使其他人也这样做，于是企业数目将会增加。这就使产量增加，价格下降，但是，只要在加入这种工业所需的一切成本（这些成本包括生意人的正常报酬，资本的正常利息等）之外还可得到一些净利润，新企业就会继续加入，直到 *p* 下跌到 *BP* 和超额利润消失为止。同样，在这种工业中已经开办的企业多获取一些这样的固定要素并增加它们的工厂数目直到超额利润消失为止也是合算的。

同样现象也会在另一方向出现。如果价格小于 *BP*，则选定的产量小于 *OB*，*p*（它和 *mc* 相等）小于 *ac*，于是有净损失。高于可变成本的毛利不够抵付固定成本。现在这种工业不会有新企业加入，已开办的企业也不要追加新的固定要素。相反，现有企业在固定要素耗尽时是不会重置的，在租约期满时是不会续订的。结果，这种工业的产量将会下降，价格将会上涨直到它和 *BP* 相等为止。

这是因为在长期内没有固定要素，因而各要素间的最适度比例是能够达到的

P 代表每个工厂在长期内倾向于达到的位置。它表示**最低平均成本**，而且是和固定要素与可变要素间的最适度比例相适应的一点。它是在长期内达到的，因为在长期内固定要素就不再是固定的，而是恰和其他要素一样是可变的。最适度比例取决于各要素的相对价格，第四图也表明了这一点，从那张图可以看到，如果固定要素是比较大的，则 *afc* 也比较高些、陡些，*ac* 曲线也要相应地比较高些。*avc* 曲线像 *afc* 曲线下降时一样陡地开始上升的一点，要更移向右方。这是渐增的平均可变成本刚好抵消渐减的平均固定成本并开始此后者对 *ac* 发生更大影响的一点。在这一点，*ac* 达到最低限度并和 *mc* 曲线相交。这一切意味着，最适度比例的一点要更移向右方，它表明，固定要素的费用愈大，在长期内，与它的一定数量相配合而更多使用一些其他要素和提供更大一些的产量，是合算的。在长期内，因固定要素而产生的竞争的稳定性也一并消失了。

所以在长期内，因固定要素而产生的竞争的稳定性也一并消失了

因此**在长期内**，*ac* 曲线，尤其它的最低点 *P*，变成图形的最重要部分。设一切要素的价格和最有效的工厂或“固定”要素（它在

长期内不是真正固定的）的大小为已知，则最适度产量 *OB* 和最适度价格 *BP*（它和 *ac* 与 *mc* 两者都相等）是确定的。但是现在固定要素至多不过是一不可分要素，它不再是维持竞争的保证了。如果在 *p* 大于 *BP* 时的工业扩充全都是由新企业承担的，那就不会产生对完全竞争的威胁，然而我们已经看到，扩充也可包括现有企业所办工厂的数目的增加。于是我们的处境和在完全可分性下的处境是一样的。企业的无限扩充或它们之间的联合不会碰到障碍，因为在长期内，企业的扩充克服了不可分性。完全竞争是可能的，然而是不稳定的。

企业规模的法定最大限度能够保持完全竞争，然而它会影响效率。所以当不可分性不存在时，反投机是更可取的

假如每家企业即使在长期内也只能有一单位不可分要素，完全竞争是保卫得住的。这一点是可以依靠立法禁止企业大于一定规模的办法做到的。如果许可的规模相当大，足可利用一切技术上的生产经济，这将是满意的解决办法。要是防止企业赚取只能在规模大到足以影响价格时才能获得的那种利润，对社会只有好处，没有坏处。所有这样的收益都只是在牺牲社会上其他成员的情形下获得的，他们向强大企业购买东西要支付比较大的价钱，而向他们出卖东西却得到比较小的价钱。并且，由于偏离资源最适度利用的关系，社会也要遭受到净损失。统制经济中的政府对企业规模实行上述限制并取得纯粹的或压倒的有利结果，这种情况

是可能发生的。但在这样做时必须非常慎重，因为难于精确地说出在技术上一个企业的最适度产量是什么。一家企业经营几个工厂也许比它们分别属于几家企业能够经营得更有效率些，要把这种正当的和对社会有益的经济同其他对社会有害的私人经济（如同能够压低要素价格一类的经济）划分开来，是困难的。所以，如果可能的话，最好是用其他像反投机一类的方法来保持完全竞争，让企业扩充到它们认为是最有利的规模。我们再次看到，价格机构作出的重大贡献是让那些在现场的了解得最清楚的人们去决定最适度位置 P 在什么地方，并让那些对生产比较熟练的经理人员来调整步伐和清除不那么熟练的经理人员。

对无法增加的企业的渐减报酬能够稳定完全竞争，但是企业组织的新近发展使得这一点变得不那么重要了

如果有一种每家企业只能得到一单位的固定要素，那就会防止企业的扩充；如果相对于市场来说，这一单位提供的产量相当的小，如果各企业不曾实行联合以获取垄断的果实，那么，完全竞争将会稳定下来。我们已经看到，这可以靠政府行动来实现，但是，在有其他方法来保持完全竞争的场合，则后者是可取的。许多工业都有一种生产要素，它会**自然**地起这样的作用，于是政府用不着或者不能够对它采取行动。由于这种关系，即使在非统制经济中，我们也会碰到一种状态，它有点接近稳定性的完全竞争。

那个要素就是企业才能或带有企业性的管理，这是由个别生

意人提供的。他能够支配的营业额有一限度，如果他试图多做一些，他的效率就要降低。这是从同一报酬渐减原理——当其他要素和一定量的企业才能一并使用时对其他要素的渐减报酬——推求出来的。企业才能的特性在于它是不可多得的。企业家能够雇佣监工和经理，但是他们决不能干他所作的那种工作和作出他所做的那种决定，一部分因为他是用他自己的钱来经营的，而经理却不是（虽然这可用适当形式的赔偿来补救），然而根本上是因为，企业家作出的决定都是互相联系的，只能由一单独的个人来作出，这个人晓得正在进行的其他一切决定。所以这种决定是不能委托的，从而每家企业只能有一单位的企业才能。这就限制了它的规模，从而与工厂不同的企业有一最适度的产量，第四图同样可以用来说明这一点。任何企业增加产量超过最适度的状态 OB，由于做动作不灵的关系，效率是要降低的，这种损失要大于它在其他方面可能获得的好处，于是企业扩充受到限制，完全竞争得到稳定。

在许多工业部门中，这好像是和事实非常吻合的。**自由放任**哲学系根据一个假定，即所有工业一般地说都属于这种情形。这在过去究竟是否真实，是有问题的，在今天，它肯定是不正确的。而且，近来管理机构的科学、会计、通讯、索引工作和机械计算的进步，倾向于同市场对比起来扩大企业的最适度规模，并增加完全竞争的危险。这些发展并没有排除企业才能这个根本因素作为一个**无法增加的要素**，然而它们却使越来越多的附属事务有可能委托给别人，只有纯粹的一般的企业才能集中在公司的常务董事手里，于是这些公司能够在它们被官僚主义搞垮以前就达到更大得多的规模。

然而就经济社会的一些重要部分来说，企业规模同市场规模对比起来还很小。所以完全竞争因企业扩充或企业联合而遭到破坏的危险是不存在的。由于商会、关税这一类防止国外竞争的政治措施，妨害国内竞争的许可证或其他法律限制的关系，准垄断组织依然有获得发展的危险。但是，如果这种情形能够加以限制的话，完全竞争在这些工业中是能够保持的。要是在经济社会的其他部分，这里完全竞争是不稳定的或不可能的，使这条“规则”继续发挥作用，那么，资源的最适度利用可以实现，而无须对这些特殊工业中的私人企业进行任何干涉。

第十八章　长期与短期。地租与负地租

时期长短系相对于进行一种调整所需要的时间而言，与此相适应，固定要素与可变要素的区别也是相对的

在第十七章，我们在分析固定要素时曾经谈到长期与短期。这些时间不是绝对的，甚至不是像年、月、日那样确定的一个时期。长期与短期的区别是相对于所讨论的问题来说的。短期是不会长到可以进行某种调整的任何时期。长期是长到可以进行这种调整或者更长一些的时期。任何特殊调整所需要的实际时间可以是随便多么长久的时间，从五分钟到一世纪——它完全取决于考虑中的调整。

另一个讲法是说，有许多长短不同的时期，选定的时期愈长，能够进行调整的要素（我们称之为可变要素）的数目就愈多，不能进行调整的要素（我们称之为固定要素）的数目就愈少。选定的时期愈长，为适应任何情况变化而进行的调整就愈好。

这好像是把我们对资源最适度利用的叙述，尤其我们对实现

最适度状态的方法的叙述，弄得模糊不清了。这种模糊不清情形对于完全竞争条件下的自由私人企业和应用这条“规则”的集体机构（以及统制经济中这两者的结合）都是适用的。如果我们把这条“规则”应用到这样一种组织，它要求调整产量直到 *p* 和 *mc*（*mc* 要加以适当限制，以便使它变成 *vmf*）相等为止，那么，这种表面的模糊不清情形就显得很清楚了。

短期 *mc* 不需要小于长期 *mc*

生产任何产品的另一单位的 *mc* 取决给予的**时期**。每一不同的时期也许有一不同的 *mc*。要是给予的时间很短，增加的产品就只能靠增加少数可以在一刹那间进行调整的要素来获得。要是给予比较长一点的时间，另一不同的调整也许会更合适些。没有理由认为 *mc* 总是要有同样的数值，如果数值不一样，这条“规则”就模糊不清了。各个不同的 *mc* 当中究竟哪一个要和价格相等呢？

有人争辩说，[①]长期 *mc* 要大于短期 *mc*，因为在短期内只有可变要素是要增加的，而求得长期 *mc*，还得加上另一些固定要素的成本，这些固定要素在长期内变成了可变要素。这不一定对，只因短期的固定要素在长期内的增加，将会使那些要计算到短期 *mc* 中的可变要素少增加一些，甚至减少。反过来也可争辩说，短期 *mc* 决不会小于长期 *mc*，然而它可能大于长期 *mc*，因为它要是比

① 参看勒讷：“社会主义经济学中的静态学与动态学”，《经济学杂志》，1937 年 6 月号；“社会主义经济学的理论与实际”，《经济研究评论》，1938 年 10 月号，又参看那里提到的狄金逊与多布的文章。

较小的话，则短期调整将会在长期内继续进行下去，于是短期 *mc* 事实上变成和长期 *mc* 一样的东西。这也不一定对，因为在短期内也许有一特殊情况——譬如可变要素的价格非常低——会使短期 *mc* 变得很小，但不能指望这种情形继续到长期的调整。

如果要完全调整到某一不变的出产率，因而产量必须提到比从前为高的新平水，并指望这个产量在长时间内保持不变，那么，给予调整的时期愈长，*mc* 就愈小。在短期内，扩充产量必须完全靠增加那些可以迅速调整的要素来实现。这将导致各要素间的最适度比例的偏离，总成本要比长期增加得多些，因为在长期有更多的要素可以调整，从而可以选择一个比较便宜的方法来扩充生产。短期边际成本要**大**于长期边际成本。

如果产量要**减少**的话（也指望长时间继续下去），短期调整还是没有长期调整来得经济，因为在长期内有大量可以调整的要素可以利用。但是现在这意味着，在短期内，产量的减少使得总成本比在长期内**减**得少，因而短期边际成本要**小**于长期边际成本。

然而所有这些都是特殊的例子。随着时期的长短，*mc* 是上涨或下降或发生不规则的变动，这个问题依然没有解决。在应用这条"规则"时，要同价格进行比较的究竟是哪一个 *mc*？

依据这条"规则"要采取的适当时期是指考虑中的出产日期

幸运的是，这不是真正的模糊不清。这种模糊不清的现象是依据产品表述这条"规则"不够充分造成的，在前面我们曾经对这一点提出过批评。如果我们依据产品价格 p 和生产额外一单位产品所必需的特定要素的边际数量的价值 vmf 这两者间的关系用更适当的形式把它写出来，这种模糊不清情形就消失了。**在某一时点**(point of time)生产额外一单位产量的适当 vmf 是确切知道的。在边际上应用许多不同的要素可以做到这一点，在不同的时点应用边际要素也可取得同样结果。这条“规则”指出，凡是它的价值 vmf 小于产品价格 p 的一切要素都要应用，凡是它的价值大于 p 的一切要素都要撤出。如果我们使用这条“规则”的第一个式子，问题会变得更清楚些，我们始终认为第一个式子比较方便，它是依据进货而不是依据出货来表述的。如果我们这样做并且遵循这条“规则”的话，我们可以直接看到，哪里要使用一个要素，哪里不要使用，因为这条“规则”告诉我们，当要素的边际产品的价值 vmp 大于要素价格 pf 时就使用这些要素，当 vmp 小于 pf 时就把它们撤出。如果预期一种要素在将来任何时间提供的 vmp 大于它的价格，这种要素就应当使用；不然的话，它就不应当使用。事情就是这样。

产品增加量的边际成本在将来的不同日期是不相同的。要和将来一特定日期产品增加量的价格相等的适当 mc，就是在那一日期提供产品增加量的过程中将会发生的成本。如果在那一日期的预期价格大于这个 mc，就应当担负这种成本和提供这个产品增加量。如果预期价格小于相应的 mc，就不应当提供这个产品增加量。那一日期的产量反倒应当减少，直到预期价格再度和相应的 mc 相等为止。如果预期价格在不同的将来日期是一样的，那么适当的调整将是使不同的 mc 均等起来。如果预期价格是不一样的，那么，不同的 mc 和不同日期的产品增加量是相当的，正好像它和同一日期可以提供的不同产品是相当的一样。

最短的调整时期也许是合宜的

关于极短时期，还有一个问题。当短期边际成本容易发生巨大波动时，要让价格波动得像使它和极短时期的边际成本相等所必需的一样剧烈吗？这可以拿剧院里面或火车上面的座位做例子。只要演出时还有空座位，或者，只要火车上还有空座位，那么让某些人使用这个座位的边际成本实际上是零，因为无论如何，戏是要演出的，火车是要开行的。当所有座位一坐满，边际成本就大大地上涨。现在它必须抵付增加座位设备的成本，这也许意味着，戏要移到比较大的剧院去演出，或加开一辆客车甚至加开一列火车。

在这种情形下，为了让人们事先知道票价多少的巨大方便性，大概会牺牲依据这条“规则”进行的微小调整。戏剧上演或火车开行一旦决定后，就要把价格规定在一个水平，在这个水平上预期全部座位都将卖掉。（这个价格是否抵得上总成本或造成了亏损，对于资源的最适度利用是不相干的。）要是搞错了（这种错误是不可避免的），因而有一些座位空出来，那么把价格减低到边际成本，将会使资源得到更好的利用，如果它导致更多的人来看戏或乘车的话；然而它不会是改进办法，如果在顷刻之间减价没有得到反应的话。这就在大家知道价格的方便性这个考虑之外又对我们提供制定价格政策的另一条原则。价格变动不应当快于生产者或消费者为适应价格而进行的调整，他们是决定要买进或卖出多少的人。

物价和价格变动的唯一目的是靠这些调整来实现资源的最适度利用，所以价格变动得比最迅速的调整还快，只能造成损害。变动迅速的价格也许为害很大，即使它们的确使一些调整成为可能的，但是这里没有可以应用的原则。在决定多么经常地进行这种价格调整之前，必须把价格经常变动的害处同资源利用的改进作一比较。[①]

靠固定要素的派生价格可以调节平均成本使之符合边际成本

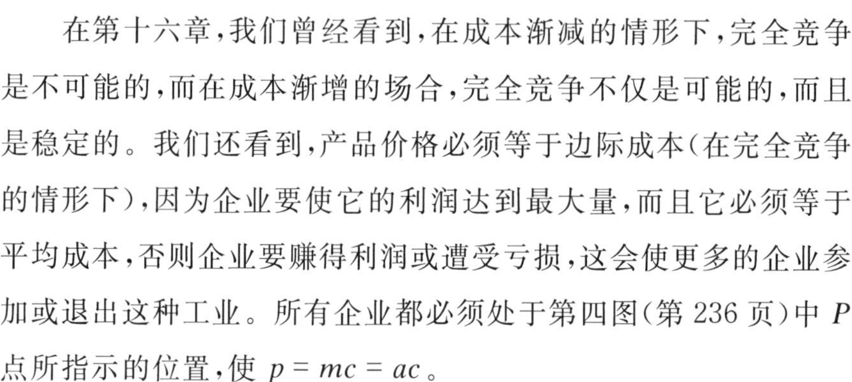

在第十六章，我们曾经看到，在成本渐减的情形下，完全竞争是不可能的，而在成本渐增的场合，完全竞争不仅是可能的，而且是稳定的。我们还看到，产品价格必须等于边际成本（在完全竞争的情形下），因为企业要使它的利润达到最大量，而且它必须等于平均成本，否则企业要赚得利润或遭受亏损，这会使更多的企业参加或退出这种工业。所有企业都必须处于第四图（第 236 页）中 P 点所指示的位置，使 $p = mc = ac$。

mc 总是要和 ac 相等的情形是有点令人莫名其妙的。为什么价格不能大于 BP（第四图）？假设在这个工业中所有适合生产一特定产品的要素都已经被雇用了，那么，价格将不会有因工业以外的竞争而下跌的危险，尽管从事这种生产的一切人都在赚得大量的利润。这时候为什么 mc 和 p 不能大于 ac？

① 关于这一点，同维克雷的讨论对我是有帮助的。

答案是，在这种情况下，企业家都赚得一笔高于要素成本的利润，他们将会竞相出价来抬高固定要素的价格（这也许是企业家自己的报酬）。他们不会竞相出价来抬高可变要素的价格，因为这些价格与其边际产品的价值已经相等，任何企业再多雇用这种要素就不合算了。然而他们将会竞相出价而把固定要素的价格抬高到利润消失为止。*afc* 曲线将会上升，*ac* 曲线也将随之上升。由于 *ac* 曲线上升，它的最低点将会停留在 *mc* 曲线上。它必定总是要停留在这条线上，因为，只要 *mc* 小于 *ac*，则 *ac* 曲线必定是在下降（即向右下方倾斜），不论什么时候，*mc* 大于 *ac*，它必定是在上升（即向右上方倾斜）。*ac* 曲线将继续上升，一直到它全部高于水平的价格线（这表示比较高的产品价格），它的最低点刚好在它和 *mc* 曲线相交的地方与这条线相切为止。这一点（第四图中的 *Q* 点），恰和 *P* 点一样，表明 $p = mc = ac$，并且 *dc* 具有极小值。固定要素所有主收入的增加，是由 *afc* 和 *ac* 曲线提高的程度来表示的。（它们自然要增加同一数额，因为 *avc* 曲线没有变化，这条曲线是 *ac* 曲线的另一个组成部分。）对于任何产量来说，新 *ac* 曲线超过旧 *ac* 曲线的高度（这和 *afc* 提高的程度相同）和这一产量的乘积可以衡量固定要素所有主增加的收入。在第四图中，这可以从垂直距离 *RQ*（它等于 *TS*）乘以产量 *OD* 看出来。

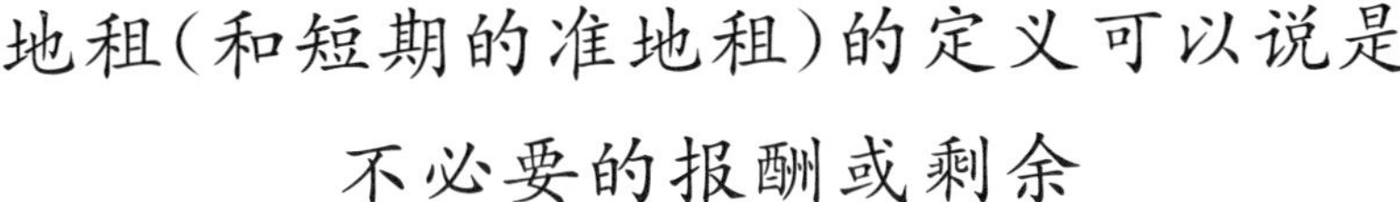

地租（和短期的准地租）的定义可以说是不必要的报酬或剩余

由此可见，固定要素的额外收入是它在产品需求增加时能够据为己有的一种剩余。付给可变要素的报酬几乎稳定在以前的水平，尽管产品需求增加了，因为，只要固定要素不能够增加，它们的需求就不会有大量的增长。无论如何，付给它们的价格不能超过它们在另一些行业的所得，否则要素就会为了追求更高的报酬而流出另一些行业，而这些要素间的竞争将会稳定可变要素的价格。

人们一直把固定要素的收入同土地的地租类比而称之为**地租**，根据定义，土地即使在长期内也是一种固定要素。然而许多要素只在短期内才是固定的，所以从长期观点来看，付给它们的报酬并不像是地租。因而这种报酬一直叫作**准地租**，用来表明局部的类似性质。

作为一种报酬，地租的显著特征在于，它对于取得这种报酬的要素可以让人利用来说是**不必要的**。要素不是永久固定的，如同土地，就是暂时固定的，如同我们认为只在短期内才是固定的要素，不论付给它们的报酬是多么微小，它们总是可以让人利用的。既然是固定的，如果不付给它们的所有主认为是使用它们所应付的适当数额，它们也不能撤出而用于其他用途。它们必须在偿付其他可变要素——其数额是使它们在需要它们的特定地方进行生产所必需的——以后获得剩余的部分。付给可变要素的报酬必定是它们在另一些行业能够获得的，否则它们将会转到这些行业来。固定要素不发生这样的威胁，所以它们必须满足于偿付可变要素以后的剩余部分。

地租可能多也可能少

这对于固定要素来说并不总是糟糕的。它也许意味着，在剩余很少的时候，它们得到的报酬就很少，但在偿付可变要素以后剩余很多的时候，它们得到的报酬也可能很多。固定要素报酬的显著特征，不在于数量，它可能很大，也可能很小，而在于这个事实，即它是支付其他要素的报酬以后留下的**余额**或**剩余**，而付给其他要素的报酬是使它们可以让人利用所**必需的**。固定要素的报酬在这个意义上是**不必需的**，这就是，即使付给它们的报酬少得多，甚或实际上不给它们报酬，它们依然可以在它们偶尔被雇用的地方加以利用并且能够在它们成为“固定要素”的短期内继续使用。

这就产生若干有趣的问题。第一个问题是，“如果这些支付是不必要的，为什么还要支付它们呢？”为什么雇用这些要素的人、集体机构的经理人员或力图赚取最大限度利润的私人企业家，不把他们的支付减到一个**是**使它们可以让人利用所必需的最低额呢？

什么是“必要”报酬，取决于划定的范围，它形成人们所采取的观点

不确定我们正在考察的**观点**，我们就不能够说，在付给固定要素的报酬中哪一部分是不必要的或是由**剩余**构成的。这就是，我们必须在经济中划定一个范围，然后考虑必须支付一种要素多少报酬，使它在划定的范围内可以让人利用。这个报酬究竟是多少，

要取决于我们这样划定的范围。从一个范围的观点来看,一种要素也许是固定的,而从另一个范围的观点来看,它也许是可变的。我们还会发现,对我们的目的来说,我们对固定要素和可变要素所作的区别不是十分合适的,因为,要是我们希望依据各种不同的观点来找出在各种要素的报酬中哪一部分是**剩余或不必要的报酬**,那么,它并不恰是我们必须作出的那种区别。这些问题的分类是有趣的,也是重要的,因为没有这种分类,我们决不能正确理解那些应当支配政府对经济过程的多种干涉的合理原则。这对研究赋税的性质和影响特别重要。我们将会看到,一切赋税都倾向于由这里所说的意义上的**剩余**来负担,如果认识不到这一点,那么,对经济的任何其他部分收入征课赋税的企图都会对经济造成很大的损害。

从一家企业的观点来看,剩余是不存在的

如果我们把一单独的企业划为经济的一部分,为的是弄明白,付给这家企业雇用的生产要素的报酬当中是不是有一些属于**剩余**性质或者是不是必要的,那么,我们将会发觉这样的报酬是不存在的。一个生意人支付一种要素的报酬大于他必须支付的,这是非常罕见的事,所以我们不妨把这样的报酬看作是正常经济活动过程以外的礼物。从企业的观点来看,一切报酬都是必要的,并无剩余。

观点愈广阔，
表现为剩余的那部分报酬就愈大

如果我们拿一组相同的企业像经常所说的“工业”来看，我们可能发觉，作为一组来说，它们对其雇用的一些要素支付的报酬要大于这个工业真正必须支付的。一些要素的所得多于它们要是必须在这个工业以外寻求就业时能够赚到的。即使价格再低些，它们也愿意留在这个工业里。但是它们能够得到高于它们的最低要求的报酬，因为这一工业的各个企业是要彼此竞争的。从这家企业的观点来看，付给要素的报酬是必要的，因为，如果这家企业不这样偿付，要素会转到这个工业范围内的另一家企业去。正是一个工业范围内各企业之间的这种竞争，使得一固定要素(必要时它实际上会无偿地工作)能够占有因需求增加而产生的全部剩余。企业家或集体机构的经理人员的竞争抬高固定要素的价格，直到它们吞噬了总产品价值大于其他要素价格的超过部分为止。只要固定要素不会吞噬掉全部剩余，那就有利可图了。企业要试图扩充生产、经理人员要试图增加他们个人的产量，从而固定要素的价格将继续上涨。

如果这个工业结合成为一个垄断组织，它就能够使固定要素实际上一无所得，而把剩余据为己有。那时候，这个工业变成一家企业(尽管它的垄断手法伪装成商会一类机构所规定的政策)，从而剩余也就消失了。

剩余的再分配并不影响资源的最适度利用

要记得，企业或集体机构的剩余支出并不会干涉资源的最适度利用。相反的，它是应用这条“规则”或完全竞争条件的自然结果，这些条件导致资源最适度的利用。如果垄断的形成仅只使剩余不付给固定要素，而不干涉生产的任何其他方面，那么，它是不会干涉资源最适度利用的。那只会有收入分配的不同。（这是就自由企业说的，在集体机构的场合，它或许仅只意味着，在一种情形下，那样的剩余不付给属于政府的要素而缴入国库，在另一种情形下，它不付给牟利的经理人员而缴入国库。）所有产品的价格依然等于边际成本（它总是用可变要素来衡量的，因为只有这些要素才能在边际上予以变更），每种要素的价格依然等于它的 *vmp*（这适用于可变要素，我们已经看到，固定要素的边际产品要引起特殊问题），因而资源还是会得到最适度的利用。

然而垄断组织只限于这种对社会无害的从固定要素转移到垄断资本家的剩余再分配，是最不可能的。它几乎肯定要从事其他活动来追求最大量的利润，这就会造成资源最适度利用的偏离，接着是完全竞争的偏离。

工业的定义是非常任意的，像我们最初把它叫作企业的集合所显示的那样。对它下个广泛的定义是包括许多企业，下个狭隘的定义是包括极少数企业。工业的定义愈广，那意味着为我们的研究目的而划定的经济范围愈大，要素报酬带有**剩余**性质的部分就愈多。这是因为，要素在划定的范围**以外**寻求就业的机会愈少，从而对要素的报酬大于诱使它留在划定范围所必需的最低额的超过部分就愈大。

由于工业定义的广度是任意的，所以我们随意对它下个广泛的定义是没有什么障碍的。最广泛的定义是使它同整个经济符合一致而把**一切东西**都包括在工业以内。这样，任何要素的报酬高于社会利用它所必需的部分都属于**剩余**性质。从社会观点来看，这个超过部分是不必要的报酬。没有这种报酬，要素依然可以为社会服务。

土地地租是一种极限情形

在这个范畴中最明显的突出项目，是使用土地的报酬。不论对地主支付多么少，土地依然在那里供社会使用，所以从社会观点来看，全部地租都是**剩余**。由此得出的必然结果是，对土地地租征收的赋税，甚至高到百分之百，也不会干涉资源的利用。它只不过剥夺了地主的收入。

记住下面这一点是重要的，即就这个目的来说，土地只包括土地的固有性质，而不包括靠人们的努力或活动而产生的地质，要是人们停止努力的话，这种地质就得不到了。如果对这种地质也要征税的话，努力或许变成无利可图的，这就会干涉资源的最适度利用。只有征自土地本身——在要素的专门的经济意义上，从整个社会的观点来看时它的供给是固定的——我们才能够说，就提供这种劳务的目的而论，为使用它们而支付的全部报酬都是“不必要的”。然而这种报酬还是要支付，因为从支付报酬的个别企业或经理人员的观点来看它**是**必要的。如果企业主或国有企业的经理人员不支付报酬的话，他就不能使用土地。

从社会观点来看，几乎在一切报酬中都可找到一些剩余

所以，从社会观点来看，对供给固定不变的要素的全部报酬都是不必要的。这不仅是指土地，而且是指一切已经生产出来的制造品和生产工具，不论对其所有主是不是支付报酬，它们总是在那里供人使用的，还有一切个人的劳务，即使削减这些劳务的报酬，它们还是要继续提供的。有许多这一类的劳务，甚至有一些重要的事例，在这些事例中，如果它们的报酬减低，供给事实上反会**增加**。农夫要生产更多的粮食，因为价格低，所以他要多生产，以便能够获取足够多的钱来支付农场的抵押贷款，这是我们大家都熟悉的。如果每小时工资减少的话，工人就要工作更长的时间，为的是必须挣到足够多的钱才能糊口。

一个工业的渐增成本，如果它是由于相对少产的要素离开其他工业的运动，会产生地租，如果它是由于减产了的另一种产品的价格比较高，就不会产生地租

其次，我们必须注意的事情是，我们不能为这个目的而在固定要素与可变要素间划一条严格的界线，尽管我们决定了范围的划

分,并从这个观点来考察使用一种要素所支付的报酬是不是必要的。这是因为,有一些报酬可能是必要的,而另一些报酬却可能是不必要的,或属于剩余性质。在一定价格下,可以获得一种要素的一定数量,而在比较高的价格下,则可获得一个不同的数量。一个比较高的价格通常会带来更大量的要素。如果不把供给分裂成一些不同的单位,并且问明每个单位至少要多少报酬才能使它在划定的范围内得到利用,我们就不能够说,对要素支付多么大的报酬是必要的。一些单位根本不会得到剩余。的确,为了把这些单位弄到划定的范围,那就得提高所有其他单位的价格。还有一些单位即使报酬大大削减也利用得到,或者,一些单位甚至根本没有报酬也是可以利用的。为了在划定的范围内把要素增加到想望中的数量而对供给的一切单位支付越来越高的报酬所具备的必要性,乃是一个工业因生产更多产品而边际成本上升的主要原因之一。

一种产品的需求增加会提高用来制造这种产品的要素的需求,并促使它们的价格上涨到另外一些要素被吸引到这一部门所必需的程度(或额外需求因产品的成本与价格提高而被压抑住了)。如果所有各种要素都可依同样条件多获得一些的话,它们的相对价格就不会发生什么变化,它们在生产中配合的比例也不会有多大的变动。但若一些要素难于增加,则扩大产量的大部分负担就要落到与相对固定的要素协同进行生产的其他要素身上。于是因获得可利用的要素的另外一些单位,产品的 *mc* 可能迅速上升。成本渐增是由于两种不同的影响。首先是要吸引更多要素到这个工业来,而对要素支付更高的价格。这将抬高所有各单位要素的价格,包括以前在比较低的价格下已经加入那个工业的要素。

从这个工业的观点来看,这些要素的报酬增加,将会提高它们的地租或剩余。其次,增加的要素,相对其供给不能扩大的要素来说,要依更大的比例来使用。增加的要素的边际产品将会下降,产品的 *mc* 将会上升,尽管要素价格——它们的数量已经增加——没有上涨。促使 *mc* 上升的这个因素属于第四图所描述的一种,它表明,把更多的其他可变要素增加到一个或一个以上的固定要素来扩大生产时,*mc* 是要上升的。

mc 大于 *ac* 的超过部分被地租吞噬掉了

因此,产品价格是随 *mc* 上升而上涨的。(或许说得更确切些,*mc* 是随产量扩大而上升的,产量扩大是要在比较高的价格下满足更大量的需求。)于是 *mc*(它等于产品价格)要大于 *ac*。*mc*(或价格)大于 *ac* 的超过部分意味着剩余因素是存在的,由于企业家争夺剩余的结果,相对固定的要素能够把它据为己有。*mc* 大于 *ac* 的超过部分(它是这种渐增成本的结果)就被固定要素作为地租而吞噬掉了。我们已经看到,在这种情形下,纯粹竞争的条件是会保持的,因而不妨这样说,固定要素吞噬这部分剩余,对社会起了有益的作用,因为它拿走了利润,否则这种利润会促使太多的人加入这个工业,以致把价格压低到 *mc* 以下,从而造成资源的配置不当。

ac 大于 *mc* 的超过部分，像一不可分要素过多的时候那样，会引起负地租。这种情形使得完全竞争成为不可能的

在成本渐减的情形下，*mc* 下降到 *ac* **以下**，从而我们现在得到的是**亏损**，而不是剩余，这种剩余是任何固定要素所有主都喜欢占有的，他甚至不保证在占有剩余时对社会提供一些服务。没有人要承担这种亏损或**负量**的地租或剩余，于是，除非国家准备对工业实行贴补来承担这部分负量的剩余，否则没有可能实现资源的理想利用。要是国家不搞这种活动，渐减成本将会导致垄断和垄断带来的资源最适度利用的偏离。完全竞争的条件意味着正量的地租或剩余。

同样分析对时间的观点是适用的

剩余的大小不仅取决于空间的经济范围，它是用作范围的划分的，而且也取决于**时间**的范围的划分。这就是，它取决于我们正在考虑的是短期或长期。如果我们采取短期观点，我们就可以认为一切制造品的供给都是固定的，因为那时候我们无须考虑现有供给消耗完时将会发生什么事情，这是个长期问题。所以付给它们的全部报酬都是**剩余**或从社会观点来看是不必要的。

同短期更加符合一致的是广阔的观点而不是狭隘的观点，把短期叫作“目光短浅”的观点要更好些

这或许看来有点离奇，因为与长期大不相同的短期观点意味着比较狭隘的观点，于是人们或许以为，它更像是和一个工业的狭隘定义相符合的观点，结果是要素报酬中只有较小部分表现为**剩余**。但是情形刚好相反。

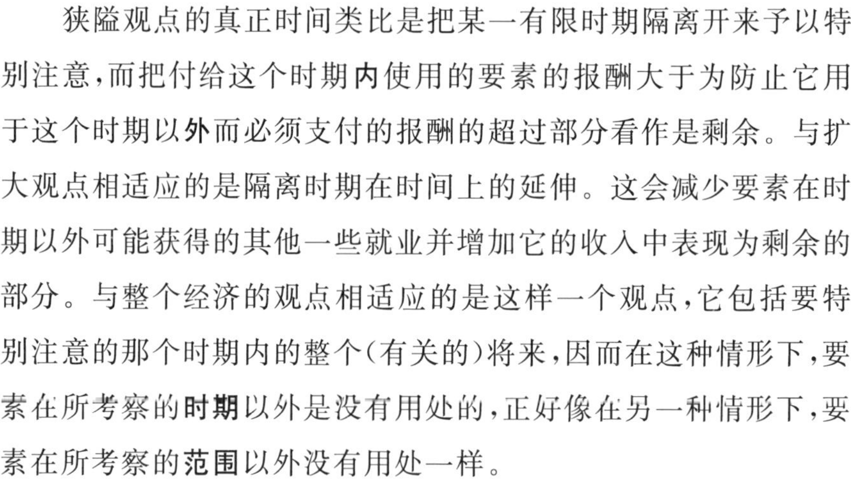

狭隘观点的真正时间类比是把某一有限时期隔离开来予以特别注意，而把付给这个时期**内**使用的要素的报酬大于为防止它用于这个时期以**外**而必须支付的报酬的超过部分看作是剩余。与扩大观点相适应的是隔离时期在时间上的延伸。这会减少要素在时期以外可能获得的其他一些就业并增加它的收入中表现为剩余的部分。与整个经济的观点相适应的是这样一个观点，它包括要特别注意的那个时期内的整个（有关的）将来，因而在这种情形下，要素在所考察的**时期**以外是没有用处的，正好像在另一种情形下，要素在所考察的**范围**以外没有用处一样。

然而短期观点并没有挑选一个要特别注意的短期——这的确是使我们能够考察在短期以内和以外使用要素的代替办法的一个步骤。它倒是要假设，一个短期包括要考察的整个将来，因而在短期以外就无所谓了。或许把它称为目光短浅的观点要好些，这个观点把眼界缩小到这样，即看不到要素在短期以外还可能有什么用处。因此，它实在是一个“广阔”的观点，它完全忽视要素挣得收

入的任何其他机会，从而使它们的所得中表现为剩余的部分达到最大量。

长期观点是目光比较远大的观点，它的眼界许可人们考察在短期以外使用要素的可能性。在提供这种可能性时，它是比较不彻底的，因而是"比较狭隘的"，并减少所得中表现为剩余的部分。

把远大的眼界同极长期的观点结合起来当然是可能的。这像短期观点一样也会排除要素在其他时期的代替用法。但这不是由于目光短浅，而是由于对所看到的整个将来时期考虑一个目光远大的计划。然而，这不是通常所说的长期观点。[①]

① 最后这几段几乎是一字不改地引自我的一篇文章："从庸俗政治经济学到庸俗马克思主义"，《政治经济学杂志》，1939 年 8 月号，第 563 页脚注。

第十九章　剩余与赋税

到现在为止，我们只考察了生产要素的**卖主**所获得的**剩余**。这是所获得的货币报酬超出使生产要素弄到它的实际用途所必需的部分。这是相对于要采取的观点来说的，这个观点可能是广阔的，也可能是狭隘的。如果我们采取狭隘观点，把实际用途解释为使用这种要素的企业内的用途，它通常是不会有任何剩余的，因为企业支付的报酬不会大于它必须支付的。如果我们采取比较广阔的观点，把实际用途解释为工业内的用途，那么，付给要素的报酬大于所有主宁愿接受（而不愿脱离这个工业）的报酬的超过部分，就会表现为剩余。后者可能远远低于工业内部各个不同企业间的竞争使要素能够获得的实际报酬。要是我们对工业下个更广泛的定义，则要素在工业以外的另一些就业机会就要进一步减少，它的实际报酬就有更大一部分要成为**剩余**。划分的范围——现在我们把它叫作要素的用途——可能用许多不同的方法来加以扩大。"工业"可能扩大使之包括类似的产品或竞争的产品或使用同样原料或技术的产品的生产。它可能在纯粹地理的基础上加以扩大，以便包括一城、一州、一国、一个地区或一个大陆以内的一切经济活动。不论怎样，划分的范围每扩大一次，要素的另一些就业机会就倾向于进一步缩减，要使它在范围以内而不到范围以外从事生产所必需的最低额会更小些，剩余或实际报酬大于这个必需的最低额的超过部分会更大些。

在空间和时间上，范围都是可以扩充的，可能有必要给要素所有主一定数量的金钱，使它现在可以在一个工业中使用，因为，如果现在不使用它的语，它在下个月就用得着了。所以，为**现在**使用它而支付的报酬必须大到足以使人觉得不值得等到下一个月。它在下个月的用途是在划分的范围以外的另一种工作。如果划分的范围扩大到包括要素在下个月的用途（比如说，如果把划分的范围扩大使之包括要素在这个工业今后十年的用途），那么这个可能的代替办法就不能利用了，付给要素所有主的更大一部分报酬就要成为**剩余**。

剩余也适用于买主，在这种情形下，它取决于划分的范围，买主是从这个范围买来的

这全部分析可以依照完全对称的方式应用到任何物品的**买主**方面。当一个人购买某种东西的时候，他对这宗货物必须支付的价格小于他愿意支付的价格，在这个意义上他也许获得一些剩余。剩余的数量还是取决于划分的范围，虽然这一次划分的范围系代表他购买的范围，而不是代表他卖出的范围。如果这个范围从狭隘观点来看只包括一家企业的话，通常剩余是不会发生的。他能按照同样的价格从另一个卖主那里买到同样的东西，他能够从他实际购买的那家企业买到这种东西，所以这当中是不会有剩余的。由于划分的范围扩大到包括其他可能的供给来源，按照同样的甚

至更高的价格购买同样东西的可能性就变得越来越小，于是剩余就产生了，而且变得越来越大。范围进一步扩大，使之包括购买这宗货物的代替品的可能性，就会使这宗货物的购买变得越来越重要，剩余将会继续增长。范围也能在时间上加以扩大，正好像卖主的范围能够扩大一样，每一次扩大都倾向于使剩余数量显得更大些。

一切赋税都是向剩余稽征的

就这里阐述的意义说，一切赋税都落在剩余上。这是因为，只有全部赋税都取之于剩余，要征税的交易才会继续进行下去。如果赋税大于剩余，交易就要遭受净损失，人们将不会从事这种交易了。

我们已经看到，任何交易所包括的剩余数量要取决于划分的范围。适当划分的范围就是要征税的范围。如果赋税是向没有剩余的一单独企业的买卖稽征的，那么，由于同样东西可以买自或卖给不缴税的其他企业，所以征税的唯一结果是使这家企业陷于破产。税是收不到的。这家企业的买主或卖主会在别的地方买到，而且对他们没有什么不方便。

如果按同样价格向其他企业购买或向它们销售有点不方便的话，有关个人可能遭受一些损失，然而那只是由于这家企业不会充分利用它享有的可能性。它实际上能够索取相当高的价格或支付相当低的价格，从而几乎抵消同它做买卖的全部利益来把全部差额攫为己有。

企业本身因征税关系会遭受到损失，因为对它来说赋税是在广泛的基础上征收的，划分的范围涉及一切活动，这就使它不能不缴税。如果企业在划分的范围以内而不是在范围以外从事买卖，这样赚到的剩余大于税额，那么它将要承担（即支付）全部赋税，并像从前一样继续经营下去（除非税额取决于企业的经营方法或营业额，这时它力图把牺牲减到最小限度因而要进行一些调整）。

如果只是在剩余至少和赋税一样大的场合才征税的话，它不致干涉经济的运行。以前一切有价值的交易依然是有价值的，虽然利益没有那么大了。唯一结果是纳税人的收入要减少，其数额等于赋税，可以设想，这正是赋税打算实现的目标，所以从社会一般人的观点来看一切都完全满意（虽然纳税人很可能认为挑选他来担负这个义务是不公平的）。

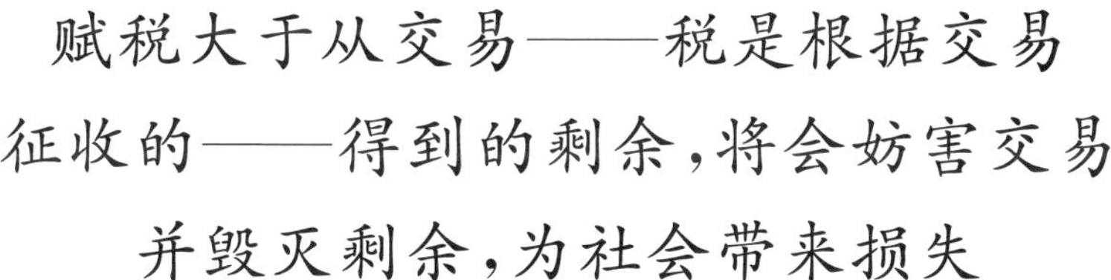

赋税大于从交易——税是根据交易征收的——得到的剩余，将会妨害交易并毁灭剩余，为社会带来损失

然而只有在剩余大于税额的场合才对交易征税，实际上是不可能的。有些人没有赚到这么多的剩余，也要缴税。这些人宁肯抛弃他们正在获得的剩余。不论什么时候发生这种情形，社会就要遭受一种净损失。这样抛弃的剩余是有关人们的损失，而政府却得不到任何收益来抵消它，因为没有收到税。税是从赚得的剩余等于或大于税额的人们征收来的，凡是不够缴税的剩余都毁灭掉了。在赋税没有仔细加以管理从而使它只向剩余征收的地方，

正是这种毁灭构成赋税的危害。

赋税可以由买主和卖主共同负担。当他们的剩余总额大于赋税时，交易将会继续进行，剩余不致被毁灭掉。赋税甚至可以由许多人来分担。缴税物品的买主也许能够把一部分税转嫁给那些买主，他们购买他用这种物品所制成的产品（如果他的竞争者也不得不抬高他们的价格的话）；卖主也许能够把一部分税转嫁给一些人们，他是向这些人购买要素并使用这些要素来制造缴税物品的（如果他的竞争者也不得不降低他们付给这些要素的价格的话）。然而只有在剩余总额大于赋税的场合，交易和剩余的生产才会继续进行。要是从应征税的活动获得的剩余总额小于税额，这种活动就会停止，赋税就会把剩余毁灭掉。

主张土地税的人强调土地地租的“剩余”性质，他们基本上是正确的

从这里得出的教训是，只有直接由剩余负担的税才应当稽征，它不致对社会造成此项净损失。（这就是说，除非赋税的真正目的是要取缔这种活动本身。）这是主张土地税的人的观念，他们指出，对土地征收的税是完全由剩余负担的，因而它对经济造成的损害最小，同时指出，至少在全部地租征收完毕以前不应当征收其他赋税，可是人们发现这一点做得还不够。对土地（就土地原有不灭的能力这个经济意义讲）纯地租征收的税总是要全部由剩余负担的，决不会干涉资源的利用或把剩余毁灭掉，而对交易征收的任何种税都会产生这种情形。

幸运的是，我们发展了另一种形式的赋税，在使它所毁灭的剩余成为最小量方面，它甚至比土地税还要好些。不错，纯土地税**决**不会毁灭任何剩余，因为它完全是在有足够剩余来缴纳的地方抽取的。（只有在没有足够剩余来缴税的地方实行征税，剩余才会毁灭掉。）然而要把纯粹土地同创造的地质分解开来是困难的，这种创造的地质是人类活动提供的并靠更多的人类活动来保持的。任何现实的法律都会在一定程度上（虽然不很大）毁灭掉从事生产活动可以得到的一部分剩余；如同土地丰度的改进，但税吏们是把它划分为土地的。

而且，对土地地租征收的重税等于是对特殊种类财产所有主征收的赋税，看来没有什么特殊理由要使这些特殊财产所有主变得比较贫困些，把他们对社会产品的要求权比其他人——他们碰巧那时候是用土地以外的形式来保持其财产——多取消一些。那些人也许刚好卖掉他们的土地，让他们保持他们的全部财富，而处罚那些碰巧把其他财富或者储蓄换成土地的人们，这好像没有很充足的理由。

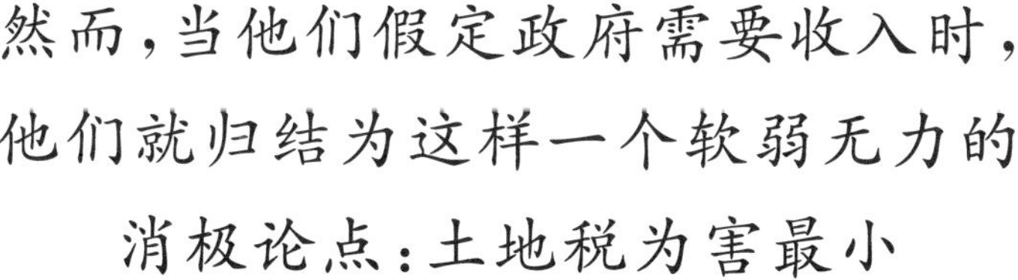

主张土地税的人的论点是拿这个命题——这绝不是他们所特有的命题——作为依据的，即政府**需要**用赋税来筹措一笔款项。要是承认这种情形，那么采取一种尽可能少地毁灭剩余的筹款方

法就是非常强有力的论点，而土地税正好符合这个要求。它可能大大加重那些碰巧把储蓄投在土地上面的孤儿寡妇的负担，面对这个感情的论点，他们能够用另一个感情的论点来回答，就是土地不是什么人创造出来的，因而首先任何人都不能对土地享有任何权利。今天的所有主不幸取得若干偷窃来的财产。无论如何，法律是逐步实施的，所以打击不会那么可怕，如果最糟糕的人发生了最糟糕的事情，不妨作出一些社会保险的安排，来对付真正苦难的情形。

对这个论点可以提出两点实际的批评。首先，一个稳固的主权国家的政府要是不希望产生赋税对经济带来的实际影响，它决没有必要仅仅因为需要钱而靠赋税来筹措一笔款项。如果单纯是需要钱的话，举债要容易些，印钞票更容易得多。一个政府是必须征税的，因为他想减少纳税人的财富或支出，这可能是为了限制公众的总花费率来防止通货膨胀。合理的赋税政策是针对纳税人必须支付金钱的影响，而不是针对政府取得金钱的收益。因此，把赋税集中在它对毁灭剩余为害最小的地方是个非常软弱无力的论点。什么税都不抽可以完全避免这种损害。赋税也许是必要的，因为没有赋税（而政府又扩大对一切种类必要事业的支出），就会花费太多并有通货膨胀的危险。在这种情况下，在削减支出是最值得想望的地方，必须要用赋税来减少花费，这不能由于下面的考虑而完全牺牲掉，即只对在土地所有权的收入中发现的剩余征税，以免毁灭剩余。

土地不是最重要的剩余来源

另一点批评是，土地绝不是唯一的甚至不是最重要的剩余来源。从社会观点来看（只有从社会观点来看，土地地租才全部是剩余），一切大于保持人民的适当健康使他们能够进行工作所必需的收入都是剩余。像英美等富裕国家的收入也许有四分之三是剩余，而土地地租只占其中一小部分。从短期观点来看，一切财产的收入，像土地所有权的收入一样，都是剩余，因为不论付给它的报酬多么少，财产总是在那里可以供社会利用的。几乎一切大于维持生存所必需的收入都是剩余，因为差不多每个人都愿意为了生存而工作，如果他得不到其他谋生机会的话。这种情形容许政府在赋税是必要的场合对剩余征税，而同时要管理赋税，只有在减少收入或财富或花费对社会是可取时才靠赋税进行这一类的削减。

在赋税是必要的场合，个人所得税好像是为害最小的

在这样做时个人所得税就是一个工具。除了为防止饮酒或吸烟或对土地进行投机以致有用的土地不用于社会用途这一类特殊形式的活动必须征收的赋税以外，其他一切赋税都不妨取消。

边际所得税不应超过百分之一百

由于所得税不是取决于一个人怎样使用他的收入，它不至于干涉特殊的花费，因而不至于毁灭从这种交易可能获得的任何剩余。在所得税不存在的情形下，凡是有利的活动依然是有利的，即使税吏把一部分利润抽走了。在扣缴所得税以前提供最大量收入的活动依然会提供最大量的收入，只要**边际**所得税小于百分之百就行了，这样，对于每个所得税纳税人，在所得税不存在时值得去做的一切事情，还是值得去做的。

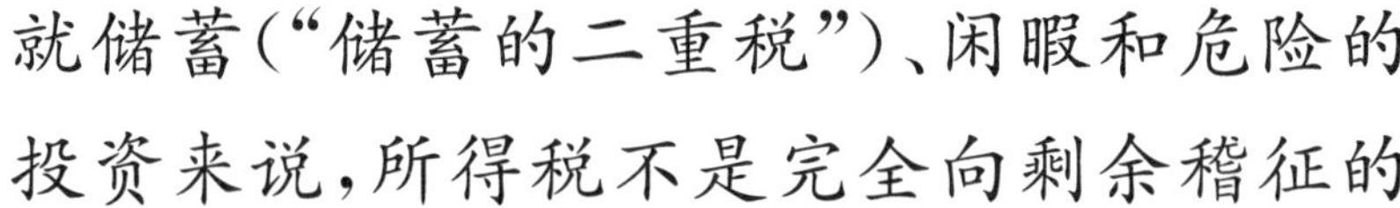

就储蓄（“储蓄的二重税”）、闲暇和危险的投资来说，所得税不是完全向剩余稽征的

所得税干涉资源利用和毁灭一部分剩余的方式有两个。这就是所得税偏离它不受收入支配情形的影响的一般原则。这种例外在于一般花费收入或把收入储蓄起来之间的决定和把收入用于闲暇（即少工作，少赚钱）或用于货物（它可以用货币收入来购买）之间的决定。

在前一种情形下，偏离是存在的，因为大多数所得税法是这么制定的，即对储蓄起来的收入所支付的利息又被看作收入，因而又要抽税。这叫作“储蓄的二重税”，意思是说，储蓄者的报酬小于当前利率。如果利率是百分之十，所得税率是百分之二十，一个人因储蓄一百元而放弃价值一百元的消费。他因此每年得到十元利息，然而利息要缴税二元，所以他的储蓄净报酬只有百分之八。结果正好像是对储蓄抽税百分之十而没有任何所得税一样。在储蓄提供的剩余小于这个数字的时候，所得税的这种作用一定会阻止储蓄并将毁灭剩余。

作为平均财富的措施，“储蓄的二重税”可以认为是有一部分道理的

这并不是所得税的一个极端严重的缺点。它可以用储蓄免缴所得税和把它改为消费税的规定来补救。它甚至会由于这样一个考虑而被认为是正当的，就是，所得税的目的不只是要减少花费，而且要缩小财富不均的情形，如果储蓄免税的话，那么，这个目标就由于大量储蓄而达不到了。更进一步的辩护理由是：净利率要是比较低些，事实上人们并不一定少进行储蓄。这要取决于，在利率比较低时，为将来做些准备而多储蓄的**必要性**，究竟是不只是抵消还是不足以抵消较低利率对一些人产生的**阻碍**作用，这些人是为了他们将会获得的利息而进行储蓄的。看来情形大概是这样的：利率的微小差别不会对总储蓄率发生多么大的影响，因而剩余不至于遭受巨大的毁灭。

这种种辩护理由也许不是很充分的。只要个别储蓄者获得的净利率和市场利率不相等，*msb* 和 *msc* 就会发生背离，这样造成的损失就是我们所说的剩余的毁灭。如果为平均收入而采取措施是可取的，通过遗产税和赠予税来对付这种情形可能更好些。然而这都是次要的问题。“储蓄的二重税”会对剩余造成十分重大的

破坏，这似乎是不大可能的。

所得税造成资源最适度利用的第二种偏离，是由一个人决定少工作以便享受闲暇而不享有收入的可能性引起来的。这就不妨说他是把他的潜在收入用来购买闲暇。搅乱是从这样一种情况产生的：在他能将其收入用于购买闲暇以外其他任何物品以前，他必须缴纳所得税，要是他决定为享受闲暇而牺牲他赚取收入的潜在努力时，他赚不到任何可以辨认的货币收入，因而也就不缴所得税了。

结果是，单纯的所得税特别有利于闲暇，正好像它特别歧视储蓄一样。这样做的效果，是诱使人们较之赋税要是完全向剩余稽征而根本不影响资源利用的情形少做一些工作而多享受一些闲暇。这种情形可以这样来纠正，即为了税收目的把他能够赚到但由于他情愿比某一标准额做得少些而不曾赚到的一部分加到他的收入上面，正好像在英国为了所得税的目的把房主自己居住的房屋应收的房租加到他的收入上面一样。资源最适度利用的偏离依然会发生，要是各个人以收入减少为代价而随意选择比较不繁重的工作的话，在这样做时，他们可以避免对潜在收入征课的所得税，这部分潜在收入是他们为了工作比较轻松而牺牲的。于是会产生寻求这一类工作的极端趋势。然而这种偏离不会有很大的量值。

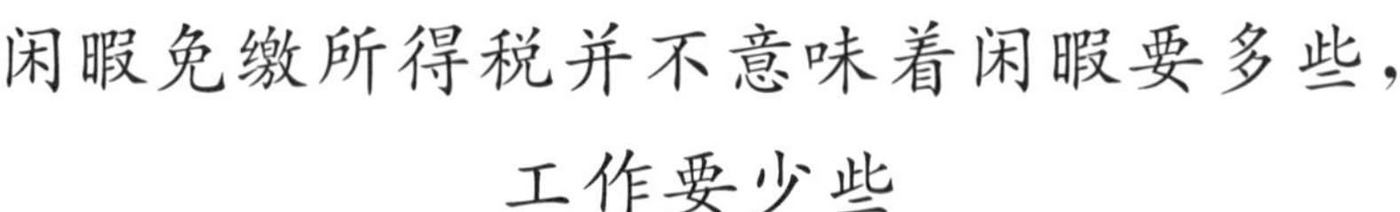

正好像我们不能肯定“储蓄的二重税”会减少储蓄的数量一

样，我们不能肯定闲暇免缴所得税就要增加人们享有的闲暇时间从而减少人们所做的工作量。为了抵补税吏拿走的收入，他有必要赚取更多的金钱，这可能不只抵消闲暇因免税而具有的比较大的相对吸引力。我们只能说，除非这样来修订所得税，即对因享有闲暇而牺牲的那部分收入征收的税和对收入用于其他目的而征收的税在程度上完全一样，否则闲暇时间便有延长的趋势。

与这个例外密切联系的是高额累进所得税，它会妨害对危险事业进行的投资，它向高收入阶层抽取的税比低收入阶层要重得多。如果投资者希望得到的和他冒险去追求的意外之财，在他侥幸成功的时候，会被大量没收，他是无意拿资本去冒险的。那就像买彩票一样，在这里，意外之财被用赋税抽走了，因而情形变成这样："不中算是我输，中了算是你赢。"

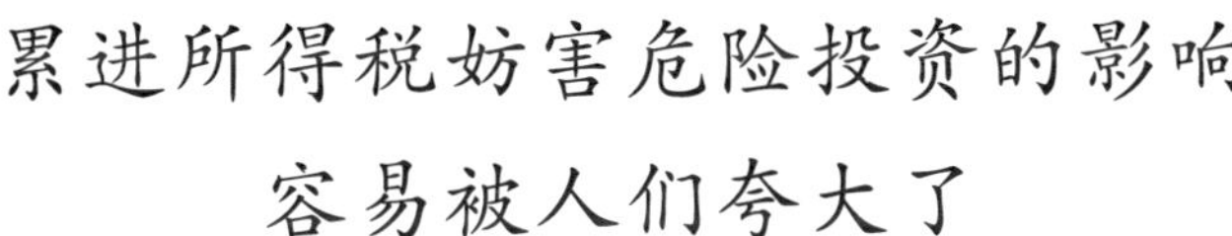

累进所得税妨害危险投资的影响容易被人们夸大了

如果把这个反对累进所得税的意见应用到这么一个人身上，那么它就是正当的，这个人面临的情况是，遭受的损失或获得的收益是如此之大，因而在一种情况下，他也许根本不缴所得税，而在另一种情况下，他要按富豪的税率缴税。累进所得税对这种危险事业是有妨害的。然而这个反对意见对于使投资人仍属于所得税的同一等级而带有微小风险的投资来说是站不住脚的。在这种情形下，所得税对他的投资愿望没有丝毫影响。不错，如果他的冒险成功的话，他要把收益的大部分缴给政府，但是另一方面，如果冒险失败的话，他的收入就要减少，其数额等于损失，他缴纳的税款也要减少相应的数量。如果他只获得收益的百分之五十，他所冒的危险也只有损失的百分之五十。政府得到他的一半收益，但是也要负担他的一半损失。实际上，赋税的作用是把资本家放在一种佣金的基础上。他们玩弄同样的把戏，不过赌注要小些。他们玩弄一色一样的把戏，因为他们的利润愈大，他们缴纳所得税后的收入额就愈大，这一点依然是不错的。

这只有在纳税人停留在所得税的同一范围，从而所得税要按完全相同的数额来调整收入的增减时才是正确的。如果他的损失比他的收益缩减得少，那么，在他看来损失要显得大些，他会变得过于谨慎小心。如果他的收益比他的损失缩减得少，他会变得过于轻率。所以这两点是必要的：首先，他在提出他的报税单以前要能够从利润中扣除损失，其次，在有关的收入范围内，**边际**税率应当不变。

第二点考虑似乎和**累进**所得税的观念有矛盾。然而，只有在收入非常高的水平上这点考虑才是重要的。只有极其富有的人进行新投资或不进行新投资的决定对于活动水平和经济效率才是重要的。甚至相当小康的中产阶级的人们也不会受到对不同收入水平采用不同税率的很大影响，这些人可能发觉他们是属于这些收入水平的。对极其富有的人来说，**边际**税率不变的确是很好。不论税率多么高，甚至高到百分之九十，在任何所得税都不存在的情形下有利可图的事情，依然是有利可图的，尽管他现在只得到利润的百分之十，而所冒的危险也只有损失的百分之十。虽然**边际**税率不变，**平均**税率依然是累进的。收入愈大，收入中要按最高边际率缴税的部分也愈大。

只要这些投资人仍属于适用同样边际所得税率的收入范围，这个安排就会取得满意的结果。这就是说，在这样的条件下，他们不会冒损失他们的大部分财产的危险。但是，合资经营的公司的发明和发展正是为了对危险事业提供大量资金，这么大量的资金是单独的个人不能够或不愿意拿去冒险的。这能使许多人各自把他的一小部分财富冒险投在这一类事业上面。高额所得税率对这些小量投资的每一部分投资不会发生有害的影响，于是庞大而危险的事业就有可能创办起来，尽管超过某一水平的收入要缴百分之九十的税。

在这些高收入的水平上，所得税将会使工作的货币报酬和从闲暇获得的享受发生强大的背离，前者要缴纳高额所得税，而后者却是免税的。这一点依然是不错的。可是，这一点并不重要，因为高收入很少是工作的结果。它们大部分是来自财产的收入，而决定怎样进行投资所涉及的工作是由拿工资的专家担任的。在个人努力关系重大的少数情形中，工作通常是一种相当有趣的工作，不论对它支付什么报酬，总可提供社会所想望的工作量。

第二十章　生产与时间

技术的边际转变率是指期间的转变率和任何其他形式的转变

从上文我们看到，只有各产品在消费方面的边际替代率和它们在生产方面的技术的边际替代率或转变率相等时，资源才能获得最适度的利用。到现在为止，我们把这条原理应用在**同一**时间可以获得的**不同**货物上面，然而它对**不同**时间可以获得的**同样**工艺品也是完全适用的。这种在技术上不可区分的货物在经济上是十分不同的，只**因**它们是在不同时间可以获得的东西。

这条"规则"要求货物的现在价值和将来价值趋于均等，但要酌量到储藏或其他方法所引起的期间的转变成本

我们在讨论投机时会经看到，把货物**储藏**到某一将来时间如何能使一个时点可以获得的货物转变为另一时间可以获得的货物。这是把今天的小麦转变为明天的小麦。要是没有储藏的消耗

并且在这个过程中没有用掉其他要素的话，那么，今天的一蒲式耳小麦在技术上可以代替明天的一蒲式耳小麦，资源的最适度利用要求这两种货物的价格是一样的。在集体主义经济中，这是靠这条“规则”来实现的，它要求用今天的小麦来生产明天的小麦，直到 *pf*（今天的一蒲式耳小麦的价格）和 *vmp*（明天的一蒲式耳小麦的价值）相等为止。这样做后，消费者在调整他的收入对这两种货物的支出时要分别取得这么大的数量，从而使这些货物对他的边际效用同它们的价格成比例；由于价格相等，它们的边际效用也要相等。今天的一蒲式耳小麦的 *msc* 就是明天的一蒲式耳小麦，明天的一蒲式耳小麦的 *msc* 就是今天的一蒲式耳小麦，所以 *msb* = *msc*，这些资源获得最适度的利用。

通常会有一些储藏成本，一些消耗和遭受一些损失的危险。这就是说，生产明天的一蒲式耳小麦不只是用今天的一蒲式耳小麦，而且在转变过程中还要应用其他要素——储藏设备的使用、储藏的劳动、运输、分级与检验，等等，因而要转变为明天一蒲式耳小麦的，不只是今天的一蒲式耳小麦，而是所有这些要素的总和。于是这条“规则”要求所有这些要素（包括今天的一蒲式耳小麦）都应当用来生产明天的小麦，直到这样生产出来的明天的小麦的价值（由于消耗的关系，这要小于一蒲式耳）等于今天的一蒲式耳小麦的价值**加**储藏过程中必须协作的其他要素的价值为止。[①] 这就是说，在今天的货物通过储藏转变为明天的货物的场合，明天的货物

① 如果各要素间的比例是可变的，则每种要素的价格也要与其 *vmp* 相等，无论如何，要与净 *vmp* 相等。简单地把这些价格和这些（净）*vmp* 分别加起来，同样可得出边际要素的价值与其联合的 *vmp* 的等式。

的价格要大于今天的货物的价格，其差额等于边际储藏成本。

比储藏更重要的是，现在货物通过资源从现在货物的生产移向将来货物的生产而间接转变为将来货物

但是储藏决不是现在货物转变为将来货物的最重要方法。它只是进行相对次要调整的一个方法。现在货物转变为将来货物的重要方法是生产资源从前一种生产移向后一种生产的间接方法。增加将来货物的供给总是意味着现在要少消费一些，然而通常最好的方法，不是简单地把货物储藏起来不用于目前消费，而是少为现在生产一些，把解脱出来的资源用于改进和增加设备，这些设备能在将来提供更大的产量。

改进设备会使将来增加的产量大于现在的牺牲

如果将来货物的生产已经可以得到最完善最贵重的设备，而且可以得到人们所能使用的最大数量，这种可能性就不存在了。追加的设备不会增加将来的产量，而增加将来产量的唯一方法是把现在的产品储藏起来。可是现在不是这种情形，过去也决不是这种情形，在将来很长久的时间内仿佛也不会有这种情形。几乎一切生产都是靠劣等设备进行的。改进设备可使同样要素在将来生产出更多或更好的产品，然而设备是不完善的。设备之所以不

完善，有两个可能的原因。一个是，虽然比较优良的设备会提高将来的产量，但是潜在的将来生产的增加小于使将来生产增加成为可能而必须牺牲的当前产量。如果这是不错的话，现在资源就不会用来增加或改进将来的生产设备。现有资源的供给几乎总有一部分是用来提高将来生产能力的，这个事实表明，至少在一定程度上有可能使将来产量的增加大于它所涉及的现在产量的牺牲。所以设备不够完善是由于第二个原因，这就是，用最优良设备[①]来装备每个人，将会使当前的消费蒙受太大的牺牲。为了改进将来的生产设备，现在的消费通常要有一些牺牲。我们距离那种最优良的设备比比皆是的状态还有一段非常遥远的路程。因此，牺牲现在的产量，把解脱出来的资源用于改进设备，以便在将来用更优良的设备来生产货物。从而使**将来增加的产量大于现在的牺牲**，是可能的。

这比靠储藏来供应将来要好些，因为靠储藏增加的将来产量小于现在牺牲的数量。这就是为什么现在货物转变为将来货物的

① 这里最优良设备的意思不是指在技术上是最优良的，而是指在经济上是最优良的。如果设备可使协同进行生产的同样资源所提供的产量有**任何**增加或改进（或协同提供同一产量所必需的资源有任何减少）的话，它在**技术上**就是比较优良的；但是，如果制造新设备用掉的资源大于设备在使用时解脱出来的资源，它在**经济上**就不是比较优良的。要是预期新设备可以永远继续使用（靠它在物质上损耗后的重置），则最后总共节约的资源必定大于首先要用于建造新设备的资源，在这种情形下，任何技术上的改进也会是经济上的改进。然而没有理由认为，新设备会永远继续是好得不能再好的东西，因而技术上的改进不是经济上的改进，是可能的。我们的论点是以这个信念为依据，即现有设备不仅低于技术上的最适度状态，而且也相当低于经济上的最适度状态。这就是说，在许多经济部门中，新的或追加的设备不仅使将来每单位产量有可能用比较少的协同生产的资源来生产，而且在改良设备值得加以使用的期间会使所节约的资源大于改进设备所消耗的资源。

间接方法要略胜一筹的原因。简单地把今年生产的钢储藏起来就可使明年或十年内有钢可用，然而不如不把这些钢储藏起来而用它来建造更巨大更精良的鼓风炉，因为这会使将来增加的钢产量大于现在的牺牲。

所以将来货物一定比现在货物便宜

改进我们的设备的可能性意味着，如果我们现有工厂之一，在损耗后不是更新而是重建一座更好的工厂，那么，我们用现有的同样资源与改进了的设备协同生产，就能在将来每年多生产，譬如说，十单位产品。然而建造更优良的设备而不是单纯更新我们原有的设备，就得消耗更多的资源；只有我们准备今年少消费，譬如说，一百单位资源，把这些额外资源解脱出来，这才是可能的。实际上，我们是把当前消费的一百单位转变为在明年以后的将来期间每年追加十单位消费品的流量。

依相反方向进行类似的转变也是可能的。要是我们不用更优良的设备，甚至不用同样的设备，而用比较差的设备来补充目前正在损耗的设备，这种比较差的设备消耗资源比较少，从而解脱出来足够多的资源，使我们今年可以生产并消耗额外一百单位消费品，那么，我们就能够增加今年的消费。然而在使用比较差的设备时，协同生产的同样资源就要每年少生产十单位消费品。这样，我们是把从明年开始每年十单位的消费品转变为今年可以利用的一百单位消费品。

把一个时点一百单位的存量转变为另一个时间每年可以获得的十单位的流量，或者是反过来，这种考察是相当麻烦的，而且不是我们现在要分析的现象的一个方面，所以我们不妨用一个简单办法来避免这一点。我们可以把设备改进看作是由投资的一些成分或微小部分构成的，它只影响两年，即某一年和紧紧接连的一年。

这是做得到的。假设今年我们改进设备，牺牲当前消费品一百单位而在明年和以后每一年获得额外十单位，明年我们把这个过程倒转来，使我们的消费（明年）增加一百单位而在以后年代里每年减少十单位。那么净结果是，今年我们的消费减少一百单位，明年它要增加一百一十单位（十单位是今年牺牲的第一个果实，一百单位是明年的负投资），在所有以后的年代里，消费恰像是既没有投资也没有负投资一样。这个计划有如下表所示：

第一年	第二年	第三年	第四年	第五年
－100	＋10	＋10	＋10	＋10 等等
	＋100	－10	－10	－10 等等
－100	＋110	…	…	…等等

第一行表明头一年投资的结果。第二行表明第二年负投资的结果。第三行表明投资与负投资的综合结果：今年一百单位消费品转变为明年可以利用的一百一十单位，所有其他消费都没有影响。

当然，要假设这就是现实世界不断发生的事情，那就错了。人们并不是一年改进设备，然后在第二年就进行同等的负投资。然而这是不错的，即今年牺牲一百单位**可能**使下一年度增加产量一百一十单位。可能提供的额外产量未必会全部拿来用作明年的消费。设备多半还要进一步增加。不过，那不妨认为是明年可以获得的较大量消费品的再投资，为的是在更遥远的将来进一步扩大产量,我们依然可以把某一年的一百单位转变为下一年度的一百一十单位作为我们的投资单位。

这就是说,现在牺牲一吨钢可以使明年多生产,譬如说,一点一吨,要是推迟到更长久的时期,这些钢会依次用来进一步改进设备,从而现在牺牲的一吨钢也许在六年期间能多生产二吨。这总是意味着,一吨钢的将来 *mp* 要**多**于一吨钢(而不是**少**于一吨钢,就像它要是靠储藏来提供时将会发生的情况那样),因为依据这条"规则",*mp* 的**价值**一定要和要素价格相等,所以将来的钢一定比现在的钢**便宜**,我们愈是推向将来,*mp* 就愈大,价格就一定愈低。

现在的钢和将来的钢之间的替代是容易理解的,因为它是相对直接的。(至少它看来像是直接的,如果我们对不同种类的钢不加区别的话。)但是这同样适用于任何其他货物。如果今年少制造一些帽子,那么解脱出来的资源就会直接或间接取代其他的资源,这些资源又可从现在消费品的生产解脱出来,转向制帽机器的改进和增产,或转向绵羊的饲养,在将来为帽子提供更多和更好的羊毛,于是现在牺牲的帽子,要使将来帽子供给的增加大于现在帽子的牺牲。所以,只要在整个经济体系里适当地应用这条"规则",帽子价格要随着时间的推移而趋于下降,其他货物也是这种情形。

即使在一个静止的社会里,改进设备的机会一定使将来货物比现在货物便宜,一切货物都必定是这样的

在一个静止的社会里,设备没有改进,各色各样的货物每年都

生产同样的数量，对这些货物的需求也没有变化，因而相对价格也不会改变。改进设备的**机会**还是有的。一吨钢，如果把它牺牲的话，将会使明年产品增加一吨以上。今天一吨钢的 mp 要多于明年的一吨钢，于是明年钢的价格一定比今年低。由于相对价格不变，明年帽子的价格，必须按明年钢的价格低于今年钢的价格的同一比例，低于今年帽子的价格，这种关系一定适用于其他一切货物。所有价格都必须按**同一比率**下降。

这也许看来有点离奇。任何货物的价格的下降率，必须和它今年牺牲的一单位使这宗货物能在明年提供较大产量所依据的比例符合一致。钢、帽子和其他一切东西的现在产品变为将来产品之技术的边际转变率都相同，这是为什么呢？如果现在牺牲十吨钢会使明年多生产十一吨的话，那么这也必定是不错的，即今年牺牲十顶帽子恰使明年多生产十一顶，今年牺牲十蒲式耳小麦恰使明年多生产十一蒲式耳，其他每一单独货物依此类推，这到底是怎么回事？

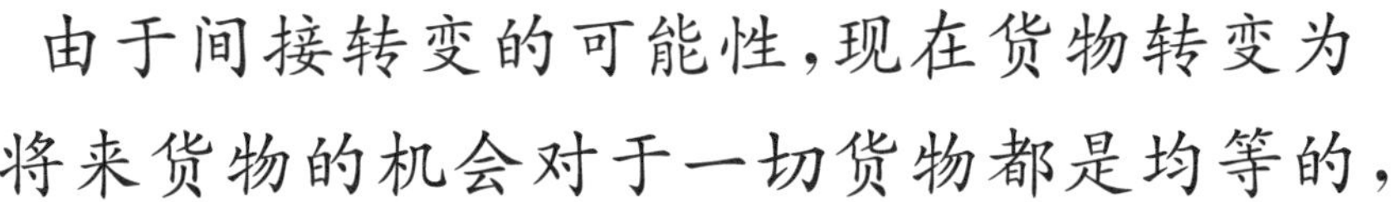

由于间接转变的可能性，现在货物转变为将来货物的机会对于一切货物都是均等的，这种间接转变是靠在现在产品之外提供最大量将来产品的货物来实现的

答案是，在资源达到最适度利用的过程中（不论这是靠这条“规则”的应用或是靠完全竞争实现的），各种生产要素在不同产品间的配置，有使不同要素在不同用途中的相对生产率趋于均等的

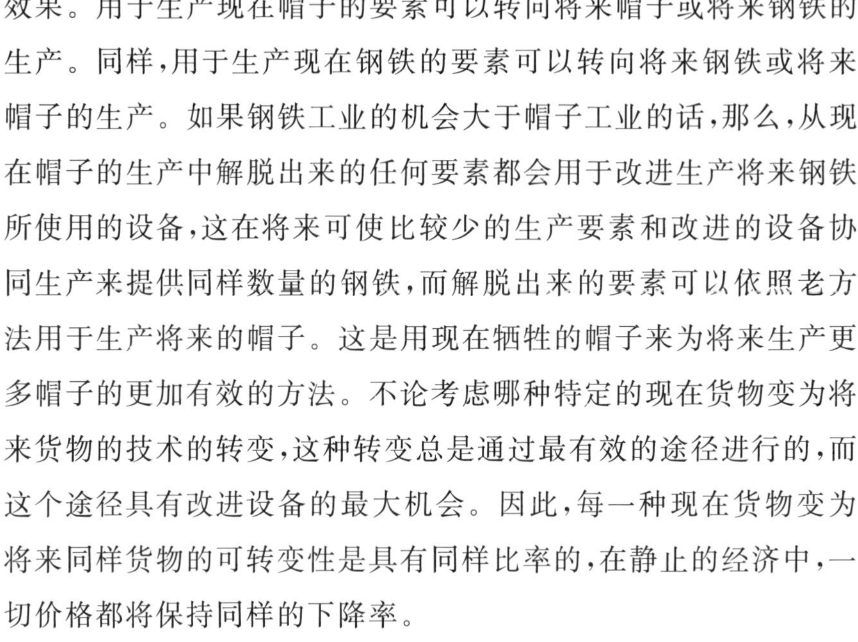

效果。用于生产现在帽子的要素可以转向将来帽子或将来钢铁的生产。同样，用于生产现在钢铁的要素可以转向将来钢铁或将来帽子的生产。如果钢铁工业的机会大于帽子工业的话，那么，从现在帽子的生产中解脱出来的任何要素都会用于改进生产将来钢铁所使用的设备，这在将来可使比较少的生产要素和改进的设备协同生产来提供同样数量的钢铁，而解脱出来的要素可以依照老方法用于生产将来的帽子。这是用现在牺牲的帽子来为将来生产更多帽子的更加有效的方法。不论考虑哪种特定的现在货物变为将来货物的技术的转变，这种转变总是通过最有效的途径进行的，而这个途径具有改进设备的最大机会。因此，每一种现在货物变为将来同样货物的可转变性是具有同样比率的，在静止的经济中，一切价格都将保持同样的下降率。

一切价格下降所依据的比率取决于推迟消费，把解脱出来的资源用于改进设备，从而使将来产量可能增加到的程度。在一个设备非常优良的极富裕的经济中，进一步改进的机会通常是相对小的。将来价格不会比现在价格低得多，所以价格下降率是微小的。在一个穷困的经济中，推迟消费就可大大改进设备，所以价格下降率更大得多。

要素的将来价格也要低于现在的价格

价格的下跌，适用于产品，恰也适用于要素，而且道理也是一样的(像我们从它们在生产过程中的对称关系的种种证据可能料想的那样)。**产品**价格下跌，因为现在可以利用的额外一单位要素对明年产量能够作出的贡献(靠设备改进)大于它对今年产量能够作出的贡献。将来较大的 *mp* 和今年较小的 *mp* 一定具有同样价值(因为这条"规则"使这两个 *vmp* 都和要素价格相等),因而将来产品的价格要小于现在产品的价格。**要素**价格下跌,因为明年才能利用的一单位要素,要是用于直接生产的话,在明年只能生产和现在可以利用的一单位要素在今年能够生产的一样多的东西。然而产品价值是要下跌的,于是要素价格,这和它的边际产品的价值相等,要按产品价格下跌的同一比例降低。今年可以利用的一单位要素也可以用来增加明年的产量,如果它转向生产设备的改进的话。在这种情形下,它对明年产量能够作出的贡献要大于直到明年才能利用的一单位要素,因为后者要影响明年产量的话,它只能用于直接生产。今年可以利用的一单位要素比明年才能利用的同样一单位要素具有较高的生产率(用它对明年产量的贡献来表示),是由牺牲今年一些产量来增加明年产量的技术可能性来衡量的。因此,当今年使用一种要素来增加明年的产量时,它的较大边际产品刚好被明年产品的较低价格抵消了。不论一种要素是直接用来增加今年的产品,还是用来扩充设备,使将来产量可能有比较大的增长,*vmp* 总是一样的。

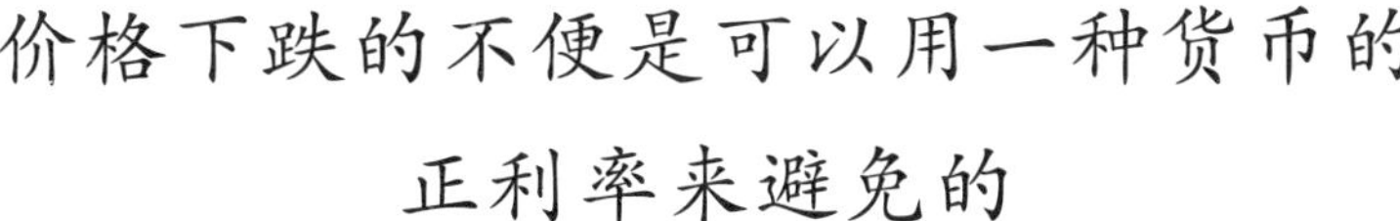

价格下跌的不便是可以用一种货币的正利率来避免的

一切产品和一切要素的价格都趋于下跌,这样一种状态不仅对于簿记很不方便,而且要求包括地租和工资在内的一切价格都有完全伸缩性。缺乏伸缩性就会妨害资源的最适度利用，并且货币价值随物价下降而不断上升，会大大促进人们窖藏货币的动机。在货币供给实际上不花成本并由政府根据一般利益加以控制的场合，这不是严重问题，因为不妨印发足够多的纸币来满足这个欲望，不让窖藏干涉健康的经济所必需的货币支出的流量；但尽管如此，它偶尔也会带来麻烦。

所有这种种不方便和可能发生的缺乏效率情形可以用一个非常简单的办法来克服。规定一个货币利率使之等于推迟产量的边际收益(这就是在不采用这个办法的情形下价格将会跌落的比率)。如果今年牺牲一吨钢可使明年钢产量增加一点一吨，那么，推迟钢的消费的边际收益是十分之一或每年百分之十。如果推迟产量的边际收益(或靠一种要素早一年使用而提前进货的边际收益)是每年百分之十，一切价格都要按这个比率下跌。[①]

利息政策可以把必要的物价变动减到最低限度，从而避免物价变动的阻力，这个阻力会干涉资源的最适度利用

生产者预料他们的产品要销售掉因而借款来支付要素的报酬，对所有这些生产者都按照每年百分之十的比率索取利息，就会防止物价的下跌。今年只提供十吨钢的同样资源在明年却能生产十一吨，这一点依然是不错的，但当百分之十的额外利息加到用今

① 这会使价格的下跌略微低于每年百分之十。百分之九又十一分之一的下跌和百分之十的上涨是同比例的变动，因为一百比九十又十一分之十大百分之十。

年的资源来生产明年的钢铁的成本上面时，每吨钢的成本就要提到和今年钢铁一样高的水平。

这就是依据生产来说明这个问题的方法。依据一种产品变为另一种产品的转变，我们说，今天的十吨钢在技术上可以转变为明年的十一吨钢，然而产量推迟一年应付百分之十的利息，使得明年十一吨的成本比今年十吨的成本要大百分之十，从而今年每吨的成本（也就是每吨的价格）是和明年一样的，这就说明了问题的实质。要素也是这种情形。明年生产同样的产品，需要明年可以利用的十一单位要素，而只需要今年可以利用的十单位要素。今年要素比明年要素所具有的较高生产率（提前进货或提早使用要素的边际收益）刚好被早一年取得要素而必须支付的百分之十利息抵消了。在这两年中扣除利息后要素的边际产品价值（即边际产品的**贴现**价值）是相同的，因而这两年的要素价格也将是一样的。

实际上，利率的作用是使货币价值按照货物价值的同一比率下跌，从而用货币表示的货物价值保持不变。货物价值和货币价值的下跌必须用某一基期的货物或货币来衡量。十吨钢依然可以换取明年的十一吨。明年每吨钢的价格不是低些（等于今年价格的十一分之十），而是和今年的价格一样，但若十吨钢在今年出售的话，现在货币收入就可在一年当中赚得百分之十的利息，于是这笔收入能够购买明年的十一吨钢。

索取利息的办法使得不同时间的**货币**保持同样的关系。今年的十元，由于它能赚取利息的关系，可值明年的十一元。明年的一元值不到今年的一元，其差额等于今年的一元在它变为明年的一元以前能够赚到的利息。利率使美元按照产品和要素跌价的同一比率实行贬值，这就防止产品和要素的货币价格趋于下降。

利率提高了推迟产量或提前进货的边际价值收益

换个讲法，引进利率（这意味着把利率从零提高到某一正利率）的结果是提高了推迟产量或提前进货的边际**价值**收益。要是没有利率（这意味着利率为零），明年百分之十的较大钢产量和今年因它而牺牲的较小物质数量就具有同样价值。推迟产量或提前进货的边际**价值**收益是零。由于物价下跌制止住了，利率把这个边际**价值**收益从零提高到和这种利率一样高。百分之十的利率完全制止了将来物价的下跌，因而现在牺牲价值一百元的钢可使明年额外生产价值一百一十元的钢。钢的价格没有变化，于是比较大的钢产量也相应具有比较大的**价值**。边际价值收益将是百分之十，它等于推迟产量或提前进货的边际物质收益。

边际物质收益（从推迟产量或提前进货获得的）、物价变动率和利率三者间必定保持着某种一般的关系

从这一点推定，利率小于推迟产量或提前进货的边际（物质）收益就不足以防止物价下跌，可是它会减低物价的下降率，因而边际物质收益约等于物价下降率**加**利率。大于这个边际物质收益的利率会促使物价**上涨**，其幅度约等于利率大于边际物质收益的超

过额。[①]

这似乎是和我们在现实世界中的经验相抵触的，在现实世界中，利率上涨的结果是**压低**物价，但这是由于某些暗含假定的不同，当我们在第二十二章谈到失业的时候，这些暗含假定是要弄明白的。

在相对价格可以改变的情形下，只是一些任意选择的物价指数是能够稳定的

当我们离开静止的经济时，事情就多少变得没有那么单纯了，然而上述基本原理依然站得住脚。相对价格不是固定不变的。要素的相对供给和产品的相对需求都有变化。可是资源的最适度利

① 说得更确切些，现在货物变为将来货物的**技术**的转变率要等于现在货币变为将来货币（把它按当前利率贷出）的**市场**转变率和现在货物变为将来货物（按照它们的相对货币价值——这是反映其价格下降率的——进行交换）的市场转变率的**乘积**。假如现在货物变为将来货物的**技术**的转变率是10∶15，现在货币变为将来货币的市场转变率是10∶12，则现在货物变为将来货物的**市场**转变率将是12∶15，因为10∶15＝（10∶12）×（12∶15）。在这个例子里，推迟消费的边际物质收益是百分之五十（因为十五比十要大百分之五十）。物价下降率是百分之二十（因为十二比十五要小百分之二十，如果一定量货物能按12∶15的比率进行交换的话，物价必须按15∶12的比率下跌），利率是百分之二十（因为这是把十元放债取息时能使它在一年内变成十二元的利率——十二元比十元要大百分之二十）。最后两个百分之二十加起来并不等于第一项（百分之五十）。这一点出入是由于计算百分数的困难，即把每一事例中的差数算成一些分数（或百分数），而它们的基数是不断改变的。利息的实际收益（2）和价格下跌的实际收益（3）加起来，确实等于推迟消费的实际收益（5），然而这些实际数额是用不同基数（分别为十，十二和十五）的百分数表示的，因而这些百分数不能这样加起来。但就这些项目的极小值来说，基数不会有很大的差别，所以出入不大，我们不妨说，推迟产量或提前进货的边际物质收益约等于利率和物价下降率之和。

用和这条“规则”还是要求 *pf* 和 *vmp* 在任何时候都相等，因而相对其他产品来说价格上涨的产品从推迟产量获得的边际物质收益要小一些，以使所有货物的边际**价值**收益全都相同（零）。这是在任何利息不存在的情形下从这条“规则”的应用推求出来的。如果推迟产量的边际**价值**收益不等于零，在生产中今年要素的 *vmp* 就不可能和明年是一样的（并等于 *pf*）。

同样，要素从提前进货所获得的边际**价值**收益必须是零，然而不同要素在生产不同产品时从提前进货所获得的边际**物质**收益不一定相等。举个例子，假如，不论为了什么原因，一种要素在明年要稀缺得多，实际上今年它的 *mp* 也许比明年小些，而其他要素的情形正相反。但是**价值一元**的任何要素将会提供一个大于明年使用的价值一元的要素的超过额（用明年产品的收益表示），这个超过额必定对每一种要素都一样并和利率相等。

在任何利率不存在的情形下（它意味着利率等于零），物价一般都要下跌——像在静止的经济中一样——然而并非所有价格都要按同一比率下降，实际上一些价格也许会上涨。不妨编制一种物价指数并规定一个和指数下降率相等的贴现率，这就会把指数稳定下来。如果在任何利率不存在的情形下，指数下降率是百分之二十，它就需要百分之二十五的利率来防止物价的下跌（因为这种下跌是用这个指数表示的）。这和百分之二十的贴现率相同。

$$\left(\frac{100+25}{100}=\frac{100}{100-20}\right)$$

相对价格（不同货物的价格比率）不会改变，但是上涨的价格要涨得这么快，下跌的价格要跌得这么慢（或不是下跌而是上涨），以便在每一年年终，一切价格都要比利率为零时它将会出现的情况高百分之二十五。当利率是零时，刚好下跌百分之二十的价格现在像指数一样根本不变。下跌百分之二十以上的价格依然要下跌，不过下跌的幅度只限于原来的跌落大于百分之二十的跌落的超过额。下跌不到百分之二十的价格现在要上涨。以前稳定的价格现在要上涨百分之二十五，以前上涨的价格现在要上涨百分之二十五以上。

不同货物按不同比率的跌价，提供了另一个尺度来衡量推迟产量所获得的同样的一般边际收益

因为指数必然是任意的，所以没有一个单独的毫不含糊的利率，它会稳定物价水平，并且是唯一真正的尺度来衡量推迟产量或提前进货的边际收益。凡是可能编制出来的每一种指数都有一个不同的尺度和相应的利率。这只是说，从推迟产量获得的同样的边际收益将有许多不同的尺度，这些尺度是由编制指数所采用的不同货物或货物的组合来表示的。

以一特定货物（或货物的组合）表示的边际收益是用它在将来变为同样货物（或组合）之技术的转变率来衡量的。如果现在的十单位 X 在技术上可以转变为明年的十一单位 X，那么，用 X 表示的边际收益是百分之十。同时，十单位的另一种货物（或组合）Y 在技术上可以转变为明年的十三单位 Y，因而用 Y 表示的边际收益是百分之三十。这里没有矛盾，就和说一根木材是十码长同时

它是三十呎长一样。同 X 比较，Y 要随时间的推移而跌价，因而今年十单位 X 的价值同十单位 Y 的价值之间的比率和明年十一单位 X 的价值同十三单位 Y 的价值之间的比率是一样的。两种计量的结果是一回事。用 X 表示的百分之十的收益和用 Y 表示的百分之三十的收益是等值的。

如果利率是零，收益的各种尺度可以从货物或货物的组合的价格下降率观察出来。在前一节所举的例子里，每年 X 要按一百一十对一百的比率下跌，每年 Y 要按一百三十对一百的比率下跌，即相当于百分之十和百分之三十，这就是各自的尺度来衡量整个经济中推迟产量或提前进货的边际收益。一个正利率将使物价的相对上涨等于利率，因而边际收益（这是一种技术的关系，不受利率和物价一般变动的影响）就不再用物价的下跌来衡量了。它等于物价下降率和货币依据利息积累的比率的乘积。因此，仍用原来例子来说明，如果利率是每年百分之二十五，那么，X 的价格不是按一百一十对一百的比率下跌，而是从一百一十上涨到一百二十五，同时 Y 的价格不是按一百三十对一百的比率下跌，而是从一百三十下跌到一百二十五。将 110/125（物价下降率）乘以 125/100（货币依据利息积累的比率），就可求得用 X 计算的推迟产量的边际收益。我们由此得出现在货物变为将来货物之技术的边际转变率是 110/100，边际收益为百分之十。这和利率为零时相同。就 Y 来说，技术的边际转变率是 130/125 和 125/100 的乘积。这得出 130/100，于是用 Y 计算的边际收益还是百分之三十。

因此，推迟产量或提前进货的边际收益是**任意**划分为利率和物价下降率的，像在静止的经济中一样。我们在这里强调这一点，

因为在经济著作中，边际收益通常完全是和利率联系在一起。现在我们看到，只有在货物（或货物的组合）——边际收益是用它来衡量的——不会随着时间的推移而发生价格变动时，这才是可以允许的。这样，公式中的这一项就简化为一，于是边际收益等于利率。

技术进步倾向于使产品价格相对于要素价格来说要下跌，因而不可能使两者都趋于稳定

我们一离开静止经济就必须考虑相对价格变动的另一个原因，是技术知识的发展，这不仅提供新产品和新要素，而且表明如何用一定数量的要素生产出更多的产品来。这倾向于降低产品的将来价格（同要素的将来价格比起来）。技术知识的发展和推迟产量来改进设备的机会不同，并不倾向于降低一切价格。它只倾向于降低用要素价格表示的产品价格和提高用产品价格表示的要素价格。从推迟产量获得的同样的一般边际收益有一个尺度，它用产品（包括消费品）计算比用要素计算要大一些，正好像在我们所举的最后一个例子里，它用 Y 计算的值比用 X 计算要大些一样。技术知识发展的结果是要有一个较高利率来保持产品价格（指数）的稳定，然而这会引起要素价格（指数）的上涨。要保持要素价格稳定，就需要一个比技术知识没有发展时更低的利率，然而这会促使产品价格下跌。究竟要采取这些政策中的哪一种或者是否要选择某种居间的利率，这是经济当局决定的事情。他们应当考虑，在

什么政策下，必要的物价变动遇到的阻力造成资源最适度利用的偏离是最小的。

投资倾向于改变相对价格

最后，当我们离开静止的经济时，我们必须考虑资源要用于扩充和改进生产设备的事实。在静止的经济中，这一点因假定生产可能性没有变化而被排除掉了，这个假定意味着现有设备刚好可以维持，既不扩充也不缩减。当我们离开静止的经济时，设备也可能用光或因更新不够而减少。这是罕有的情形，可以完全依据扩充设备的情形来加以分析，所以在这里我们就不谈它了。

把资源用于改进生产设备叫作**投资**。在一个静止的经济中，投资刚够补充设备的磨损与消耗，因而**总**投资虽然可观，**净**投资却等于零。当设备扩充时，**净**投资是正量。当设备没有充分重置时，**净**投资是负量。**总**投资为零，表明磨损掉的设备根本没有进行重置或用掉的存货根本没有加以补充。这只有在下述情形下才会发生，就是人们认为世界末日快到了，或这个城市要被敌人占领了，或某种其他重大灾难或极乐世界正在来临，于是一切需要由于满足或死亡的关系全都消失了。

当净投资发生时，一些设备相对其他设备来说是要扩充的，这将使一些产品相对其他产品来说有所增加。这是相对价格发生变动和随便什么东西都不可能稳定的另一个原因，而可能稳定的只是某种任意选择的指数，一些特定价格和其他指数是环绕着它而不断涨跌的。

第二十一章　利息、投资与就业 I

比利息政策居先的价格政策应当制订得同价格刚性的抵触最小

在集体主义经济中，当局在规定利息政策以前要先决定一个价格政策。如果要在不同的时点保持物价与资源在所产货物的最适度配置间的适当关系的话，在任何既定的价格政策下，必须有一个与它协调一致的相应利息政策。先决定利息政策然后采取相应的价格政策是可能的；但是，一个拙笨的价格政策要比我们可能采取的任何利息政策都更加不方便得多，所以要首先决定价格政策。

在集体主义经济中，可以料想物价不是那么刚性的

当局可以决定：要么稳定消费品指数——生活费指数——要么稳定某种要素价格指数。在工资难以调整的场合，也许最好是稳定工资并避免物价变动的阻力所引起的无效率和摩擦，这种物价变动是和所采取的价格政策相适合的。在一个集体主义社会

里，工资并不是工人的全部收入，工资较低意味着在工人当中将分配的社会红利较大。在这个社会里，人们有一定理由认为，工资不会像在资本主义经济中那么缺乏伸缩性。当这种实际情形存在时，也许最好是稳定某种生活费指数。这时，随着技术的改进和设备的扩充，实际收入的提高将表现为货币收入的增加。但是，不论采取什么政策，总能选择一个它决定要稳定的指数。这样就可以使利率同用这个指数表示的边际收益相等。如果指数倾向于下跌，那是因为利率小于边际收益。提高利率将会增加明年的成本和构成指数的各部分的价格（以及将来交付的所有其他财货的价格），从而阻止指数下跌。同样的，降低利率可以阻止指数上升。在指数稳定的时候，利率和用指数表示的边际收益相等。

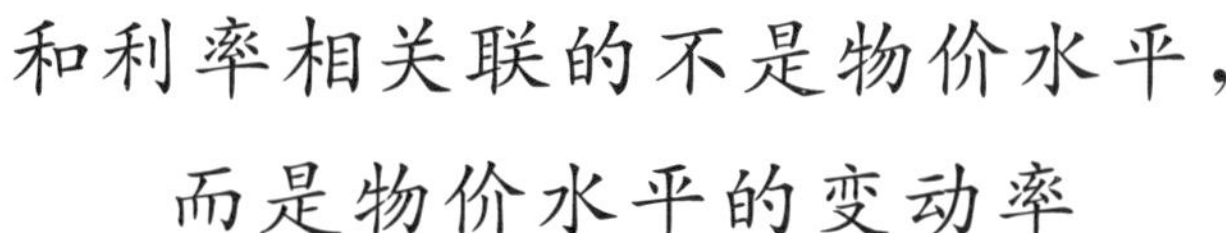

和利率相关联的不是物价水平，而是物价水平的变动率

下述的一点，我们已经谈过，这里不妨重复一下：这个利息机构和资本主义经济中人们熟悉的利息机构形成直接的对照。后者系提高利率来降低物价。看来我们这里所谈的倒是同经济学家往往不屑一顾的命题一致的，这个命题是说，提高利率就会增加成本从而提高物价水平。它不是真正同样的命题，因为这里提高利率的作用不是把物价提高到一个新水平，而是提高一般物价上涨的年率（或减低物价的下降率）。这要留待下一章说明。

推迟产量的边际收益取决于产量推迟的程度

即使在集体主义经济中，它决定了它的价格政策，利率也不能够自动决定，像本章第二节所说的那样，当我们注意到这一点时，我们就进到正在考虑的问题的核心了。推迟产量（和提前进货）的边际收益不是由客观条件断然决定的。在我们以上考察的静止的经济中，它是断然决定的，因为在那里，根据定义净投资是既定的并等于零。可是现在情形不是这样，推迟产量的边际收益取决于产量推迟的程度。这就是，它取决于投资率。产量推迟的比率愈大，从现在消费品的生产转向改进设备的资源数量就愈大，设备改进就能扩大将来消费品的供给。除非新设备与当前消费品间的技术的替代弹性是无限大（实际上这是不可能的，因而可以略而不论），否则这必定伴随着新设备的渐增成本（从社会观点来看）。

从社会观点来看的渐增成本不要和从制造新设备的"工业"的观点来看的渐增成本混为一谈。前一种渐增成本是和后者不同的，它要考虑到当前消费品需求的减少，这把可以用来生产新设备的资源解脱出来了。要素价格不需要像这个"工业"如实行扩充时可能出现的情况那样上涨，这种扩充是在要素的另一些产品的需求不下降的情形下进行的。但是，只要不同单位的要素在两种用途中的相对效率有所不同，成本还是渐增的。实际上，这种情形一定要发生，所以当前消费品与新设备间的技术的替代弹性几乎肯定要小于无限大（参看第十三章）。

投资的边际效率是投资率的函数

渐增成本意味着，新设备的成本，相对当前消费品的价格来说，是随投资增长而上升的。实行稳定当前消费品价格水平的政策，会使追加的新设备的成本绝对地增加，因而推迟消费品产量的边际收益要下跌。所以当局在决定利率的过程中必须决定投资率。比较高的投资率意味着推迟消费的边际收益比较小，因而利率必定要低些。比较低的投资率意味着推迟产量的边际收益比较大，因而利率较高。

所以推迟产量的边际收益是投资率的渐减函数。的确，它只不过是一单位投资的有效性。投资的有效性或效率是由比较将来边际产品价值的超过部分和所用要素的价值来衡量的。如果现在一项一百万元的投资使得明年生产增加一百一十万元，那么投资效率可以说是每年百分之十。价值一百万元的要素也能够用来生产价值一百万元的货物用于直接消费。所以我们不妨说，把这些消费品推迟到明年的收益是每年百分之十。就投资率的小量增加来说，投资效率等于推迟产量的**边际**价值收益，也可以叫作投资的**边际**效率。这对把重点从反面转移到正面来，把注意力集中在解脱出来的资源怎么办而不是集中在所牺牲的东西上面，是有帮助的。**投资的边际效率**和推迟产量的边际价值收益与提前进货的边际价值收益是相同的。从现在起，我们还是说投资的边际效率（*mei*）要好些。

投资率的决定必然是政治性的

集体主义政权面临渐减的 *mei*。在社会资源用来满足当前消费和增加生产设备的划分方面，它必须作出重要的决定。当它作出这个决定后，投资率就是既定的，因而决定适当利率的 *mei*（或推迟产量的边际收益）也就明确了。

必须强调指出，应当投资多少只能是**政治**性的决定，而不能是别的。集体主义经济没有确实的方法让消费者能够**用消费者的资格**通过价格机构作出这一决定。这个问题也许可以经由民主程序解决，然而这种程序必定是政治性的——即对主张高度投资和主张高度消费的政党举行民众投票。还可用许多办法来发现人们的情感——民意的测验，报纸的讨论，甚至观察各个人在储蓄习惯方面对利率变动所起的反应。但是，只要生产工具属于国有，投资率的决定就是政治性的，往后面一章里，我们将要考察这对个人自由干涉的程度，以及非统制经济的决定是怎样作出的。

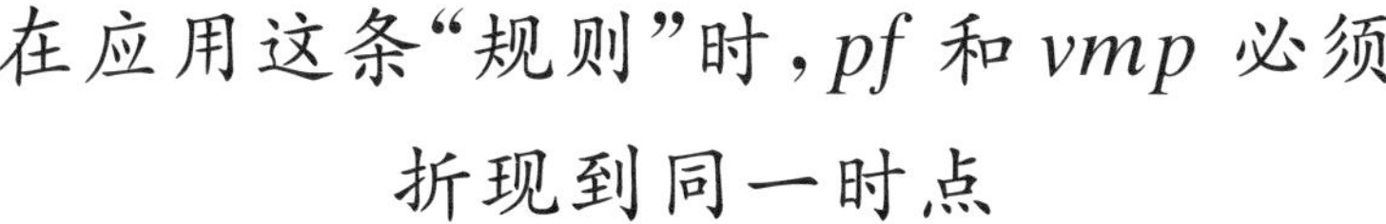

在应用这条“规则”时，*pf* 和 *vmp* 必须折现到同一时点

在表面上，这个问题的解决方法似乎颠倒了决定的次序。从这个解决方法，可以看出投资率先于利率。负责当局不会，更确切些说是不需要，公布总投资率（每年）的任何数字。它要估计一个和投资率相适应的利率，这个投资率在确定的价格政策下是值得

想望的。它就这样规定了利率。于是,生产经营者依据这条“规则”进行投资效率大于利率的一切投资。利率必须算作成本,要么增加到要素的价格上面,要么从 *vmp* 中减去。现在价值不再是和**时间**无关的了。现在价值一元的产品和它在一年后将会有的价值也不一样了。当 *vmp* 和 *pf* 两者都指**同一时间**时,*vmp* 必定等于 *pf*。

只要两者的时点相同,那么,用哪一时点进行比较是没有关系的。也许最方便的式子是这样一个式子,它集中在要素进入生产过程的时间。于是这条“规则”就可根据**折现**的 *vmp* 来解释。在依适当利率折价到要素使用时的 *vmp* 大于 *pf* 的场合,就使用要素。假如折现的 *vmp* 小于 *pf*,就从生产中撤出要素。当折现的 *vmp* 到处都和 *pf* 相等时就达到最适度的位置。设利率是每年百分之十。价值一元的要素的 *vmp* 必定是一元,如果产品马上可以得到的话;一元一角,如果它只能在一年以后才得到的话;一元二角一分,如果它只能在二年以后才得到的话,以此类推。

利率是既定的,并且生产经营者是这样应用这条“规则”的,所以收益大于利率的一切投资都要进行,而收益小于利率的投资都不会进行。在每一事例中,裁判员将是那些在现场的人们,他们知道得最清楚。价格机构又使这些专门知识能够用来为一般利益服务了。

私人储蓄可能用作对投资率作出政治决定的指标

这个问题有几方面使非统制经济发生严重问题,虽然在集体主义的甚至在混合的然而是统制的经济中它的解答是够简单的。

首先是把利率确定在必要的水平上。在完全集体主义的经济中，这只是简单地**宣告**一下，经理人员必须把它包括在他们的计算中，正好像他们要把生产要素的其他报酬包括进去一样。如果容许消费者推迟或提前花费他们的收入的话，利率一定也可以应用到消费者身上。一个消费者推迟消费，就能使将来产量的增加大于他现在放弃的数量。今年放弃一百元的消费，将使明年产量增加一百一十元，如果 *mei*（投资的边际效率）是每年百分之十的话。今年价值一百元的货物的 *msc* 是明年价值一百一十元的货物，明年价值一百一十元的货物的 *msc* 是今年价值一百元的货物，因而这两种货物对消费者的价格应当是一样的，如果资源在今年的货物和明年的货物间达到最适度配置的话。

我们已经看到，当利率等于零并让物价能够按照使明年价值一百一十元的货物（用今年价格表示），依当时流行的较低价格卖一百元的比率下跌时，这种情形是会发生的。让那些愿意推迟消费的消费者将他们的储蓄存入国家银行并从那里获得和 *mei* 相等的利率来稳定物价水平，也可取得同样结果。要是一个消费者希望提前消费，而把明年的一部分收入在今年花掉，那么，由于同样理由，他应当支付同样的利息。

消费者提前或推迟花费他们的收入的程度，可以用做消费者对现在和将来消费的个人偏好的指标之一，并能用做政府投资政策的指针。借债超过放款的趋势表明，消费者情愿要更多的现在货物而不要将来的货物。消费者储蓄和放款多于借债（为了获得利息）的趋势表明一种志愿，即要按照推迟消费所提供的当前边际收益为了将来而牺牲更多的现在收入。政府承担的投资率(即个别经理人员依据政府规定的利率所承担的)就要进行相应的调整。要是认为这个标准是足够的,那就可能十分自动地来规定投资率了。如果消费者的借债大于他们的存款,利率(向消费者和经理人员两者索取的)就要提高。这会把投资压抑到一个水平,从而把 *mei* 提到与较高利率相等的地步。如果消费者的存款大于他们的借债,利率就要降低。当消费者在两相抵消的情形下既不借债,也不储蓄,而投资程度可以说是自动调节得符合于他们的愿望的时候,最后的和最适度的位置就达到了。

政府必须调节消费与投资来防止通货膨胀和失业

政府能够简单地根据这个标准或任何其他标准来降低或提高利率,而把其他一切事物丢下来不管。利率降低会增加用于新投资的生产要素的需求,在这种新投资中,*mei* 低于旧利率而高于新利率。消费者对消费品的需求也可能增加,因为利率下降是会妨害他们储蓄或鼓励他们借债的。需求的这种增加将提高生产要素(如果要素一开始就是充分就业的话)以及用这些要素制成的产品的价格。这将破坏稳定生活费用或其他一些价格指数的价格政策。而且劳动收入(即付给劳动要素的价格)将会因此增加,从而促使需求进一步增长,后者又将使物价上涨。物价上涨使收入增加,收入增加又刺激物价上涨。于是降低利率造成通货膨胀的恶性循环。

提高利率甚至还要糟糕些。投资与消费将会减少，物价将会跌落。劳动收入也将缩减，因而需求和物价进一步下降。现在我们遭受**通货紧缩**的恶性循环，不仅价格政策遭到破坏，而且失业日益增加。当需求减少时，要素价格在它们谋求就业的过程中下跌愈快，物价水平下降也愈迅速。物价下降的年率愈大，则投资可能提供的将来产品的价值愈小，投资更加显得无利可图，*mei*、投资率和就业水平就愈低。

我们把政府为防止通货膨胀和通货紧缩的祸害而有意识采取的政策叫作**机能的财政**(functional finance)。

支付社会红利可以做到这一点，但它必须不依赖于领受人所做的工作量

为了避免这种种灾难，政府每次增加投资时都必须减少消费，每次减少投资时都必须增加消费。这样，总需求就能够维持在一个水平上，足以使所有生产要素全部就业，但不致带来通货膨胀。这仍然是不够的。如果要防止通货膨胀和萧条的话，还得抵消投资或消费的自发变动。事实上，政府面临的任务是靠消费和投资来继续保持一个适当的要素总需求，使得需求刚好足以提供充分就业，但不致引起通货膨胀。

在集体主义经济中，有两个方法能够做到这一点。第一个方法是调节利率。这对投资率和消费两者都有影响。第二个也是比较重要的一个方法是政府行动对收入的直接影响和通过收入而影响到消费。

生产经营者是依据这条“规则”雇用劳动的，消费者由于生产经营者支付劳动报酬而从他们的工作获得一部分收入。他们从政府获得其余收入。这可以认为是老百姓从除劳动以外的其他生产要素所赚得的份额，但是不论怎样看待它，政府必须刚好把足够多的收入分配出去，来诱使消费者花费适当数量的金钱，这笔钱连同要素的投资需求将会提供充分就业。

这部分“社会红利”可以遵循政府所喜欢的原则进行分配。为了资源最适度利用的关系而必须提出的唯一条件是，支付给任何人的金额决不应当受他做的工作量的影响。这是因为，使工资等于劳动的 *vmp*（这是经理人员完全撇开“社会红利”要付给工人的报酬），从而诱使劳工既不太多，又不太少，是值得想望的事情。为了收入的最适度分配，人们不妨争辩说，社会红利的分配不应当很不平均。我个人倾向于对社会每个成员实行平均分配，把这看作是他作为一个公民的权利，不提出问题，也没有例外。对于个人自由与独立不可能有此这更好的保障了。

社会红利可能是负量，这就是赋税

这部分社会红利能够很方便地根据需求情况进行调节，甚至逐周地调节。要是需求太小，这能靠增加社会红利来补救。要是需求太大，社会红利就得减少。靠这个简单办法就能够防止通货膨胀和萧条。如果把社会红利减到零后剩下来的花费还太多的话（这似乎是不大会发生的，但不是不可能的），那将意味着，从赚得的工资和薪金中花掉的钱，按当前价格所能购买的东西要多于现有生产要素能够生产出来的东西。在这种情形下，社会红利必须是负量——赋税——它会把需求减到适当的水平。当然，提高利率也有助于阻止投资，它也许会鼓励储蓄从而限制消费的支出。

调节能够变成自动的，但要涉及许多错综复杂的情形

我们现在可以看到，利率与可变的社会红利相结合，能够用来调节消费与投资。如果政府（作为一个政治决定）把消费者的净储蓄或借债等于零的标准当作适当投资率的标志，全部调节就是自动的。公众节约的增长将会增加消费者的储蓄。于是利率下降，投资增加。如果消费者在更大的节约下减少他们的需求，其数额像投资增加得一样多，因而总需求保持不变，那就用不着改变社会红利了。然而在那种情形下，净储蓄要大于零。消费者的储蓄和存入国家银行的钱要多于他们的借债，这表示，社会为将来所做的准备还是没有消费者所希望的那样充分。所以利率必须进一步降低，从而诱致更多的投资（这是为将来做更多的社会准备）。较低利率带来的较高投资率，连同消费支出（这甚至会因利率降低而增加），将会形成一个大于从前的总需求。总需求是会过多的，以致发生通货膨胀的危险。所以在达到利率低、投资多、收入少、当前消费等于收入的新位置以前，社会红利要削减。同样，节约的减少将会导致较高的利率、较少的投资、较多的社会红利和较高的消费者收入——这个收入全部花费了。

如果政府采取任何其他原则来决定投资水平，就要对社会红

利进行同样的调节，以便把总需求保持在适当的水平上。

要是对消费者储蓄和借债的意义没有进行仔细得多的研究，支配投资率的自动原则是不应当采用的。在集体主义经济中，由于私人积累财富和集中权力的危险——这对社会的平等主义和民主主义理想是有害的——所以通常消费者借债和放款是有限制的。借债超过放款的部分(反过来也是一样)反映的可能是这种种限制，而不是消费者现在或将来享用货物的相对欲望。在资本主义社会里，储蓄超过借债的部分反映的或许是收入的巨大不均，而不是公众对社会应当为将来进行准备的态度。在一个人口日益增长的社会里，储蓄超过借债的部分可能只是反映对老年人规定的社会保险不够充分，于是要为他们的晚年储蓄的人多于靠他们的以往储蓄过活的老年人；在一个人口日益减少的社会，情况可能与此相反。许多这一类的问题是要加以考虑的，所以，也许最好不要坚持投资率和相应利率的自动调节，而把它留给普通的民主政治组织去决定。

利率也影响人们要持有的货币量

必须注意的另一个问题是，当利率降低时，持有现金而不把它贷放出去的利息损失要小些，于是持有现金的便利有可能得到更充分的满足。那将意味着，当利率降低时，政府必须准备发放更多的货币，当利率提高时，它会发现现金收回的多而发放的少。在集体主义经济中，这种情况似乎不可能很普遍，也不像是至关重要的，因为政府很容易地就可以印发更多的钞票，或者使收回货币额多于付出的货币额。然而我们将会看到，资本主义经济以及统制的、但非集体主义经济中，这是一个非常重要的问题。

第二十二章　利息、投资与就业Ⅱ

在资本主义经济中，充分就业也许会自动实现

在纯粹的资本主义经济中，有一个机构，通过这个机构往往会达到充分就业的均衡状态。在这种均衡中，利率、投资率与消费水平是这样调节的，从而实现资源的充分就业。不幸的是，这个机构，正像我们将会看到的，是个不大靠得住的机构。在这一章，我们要叙述这个机构发生作用的情形。到下一章，再指出，其中运行不尽良好，因而不足防止通货膨胀、通货紧缩、失业和商业循环的若干部分。

就业水平取决于财货和劳务的货币需求

我们的分析可以从任何既定情况下实际就业量的决定因素开始。假定购买和销售都是完全竞争的。因为在不完全竞争下，即或达到充分就业，资源也不能获得最适度的利用。①

---

① 以下这几页几乎是一字不改地引自作者的一篇文章："经济理论中的瑞典踏脚

我们可以假定在完全竞争的资本主义社会里，除劳动以外任何要素的 *mp* 都是正量，因而要素在被雇用时必能够有所得；不论挣得的是什么，要素所有主都要把它租赁出去，而不一无所得地闲置它。我们通过雇用人数以衡量经济活动水平的办法中的确包含这一假定。生产量是由雇用来在**既定**设备上进行生产的人数决定的。正是因为凡是值得使用的一切生产、设备都要利用，而不让它闲置的这一假定，我们才能够说，雇用工人运用的设备是**既定**的。[①]

找到工作的人数取决于雇用他们可以获利多少。获利性又取决于寻找职业的人们所能生产的财货和劳务的货币需求。所以，我们不妨说，就业水平取决于一切种类财货和劳务的总需求或总支出。

接上页注：

石"，《加拿大经济政治学》季刊，1940 年 11 月号，第 575—580 页。

① 这样区别劳动和其他生产要素的原因是：(一)我们对于工人失业这种人的问题极其痛苦与折磨，比对其他要素的难获充分利用——这只会减少社会总产品——更为关心；(二)劳动所获得的货币工资是刚性的，(三)劳动的真实工资有一个使它能够进行生产所必需的最低限度，而其他要素却没有这样的最低报酬，低于这个最低报酬就无法利用它们了。但是，把它们区别开来的最重要的理由是，(四)依靠降低价格，其他要素即能获使用，只因劳动价格是相对缺乏伸缩性的。如果工资像其他价格一样有伸缩性的话，其他要素的价格下跌不会减轻它们的得不到利用情形。一切价格都将无限地一同下跌，直到发生某些事情使基本条件改变为止——例如利率的下降(这可能是价格降低的结果)，要是它下降到足够的程度，可以抵消价格降低对利率和在任何一定利率下的投资率与消费率的不良影响的话。关于不同要素的价格伸缩性程度的不同和这对就业的影响的讨论，参看第 23 章及勒纳："工资政策与价格政策的关系"，《美国经济评论》增刊，1939 年 3 月号。

净收入等于净支出，因为每支出一元就创造一元的收入

社会总收入等于财货和劳务的总需求或者花在财货和劳务上的金额。这简单地因为，除非另一些人把收入花掉，任何人都不能得到收入。付款总额和进款总额只不过是同一交易的不同名称，仅仅表示从支付方面或从领受方面来观察这些交易罢了。

诚然，并不是所有进款都能叫作收入。在销售货物和劳务的进款中，有一部分——实在是大部分——并不构成卖主的**收入**，而只是偿付生产财货和劳务时他所担负的**成本**。只有进款超过成本的部分才是他的收入。从付款总额和进款总额（这一定是相等的，因为它们是同一交易的不同方面）出发，我们可从进款中减去不能成为收入的进款（因为它只是抵付成本），并从付款中扣除作为这些成本的付款。于是我们得出**制成**品和劳务的**净**付款总额，这必定等于总收入。所以我们不妨说，就业决定于**净**支出总额，**净**支出总额是和**净**收入总额相等的。

一定的总收入是能够（而且是必须）挣得到的，因为同一数额的金钱支付出去了。支出创造了收入。那么支出是从哪里来的呢？

投资——它的定义是消费以外的支出——连同消费支出构成总支出从而构成总收入

支出的较大部分来自消费者对他们所用财货和劳务的普通购买。但这不能说明创造出来的**一切**收入，因为，除非人们很穷，否则他们通常花掉的钱总比他们的全部收入**少**，因而支出总额小于总收入。一部分收入，即总收入大于消费支出所创造的那一部分收入的超过额，必须由别种支出创造出来。不用说，这必定是**不**用于当前消费的支出，因为后者已经计算在内了。

不用于当前消费的支出，通常是为了购买财货，这些财货是要保存起来和加到一个人的财富上面(它可能增加将来消费)，这叫作**投资**。但是，消费支出以外的**任何**支出都有同样的创造收入的直接效果(虽然它对**将来**消费也许会发生不同的影响)，因此，当我们谈到**投资**时，把领受人认为是收入的任何其他非消费支出——如同政府救济计划的支出——都包括进去，是便当的。(最后这个限制是要排除用于资本货物或其他资产的支出，因为这时卖主把他的进款仅仅看作他所放弃的资产的代替物，而不是看作他的收入的增加，增加的收入是他可以随便花费而不致使他陷于穷困状态的)。

如果没有投资的话，收入就要稳定在一个很低的水平上

所以，消费与投资两者结合起来，创造了总收入。如果投资停

止而消费仍然保持在同一水平，收入立刻就会减少，其数额等于投资所创造的（并和投资相等的）那一部分收入。但若发生这种情形，并且收入下降，消费是**不**会保持不变的；当一感到收入减少时，它就要降低。这意味着收入进一步减少，消费还要再降低。收入和消费会继续下降，直到收入跌到这么低的水平，以致社会上全部挣得的收入都必须花掉为止。如果社会上有些成员依然是够富裕的，他们可以靠全部收入中的一部分来过活的话，那么其他人就要变得这么贫穷，以致他们的花费不得不大于他们的全部所得。当这种悲惨情形出现时，就不会有任何打算要使消费小于总收入。这时消费（和收入）不会再往下跌。

如果人们对于收入已经下降或正在下降的程度不甚了解，因而慢慢地降低他们的消费，那么，这个低而稳定的收入和消费水平是会通过缓慢的移动而达到的。要是收入下降已经料到，因而消费降低得非常快，那么就会很快地达到这个水平。要对收入达到这个稳定水平的**道路**进行分析就困难得多了，因为它在极大的程度上取决于情势变动中的变化不定的预期。但是，谈到收入将要达到的稳定水平时，我们却有相对充实的理由。

每一个投资水平都有其相应的收入水平，当投资刚好填补收入与均衡消费间的差额时，这一收入水平就达到了

当净投资等于零时，我们已经看到，稳定的或**均衡**的收入水平是这样一个水平，在这一水平上，社会成员认为，作为整体来说，他

们必须把收入百分之百都花掉。这是因为，每一个收入水平都有一个相应的消费水平；当收入水平保持足够长的时间，使人们来得及实现他们实际上能获得的那种收入并相应地调节他们的消费水平时，上述消费水平就达到了。在一定的低收入水平上，相应的均衡消费水平等于全部收入。这就是我们刚才描述过的水平，要是净投资等于零，这个水平就达到了。在比这更低的收入水平上，均衡消费大于总收入。在比这更高的收入水平上，均衡消费小于总收入。收入水平愈高，均衡消费就愈大；但是随着收入的增加，均衡消费增加的数量就愈小。我们不妨为美国编制一表，大致如下：

（单位：十亿元，假设数字）

Ⅰ 总收入	Ⅱ 均衡消费	Ⅲ 必需的投资 （Ⅰ减Ⅱ）
120	90	30
100	75	25
90	72	18
80	68	12
70	63	7
60	57	3
50	50	0
40	42	－2

上表第三栏表示投资量，连同消费，它刚好足够创造一个收入水平，这个收入水平将会维持均衡消费水平，从而保持住它自己。举个例子来说，如果投资是按每年七十亿进行的话，那么，连同六百三十亿消费，这将使收入达到七百亿。在七百亿收入之下，六百

三十亿要消费掉，连同七十亿投资，这将继续创造每年七百亿的收入。于是收入和消费分别停留在七百亿和六百三十亿的水平上。

每年七十亿的投资是不能保持八百亿收入的，因为在这样的收入下，消费将是六百八十亿，连同七十亿投资，这只能创造七百五十亿的总收入。在七百五十亿收入下，消费要小于六百八十亿，于是收入会跌到七百五十亿以下。收入和消费会继续下降，直到收入达到七百亿的水平为止。

另一方面，七十亿投资和小于七百亿的收入也是不相适应的。如果收入是六百亿，消费将是五百七十亿，连同七十亿投资，这会创造六百四十亿的收入。在这个收入下，消费要大于五百七十亿，于是收入要增加到六百四十亿以上。收入和消费会继续增长，直到收入达到七百亿为止。这时消费是六百三十亿，连同七十亿投资，这会把收入保持在每年七百亿的水平上。

消费倾向主要决定于收入的分配

设收入与均衡消费（消费倾向）之间的函数关系为已知，则收入的水平决定于投资的水平。收入的均衡水平是这样一个水平，在这一水平之下，收入与均衡消费之间的差额，刚好由投资来填补。

在纯粹资本主义社会里，消费倾向（即在每一收入水平下，总收入与相应的均衡消费间的关系）主要决定于收入的分配，这种分配实际上是迫使富人储蓄，而阻止穷人储蓄。因为使消费倾向发生显著变化的相当大规模的收入再分配的企图，是真正属于统制经济范围的，它会被许多资本主义信徒指责为“社会主义”，所以在这里我们不妨把消费倾向作为已知数。于是就业水平取决于投资率。在这里，我们也不把旨在促进就业的政府投资看作为一项非资本主义的措施，因而我们只有把私人投资作为就业的重要决定因素。

就业决定于投资，投资决定于利率，利率决定于灵活偏好与货币供给

私人投资决定于利率和商人对投资获利性的估计。在完全竞争的情形下，投资获利性的估计是和“投资效率”符合一致的，商人要从事投资效率大于利率的一切投资，而不会进行投资效率小于利率的一切投资。因此，投资将推进到一点，在这一点，它的**边际效率**（*mei*）刚好等于利率。

利率是借款人支付给放款人的。从另一角度看，它是有货币的人自己不持有货币而把它借给别人所获得的代价。所有这种财富——从个人观点来看，它是财富，尽管它只不过是纸币——是不能为其所有主挣得什么东西的。凡是掌握一些货币的人都因此而牺牲他依当前利率把货币借给其他人可能获得的利息。虽然如此，所有现存的货币总是由某一些人所持有的。

持有货币的人之所以要这样做，是因为他们从持有货币所得到的方便和安全，对他们来说，要比牺牲的利息更有价值些。**持有货币的欲望或需要**——这叫作**灵活偏好**——取决于许多因素。交易做得愈多，它就愈大，因为这时要进行更大量的货币支付就得持

有更多的货币。这种货币收支愈稀少,愈不规则,灵活偏好就愈大。物价愈高,它愈大,因为这要涉及更大量的货币支付;物价愈低,它愈小。可是物价**正在下跌**的时候,它要高些,因为这时持有货币留待以后买东西是比较合算的;物价**正在上涨**的时候,它要低些。当经济不景气时,人们害怕欠他们的钱将有一部分不会按时偿付,所以手中多持有一些货币来应付紧急需要是适当的,于是灵活偏好倾向于上升;因为相反的理由,对一切付款都将按时支付有信心时,灵活偏好即倾向于下跌。

还有许多其他因素会影响持有货币的**需求**或灵活偏好。要和这一切进行对比的是持有货币的**成本**,即利率。利率低时,人们要持有更多的货币(所有其他影响保持不变);利率高时,持有货币的费用比较大,人们就要努力设法少持有一些。

有一个利率使得人们愿意持有的货币总量恰和实际存在的货币总量相等。在比较高的利率下,人们愿意持有的数量小于这个货币量。他们是不会成功的,因为现存的货币总量**必定**要为某些人所持有,不过他们要努力减少他们的货币持有量。同样,在比较低的利率下,他们要努力**增加**他们的货币持有量。他们还是不会成功,因为那意味着持有的货币多于现存的货币。一个人能够增加他所持有的货币量,如果他能找到其他人,这个人愿意让他取得**他的**一部分货币的话。一个人也能够把一部分货币转给愿意增加**其**货币量的另一个人来减少他自己的货币量。但是,只要现存的货币总量没有变化,所有的人要共同改变他们持有的货币总量是不可能的;如果现存的货币总量确实改变了,社会一切成员共同持有的数量必须发生同一方向的变化,并且恰恰增减同一数量,不管各个人的偏好是怎样的。

剩余现金可能贷放出去从而降低利率

一个人能够用两个方法来减少他的现金持有量。（恰恰相反的方法对要增加其现金持有量的人是适用的）。这个人要么把额外的钱**花掉**，要么把它**借给**人。人们要是努力摆脱他们的多余现金，而大家一起用这些钱来特别狂欢一番，是没有用处的，因为他们花费更多的钱，他们就要依同一比率获得更多的钱，所以他们要减少货币持有量的企图是不能得逞的。（他们也可能附带发现，他们要特别享乐一番的企图也要失败。除非消费品总产量增加或存货减少，否则花费的全面增长只能引起物价的上涨，因而更大量的货币支出全部要用来购买和从前一样多的货物。消费品的流通，正好像货币量一样，总量是固定的，一个人要多得到一些，只有使其他人少得到一些。）

这一点是可能的，即每个人都获得更多的钱，他不顾额外进款而要减少现金持有量，所以花费会进一步增加，由于每个人要把多余的钱转让给别人的企图是枉费心机的，其结果是花费和进款都将无限增长。但在货币支付的较高水平下，人们会觉得，他们需要比从前持有更多的货币，当货币支付总量增加一定数额时，现存货币量就不再过多了。在这一点，花费的增长将告一段落。在货币支付的增加是由于所有要素和产品的价格上涨（和这些价格倾向于停留在它们的新水平）的限度内，这是最后的解决办法。用较高货币收入购买的货物和从前用较少收入购买的一样多。

然而全部甚至大部分剩余现金未必会用来增加当前消费。公众会把剩余现金看作他们的一部分财富；只因它采取特殊的形式——即货币——和他们不情愿用这种形式来持有这么多的财产而把它用掉是不经济的。他们会把它转变为其他的形式，即换成提供利息的财产，如同土地、抵押权、证券或期票。所有这些都包括在减少现金持有量的替代办法以内。我们称之为“放款”。所以我们要假设，放款——在这个广泛的意义上——是各个人觉得他们持有的现金超过满足灵活性的需要和欲望而要采取的措施，满足灵活性的需要和欲望是就用持有现金所牺牲的利息来表示的当前费用说的。

我们指出下面一点就能够进一步证明这个假定是合理的，这就是，通过所有货物价格的上涨(这把现金需要增加到实际可以利用的现金量的水平)可能进行的调节，是以既定的货物生产量和既定的就业水平为前提。不然的话，物价不会按花费增加的同样比例上涨。在那种情形下，我们要在这里试图说明的就业量与生产量的决定会被假定掉了。的确，这样一种论证通常作出的假定是，充分就业是要想办法保持的，当产品的货币需求增加时，这种充分就业就是扩充产量的限制。显然，我们在努力说明什么东西决定就业水平时是不能假定充分就业的。

花费的增加可能引起产量的增加。即使物价没有变动，这也会增加货币的需要。然而那不能说明，为什么既定的投资(或消费倾向)要改变，像用货物和劳务表示的实际收入要是发生变化时必定会发生的那样。我们将会看到，花费增加对价格和产量的影响，在依据这个假定提供的便利而给予的解释中，全都可以得到适当的安排。

当人们将其剩余现金**贷放**出去时，利率就降低。当他们发现他们的现金少于他们为求方便而持有的数量时，他们就减少放款，或进行广义的“借债”（包括把证券或任何种财产卖成现金在内）。这样，利率就倾向于提高。利率的升降会减少或增加持有货币的需求，于是在一定的利率下达到均衡位置，这个利率使持有货币的需求等于现有货币的供给。

我们可以说，持有货币的需求（灵活偏好）与现有货币的供给相结合决定利率。利率与各种投资的估计的获利性（投资边际效率表）相结合决定投资率。投资率与消费倾向相结合决定就业水平。

这当然是一幅简单化的图景，因为这些项目在其他许多方面是互相影响的。在一般经济体系里，每一事物会影响到其他每一事物。然而这是一个便当的框框，在这个框子里，一切重要的影响是都能够适合的。

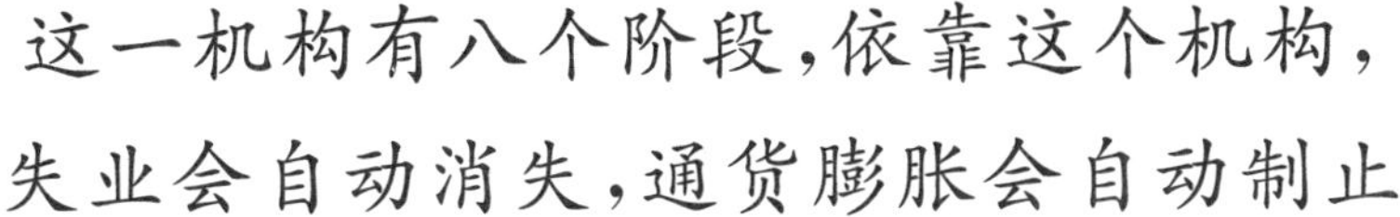

这一机构有八个阶段，依靠这个机构，失业会自动消失，通货膨胀会自动制止

我们已经分析了实际就业水平的决定因素，现在不妨考察一下在纯粹资本主义经济中倾向于导致充分就业的力量的性质。我们可以把这个过程分为八个阶段。

第一，如果不是充分就业的话，劳动价格将因失业工人竞争工作而下跌。

第二，所有其他生产要素的价格都将按工资下降的同样比例跌落，因为跌落的比例较小的任何要素，在一定程度上就将被相对低廉的劳动要素所代替。于是，其他要素的需求会降低到供给以下，使价格进一步下跌。一种要素的价格下跌得比工资多，它倾向于代替劳动，从而它的需求要增加。因为一开始就假定除劳动外所有其他要素都是充分就业，所以这将使需求大于供给，于是价格要上涨，直到同工资的新水平低于原来水平比起来这种要素不会更低于它原来的水平为止。

第三，一切要素价格同等下跌的结果是，生产者之间的竞争（它像从前一样地激烈）将会降低产品价格，直到它们也按同一比例下跌为止。

在这一阶段，就业还是不会增加。产品价格按要素价格跌落的同样比例下跌，因而在变动前有利的任何就业，依然是有利的，以前不利的进一步就业，依然是不利的。

第四，这就造成持有货币的需求的下降。这是因为，当所有价格（从而所有收入）都降低时，比较小量的货币足够了结一切交易并为每一个人提供同等的灵活性。在较低价格下，比较小量的货币代表同样的购买力，其余货币就是多余的。

第五，持有货币的需要的减少，会导致所有这一些人的**放款**，他们现在觉得，他们持有的现金有一部分是不必要的，不如把它换成可以提供利息的其他形式的财富。

第六，这样做的结果是抬高生息形式的财富的价格，从而它们的收益连同货币借贷的特殊收益都要降低，我们把后者叫作利率。

第七，由于利率下降，增加投资就有利可图了。现在收益小于旧利率而高于新的较低利率的一切投资都将是有利的，并将有人从事这种投资。这就把 *mei* 从旧利率的水平降低到新利率的水平。在我们所说的一系列效果中，这里我们第一次遇到就业的某种增加。

较低利率也会诱使消费者少储蓄一些，而把他们的收入多花费一些，这又会导致消费品产量的增加和就业的增长。然而，这个因素是特别可疑的。它甚至可能起相反的作用，如果较低利率促使人们多储蓄一些，因而尽管他们从储蓄挣得的利息要少些，他们也能够同样为他们的晚年做好准备的话。

第八，也是最后一点，雇用工人的收入因投资增加而提高，依据消费倾向，这将会导致更多的消费和创造更多的收入和就业。收入将增加到一点，在这一点，净投资刚好填补收入与均衡消费间的差额，像第 315 页所表明的那样。

如果仍有一些人失业的话，整个过程就反复地重演。它会继续进行下去，一直到实现充分就业才终止。这时工资不会有下降的趋势。这是这个过程的第一步，当这一步停止时，整个过程也就告一段落。

整个过程也可以倒转来进行。如果总需求的增加超过充分就业所必需的，这将导致物价的全面上涨。物价上涨增加了以货币表示的交易总额。在货物和劳务方面，同样的真实交易就需要比较大量的货币支付，而比较大量的货币支付就需要持有更多的货币。持有货币的需要增加的结果，是加重人们渴望借债的心情和减低人们乐意放款的心情。于是人们要抛售证券，利率将会上涨。利率提高会妨碍投资，这就直接减少收入和就业——更重要的是它通过消费减少而对收入发生的间接影响——直到收入下降到更低的水平，在这个水平上，比较小的投资率就足够填补总收入与相应的均衡消费间的较小差额。

在说明实现充分就业的方法的论证中，这八个阶段当然不需要按照这里叙述的严正次序准时地发生。它们全都是在整个调节时间里发生的。在经济社会的某些部分，第八阶段也许在第一阶段在经济社会的另一部分开始之前就完成了。这个整齐的排列只是为了提供一个框框，它清楚地揭示出一些最重要的影响，并将使我们在下一章能够弄明白它们可能在什么地方失去作用。

第二十三章　失业与商业循环

在失业(和通货膨胀)自动消失的每一步，这部机器可能发生障碍

倾向于实现充分就业和制止通货膨胀的机构，在这八个步骤中的每一步，都可能由于障碍而失去作用。这个过程的中断可短，可长，也可能是永久的，要看特定的中断和特定的情况而定。在考察这些中断时，我们要限制在一种重要得多的情形，即从失业到充分就业的变动。制止通货膨胀的障碍只在于其中每一个步骤出现相反的情形。

工资也许不能减低

一开始变动就会因工资不能减低而被制止住了。失业工人，尤其当饥饿不是唯一直接的代替办法时，往往不肯按照低于在业工人所挣得的标准工资提供劳务。人们往往指摘抵制工资削减的工人组织是目光短浅的(如果不是事实上不道德的话)，他们的理由是，工人拒绝减少工资，只不过使他们自己找不到工作罢了。工

资的削减，照前一章末尾的分析，甚至不会减低**实际**工资，因为物价和工资下跌得一样多，使工人能用比较少的货币工资来购买同样的货物。

对工人所采取的政策的这种攻击，工人可以进行多方面的反驳。他们也许相信，实现充分就业的机构在这个过程的其他某一点将会发生障碍，因而他们的牺牲将是真正的和徒然的牺牲。他们也许相信，实际上，结果不是就业的增加而是就业的减少；我们立刻可以看到，这是十分可能的。工人更经常考虑的，不是从全体来看的劳动工资，而是他们的行业同其他行业对比起来的相对工资。他们自己这一行业的相对工资愈高，他们能够买到其他工人所产货物的数量就愈大。任何行业的工人保持他们的相对工资的唯一办法是保持或提高他们的**绝对**货币工资。其结果是工资率变成刚性的，这是企图保持相对工资标准的一个制度上的和显然无法避免的结果。但是不论什么原因，在失业情形下的工资刚性往往是个事实，当工资变成刚性时，靠自动的资本主义方法来实现充分就业的机构甚至得不到开动的机会。

如果工资确实下跌的话，这不会直接消灭失业

在一般人，尤其他们的产品不是卖给工资劳动者的雇主当中，有这么一个信念，即在失业现象发生时，只要工资被迫降低（靠摧毁工会，把失业救济减到最低限度，削减救济金，使工人因饥饿不得不接受更低的货币工资），那就万事大吉。这个信念一部分是因

为没有认识到，在这个过程的较后阶段的再就业（re-employment）可能遇到障碍。然而它主要在于把只适用于经济社会的一小部分的原理，不合理地应用到整个经济。如果一特定雇主应付的工资削减了，而其他一切没有变化，那么，他扩充生产和增加他所雇用的工人人数，通常是合算的。这不能推广到整个经济，因为"其他条件不变"的意思是说，所有其他的人都像从前一样地支付工资。所以，当他的顾客按照较高的工资水平挣取货币收入时，这一雇主就比其竞争者处于优势的地位。如果在整个经济中实行工资削减的话，这种情形是不会发生的。在这种情况下，个别雇主不会胜过他的竞争对手，他的顾客也将获得比较少的货币收入用来购买他的产品，所以这个论点不能推广使之包括工资的**一般**削减。

其他要素价格也许不会随工资一同下降

现在让我们假设失业发生时工资**确实下跌**了，然后考虑第二步。其他生产要素的价格也许不会作同比例的下降。其他要素的一部分可能是由垄断组织控制的，它们不容许削减它们的价格。于是其他要素将会发生失业情形，使用这些要素所生产的产品的价格，也不能跌得像工资跌得那么多。就任何就业水平来说，劳动的**实际**工资——工人用他的工资所能购买的货物和劳务——将会因这些相对高的价格而减少。工人为什么准备要把自己组织起来抵制他的货币工资削减，这是理由之一。在分析上，这和特殊种类工人拒绝削减他们的工资与这种拒绝对相对工资发生的影响是相同的。

在其他要素——它的价格不下跌——同劳动竞争的范围内，劳动将会代替这些要素，这将增加工人的就业，减少其他要素的就业。要是这些其他要素像土地一样是固定不变的，它们未必会长期失业，虽则其中一部分要素坚持索取较高的价格，但是，只要它们这样坚持下去，经济遭受的影响就像没有这些要素的情形一样，国家也相应更加贫困些。我们将会看到，这种经济上的贫困**可能**有促进就业的效果，因为失业是社会没有实行统制来充分利用它的潜力时潜在财富的副产品。它是富裕国家而不是贫穷国家的灾难。

如果其他要素——它的价格拒不下跌——是制造出来的生产工具，这不仅会使社会贫困，而且对就业也是有害的。因为，虽然劳动将会代替一些其他生产工具，但在生产工具——它没有被利用——的制造业中就业将会减少；我们已经看到，投资的这种减少对就业水平会发生很坏的影响。

垄断者也许会维持产品价格

如果我们假设一切要素的价格都按同一比例削减的话，我们就进到一连串影响中的第三步，这就是产品价格的跌落。这里又发生产品价格拒不下跌的可能性。当有垄断的生产组织时，这是会发生的。垄断能够而且确实经常在面临萧条的情形下采取维持价格的政策，尽管要素价格下跌了。就微小的产量说，单位成本也许是很高的，甚至可能比要素价格比较高的时候还要高些，但当产量扩大时，大量的（和往往是虚构的）间接成本就能够分摊到比较大的产量上面。这种公司甚至会在萧条时期抬高它们的价格,为的是在面临产量减少的情形下保持利润,这是大家都知道的。当公司在繁荣时期没有赚到尽可能多的利润时(可能是怕招致国家管理,如果它赚取到的话),它特别会采取这样的步骤。要是它不曾赚到任何非法利润而只是要减少它的亏损,它可能认为抬高它的价格是正当的。总之,即使生产要素的价格全都削减了,产品的价格却可能不下跌,于是自动达到充分就业的过程在第三步也可能发生障碍。

现金需要也许不会减少,因为工资和物价的下降能够抵销工资和物价减低的影响

这个过程的第四步是减少必须持有的货币量。如果所有工资与其他要素价格和产品价格一同削减,然后停止在一般人预期要维持的水平上,这可能是满意的。这有时是靠政府命令实现的,但在纯粹资本主义的机构中却没有发生的余地。在资本主义社会里,工资和物价不会同时断然地都作同比例的下降。即使没有垄断限制,不采取维持价格的手法,工资和物价下降的情形也会十分不同。起初是某些工资略微下跌——这部分工人处于最软弱的讲价地位或组织得最没有效率。随后是失业延长,越来越多的工会在罢工和关厂方面遭到失败,因为他们的基金花光了。当个别工人用完他们的储蓄和他们从食品店与房东那里取得的信用时,他们不得不忍受工资的削减。于是工资逐渐地而且通常是按渐增的

比率下跌。一旦工资开始跌落，物价便随着下降，因为成本减低了；雇主既不能希望他们能按较高价格来出售他们的存货，如果他们把货物存得略微长久一点的话，而且没有财力来保持存货而不拿到市场上去卖。

工资和物价**下降**对持有货币的需求的影响恰和前一章所考察的工资和物价**比较低**的影响相反。物价**在下跌**时，掌握货币而不把它赶快花掉是合算的，因为等待（waiting）能够使人在物价更低的时候进行购买，并能用这些钱购得更多的东西。

不错，当人们放款取息时，和等待物价下跌而把货币闲置在袋中一样，也能获得货币因物价下跌而增值的利益。要是放款取息的话，利息的支付将是货币增值以外的附加收益。所以，也许有人设想，贷放出去的货币还有一个来源，这就是留着不用而等待价格进一步下跌的货币。然而这是靠不住的，因为物价下跌的持续时间不定，有预见的购买人情愿把钱放在手里，以便在物价开始再度上涨以前准备购买。因物价**下跌**而**增加**的持有货币的需求可能不只抵销因物价较低而减少的持有货币的需要。

同时，物价下跌加重了负有固定货币义务的企业的负担。在物价较低情形下，即使可变成本按产品价格下跌的同样比例降低，这些企业的总收益也将减少，它们往往不可能履行按从前较高物价水平确定的货币义务。倒账和破产将会增加，因此而产生的不确定性——不论债务到期是偿还或者是不偿还——都使债权人认为值得持有更大量的现金，从而他们不会因倒账而过于感到不便。这就提高了现金需求，也有助于抵销因物价水平较低而造成的现金需要的减少。

现有货币量的减少可能大于货币需求的减少

现在我们不妨承认第四步并假设公众要持有的货币量最后将要减少。在物价已经下跌了一个时期，并比当初物价低得这么多，因而不止抵销物价继续下跌的影响的时候，这种情形是会发生的。而且，大多数呆账已经勾销，大多数破产已经清理，所以对其余债务将会按期偿还抱有比较大的信心。结果，因上述原因而引起的对灵活性的需求没有那么大了。总之，不论原因是什么，我们将要假设我们已经迈出了第四步，现在要考察第五步，这就是公众的**放款**，因为他们觉得手头持有的货币数量过多了。

也许根本不会发生这种情形。因为现有货币量的减少也许像货币需要的减少一样，甚至更加迅速。在物价下跌、违约和破产的时期，许多银行将要倒闭，信心和信用可能遭到损害，而使货币的供给减少。即使撇开银行倒闭不谈，信用货币量也将减少，因为现金需要的下降会促使商人利用现金余额来减少他们欠银行体系的债务。这就导致货币量的自动缩减。即使货币需要减少了，公众也许没有放款。在信用制度高度发展的地方，大多数货币既不是数量相当稳定的金银币，也不是通常波动不大的政府纸币，而是银行钞票和银行信用。“银行存款”是最重要的货币形式，它大部分是由银行总账中各个存户的数字构成的。

任何人持有货币的欲望的减退会促使他偿还他的银行欠款，然而不能保证银行马上会增加对其他人的放款。十分可能的是，银行倒是很想将钱收回来，比平常多掌握一些现金，以便在它们无法收回其他欠款时仍能履行它们的义务。于是银行拒绝延长借款期限，甚至要努力收回借款。公众的灵活偏好下降了，但是公众可以持有的货币量的减少也许会抵销，或者不只是抵销这种灵活偏好的下降。

由于灵活偏好弹性的关系，利率的降低可能是微不足道的

第六步是，公众剩余现金贷放的增加，降低了利率。如果能够克服前面的困难，相对于供给来说，人们希望持有的货币量便减少，结果利率的下降也许很小甚至是微不足道的。如果财富所有主认为利率是“正常的”，万一下跌的话，不久也须恢复正常的水平（即至多在一年或两年以内），那么，利率就不可能大大降低。如果财富所有主抱有这样的想法（他们这样想似乎是十分肯定的），他们将会制止利率下降。一到利率略微跌到“正常”水平以下，他们就抛售证券来制止利率的进一步跌落，因为他们的证券由于利率下降而增值了。这时他们将持有他们从出售证券所得到的现金，等待利率再度上涨。当这种情形发生时，他们就能依较低价格买回他们的证券，从而获得一笔利润。这样，证券所有主就变成一个蓄水池，它吸取从交易解脱出来的任何现金，以防止这些现金压低利率。只有在这些人确信利率就要下跌并将长期停留在低水平上时，他们才会放弃这套把戏并让利率下降。

利率甚至会有一个下限

即使这样，利率也似乎有一个下限。在利率达到这个最低限以下时，财富所有主既乐于持有提供这种低利的证券，也几乎同样地乐于掌握虽不提供利息而能予人一种安全感和灵活性的货币。这些证券所有主将愿意大致依当前价格把大量证券卖成现金。这将制止利率的暴跌，即使剩余货币是大量的。

收入下降对投资的影响也许会造成通货紧缩的螺旋形下降，而灵活偏好的累积增长会加强这个下降运动

第七步是利率降低的诱致较高投资率的影响。这个影响首先会被物价下跌所消除。当物价跌落时，投资效率下降，因为其产量由于投入现有要素而增大的将来产品，必将按较低的将来价格出售。这样，投资便趋于减少，它可能不只抵销利率的下降。而且，如果要素价格也下跌的话，甚至看起来有利可图的投资也要被推迟。这不只是因为投资人的过分贪婪(要素价格再减低时，他们将会从以后投资获得更多的利润)，而且因为投资人害怕竞争者日后会利用较低廉要素价格进行更廉价的供应，从而破坏他的投资的获利性。这意味着投资的推迟，当前投资的进一步减少。

除此以外，投资受消费水平强大的影响。消费低的时候，交易清淡，很多投资似乎不可能进行。在消费高的时候，交易兴隆，投

资利润预期——投资效率——是高的，很可能进行大量投资。所以，为了应付物价下跌的情况，投资和消费便因推迟而减少，这是一个累积过程。投资下降减少了收入和消费，并使物价进一步跌落；而消费的减少又使投资再度下降。这样就掀起一个螺旋式的运动。这是商业循环下降阶段的普遍现象。

这个累积过程同另一个和灵活偏好有更密切的关系的累积过程连在一起了。购买人因等待物价下跌而减少开支，物价和就业就进一步下降，消费和投资更加减少，破产和倒账进一步增加，因而越发需要持有现金来对付借款到期不还的危险。这会提高利率并进一步减少投资，从而加强就业、收入、花费和物价的下降运动，并促使现金需要进一步增加和利率进一步上涨。这个累积过程是在每次经济危机中我们所熟知的一种现象，它预示经济萧条的加深而不是充分就业的恢复。

看起来情形大概也是这样的，就是，利率对投资水平的影响并非真正是这样重要的项目。在大多数场合，利息同伴随着投资的巨大不确定性比较起来是微小的。因此，纵或其他东西没有变化，利率在实际可能的范围内的降低不会带来投资的巨大增长。

虽然如此，现在我们不妨假定投资确是增加了，然后考察这个过程的第八步或最后一步，在这一步，依据消费倾向，投资增加会带来消费和收入的巨大增长。收入要增加到收入与均衡消费间的差额和比较高的投资率相等的一点。

这也许是这一系列步骤中最可能的一步。消费倾向是相当稳定的。比较低的利率会促使人们多储蓄一些，以便抵补他们的储蓄所获得的较低利率，从而降低消费倾向，这是可能的；然而这说不定会被人们增加的消费大致抵销掉，这些人认为不值得储蓄那么多，只因利率降低了。活动的增加也许要引起收入的再分配，这会增加储蓄，但那只能使这种影响受到少许的削弱。我们可以说，如果进到第七步的话，第八步是相当靠得住的。巨大的障碍正是在头六步或头七步中发现的，这些障碍在充分就业发生任何偏离时会阻止它的自动恢复。

所有这些考察可以倒转来应用到通货膨胀的情形

到现在为止，这一章所提出的全部论证都能够倒转来应用到充分就业在相反方向的偏离情形。的确，就业过度（overemployment）不会是大量的。[①] 然而通货膨胀能够而且确实会发生，自动机构不能制止它，这里边的原因恰和它不能救治失业的原因相同。倒转来再把所有这些道理重述一遍似乎是不必要的。

在有几种刚性价格时，相对失业取决于相对价格

直到现在为止，我们的分析几乎完全是依据一种要素进行的，

① 在战争时期，就业会比正常的和平时期工人自愿要求的就业有极大量的增加。因为工人被比较高的货币报酬——它并不代表比较高的真实工资——所迷惑，于是出现额外劳动，在这个限度内，它就这里所阐述的意义来说是就业过度，并且是和萧条时期的就业不足（underemployment）相对称的。然而看来可能的是，在战时这种额外劳动的较大部分乃是爱国心——做些事情来帮助赢得这场战争的愿望——的结果，因此，它最好认为是劳动供给的暂时增加，而不是就业过度。

它是唯一具有刚性价格的要素——劳动及其刚性的工资。所有其他价格假定都是有伸缩性的，并进一步假定只有一种劳动和一种工资（在简短地研究工资为什么是刚性的时候除外）。随着这种工资的下降，所有其他价格也要按比例地跌落，直到利率降低所引起的投资和就业的增加导致充分就业和稳定的工资与物价水平为止。

只有一种劳动并且除劳动价格以外其他价格都不是刚性的，这自然是不正确的。现在我们能够把一切具有刚性价格的要素都加以分析，亦可看到我们的基本原理没有受到影响。我们关于劳动所谈的一切，现在对所有这些要素合起来看时也是适用的。由于它们的价格可以下跌，所以它们趋向充分就业的运动能够进行下去，而这个运动也将碰到上述一切障碍。

现在失业不再是具有一单独度量的简单东西了。价格是刚性的要素有多少，它的维度就有多少，于是这些要素当中每一种都有一部分失业。失业是按它们的**相对**价格所决定的比例在它们中间进行分配的。如果其中一种要素相对于其他要素来说降低了它的价格，它将会代替其他要素而获得就业。如果几种要素价格是按同一比率下跌的话，那么，其结果是和一单独要素的价格降低一样的。除非这个过程的后几步全都实现了，否则这只会使所有有伸缩性的价格按刚性价格下降的同样比例减低，而用实物表示的就业与收入将保持不变。如果刚性价格有一部分提高，其他都降低，那么，第一种要素的就业将会减少，第二种要素的就业将会增加。这对总收入和总就业的影响是不确定的。在想象中，刚性价格的指数可以这样来编制，当一些价格上涨时，另一些价格下跌，从而使指数保持不变，总收入也不会有改变的趋势；但是，那只不过把每种要素价格按总收入要受那一价格变动影响的程度来加权结果。我们只能用这里我们被限制使用的一般的、抽象的字眼说，具有刚性价格的要素的相对失业取决于它们的**相对**价格，而失业的绝对水平，只有在本章所考察的障碍都不发生效力的情形下，才取决于刚性价格的绝对物价水平。如果其中任一障碍发生作用，则刚性价格的绝对水平的下降趋势不会增加总就业和总收入，或许使之减少，正好像我们对具有刚性价格的一单独要素——我们把它叫作劳动——所做的分析一样。

商业循环的根本原因是收入分配非常不均所引起的需求不足

我们以上所谈的妨碍充分就业自动实现的黯淡情形，并非对现实世界大部分时间中不断发生的事情的过于不真实的描述。在现实世界中，大部分时间都有失业存在，这意味着消费和投资没有经济社会能够提供的那样多。大多数人的消费不足只能用收入不足来解释。他们愿意多花一些钱，如果他们有钱花的话。投资不足主要是因为消费不足。消费不足是收入分配极端不均造成的，这使得穷人无从消费，而富人自然要把大部分收入储蓄起来。

这一直追溯到商业循环的根本原因。不论对商业循环的详细研究是多么复杂，也不论要消除商业循环而不接触它的根本原因的努力会遭到怎样的挫折，这个根本原因是很简单的。根本的原因是需求不足。

收入分配是资本主义经济中多种偶然影响的非常坚定的结果，在既定的收入分配下，消费倾向是这样的，即在和充分就业相应的收入水平，收入和均衡消费间的差额是很大的。这个差额（第315页的例证表明，在收入是一千亿元或一千二百亿元时，它是二百五十亿元或三百亿元）意味着，如果实现充分就业的话，人们将要储蓄的总数（大部分是富人储蓄的）。除非有足够的投资来填补这一差额，否则这个收入水平是无法保持的。但是这一惊人的投资水平比可以有利地长期保持的水平要高得非常多。即使能够达到这样的充分就业位置，投资机会不久就要渐渐利用光，于是投资下降。这就引起上文中所考察的危机和萧条的累积过程。收入减少，投资更进一步下降。物价也跌落了，累积过程一直进行到收入的很低水平为止，在这个水平上，收入和消费间的差额是很小的，它也许等于零甚至是负数。小量投资继续一个长时期后，投资机会又积聚起来，这些投资即使在很低的收入水平上也是有利可图的。当一些投资着手进行时，收入提高了，从而更多的投资变得有利可图了。我们现在碰到向上的累积运动。人们从事许多的投资，这些投资不仅取决于高收入水平，而且取决于收入的**增长**。膨胀的动力也许会把它推向充分就业，或者在未达到那一水平之前它就停止下来。无论如何，它必须停止在充分就业的一点，因为更高的活动水平是不可能的。（当人们暂时受一种报酬——由于通货膨胀关系，这种报酬并没有它表面看来那么大——的引诱而牺牲闲暇和退隐生活时，略微高于"充分就业"的活动水平是可能的。）活动的扩张终于要停止下来，这时由于扩张本身活生生的事实而进行的那些投资就要告一段落，于是活动**减少**，这是经济下降

的另一个原因。

当充分就业实现时，如果它获得实现的话，膨胀还能够继续进行，但这只是就物价来说的。物价和货币收入上升，实际收入却不能增加。第315页表指出了这一点，它表明，均衡消费对收入的比率随着收入从四百亿元增加到一千亿而不断下降，但在收入从一千亿增加到一千二百亿元时，这个比率仍保持不变。这说明，当充分就业实现时（在一千亿元），就只有一般物价的上涨或通货膨胀了。物价增加了20%，而实际收入，实际消费和实际投资却和一千亿元收入时是一样的。

商业循环的研究是要探讨，在不采取行动把需求保持在它应有的水平时，就业将会发生什么情形

当然，关于商业循环是有不少东西要进行研究的，在这一页商业循环的叙述中，甚至没有谈到这些问题；然而，当我们容许商业循环的基础——总需求不足——继续存在下去时，这种研究实在是有关它的发展情形。这对我们主要关心的问题——统制经济必须做什么事情来消除商业循环的真正可能性——是完全不相干的。这里关于商业循环的研究是要探讨，对总需求不加控制时，经济将会发生什么情形。

造成总需求不足的一个因素本身就是商业循环的结果。甚至在相对景气时期，景气是否将继续下去或继续多久这种不确定性，和在非统制经济中商业循环将会继续下去这个完全正当的信念，

都会大大增加伴随投资而来的风险，降低投资效率，并减少人们要进行的投资量。它也减低投资对利率的敏感性（把它淹没在大得多的风险当中），于是这个机构——它倾向通过利率下跌来导致充分就业——就更加变得效力不大了。

政府活动自然要加重商业循环，但在非常严重的萧条时期，政府通常是被迫来缓和这种局面的

经济活动的水平要受到花费、赋税和政府借款活动的影响。在纯粹的资本主义经济中，这种种活动的结果多半是加强经济活动的周期波动。政府预算是根据企业或公司的预算状况编制的。在景气时期，税收高，联邦和地方政府会认为，超过当前国库收入多搞一些对社会有益的活动是适当的，于是要靠高额税收的预期继续为这种活动多借一些钱。这将造成总需求的净增加，因为政府把全部税收和借款都花掉了，而人民减少的支出却只有税款增加额的一部分（或许亦费还不在内），以及贷给政府的钱的极小一部分。

在不景气时期，政府觉得，撙节开支是适当的，它不要在国防、公园或道路方面大肆挥霍了。债务是必须靠税收清偿的，在税收减少的时候增加债务被认为是“不健全的财政”。它甚至企图提高赋税偿还一部分债务来减少国债，使国债同政府税收保持比较好的“平衡”。实行这种“健全财政”政策的结果是进一步降低收入，一方面由于政府借钱花费减少了，另一方面由于私人花费因赋税

提高而减少，政府是用这些税收来还债的。萧条深刻化的程度比政府与私人花费**直接**减少的净额要大得多。这是因花费减少的作用恰和投资减少是一样的。收入必须降低这么多，以使收入与均衡消费间的差额缩小，其数额恰和花费**直接**减少的净额相等。举个例子，根据第 315 页的数字，在收入是六百亿元时，政府和纳税人花费直接减少的三十亿元会使收入减少一百亿元，即从六百亿元减到五百亿元。收入直接损失的数额是三十亿元，这进一步减少一些人的花费，因为这些人的收入下降了，花费的减少又会产生同样的反响。这种影响要继续下去，直至达到一个比较低的五百亿元收入水平为止。在这一点，收入与均衡消费间的差额缩小三十亿元，这个收入是能够维持的，尽管花费少了三十亿元。

这完全和赋税(所得税和几乎会由“剩余”负担的其他赋税除外)增加的间接影响无关，这种间接影响在于：相对于用来制造缴税货物的要素来说，它抬高了这些货物的价格，从而把 *vmp* 提高到 *msc* 以上，这就妨碍那些已被使用的资源的最适度利用。

因“健全财政”而引起的通货紧缩也是累积性质的。在政府打算把经营一家小企业的适当原则应用到整个经济时，萧条因它采取的“经济”措施而加重的程度愈深，那么，为了防止经济“陷于破产”而必须应用这些“经济”和“健全财政”的原则就显得愈迫切，政府就越发会使情况继续恶化。这方面的典型例子是希特勒上台前德国的“健全财政”，它是这样为法西斯革命打下基础的。

到头来，政府不得不违反它的意志而放弃这个做法，并真正做点事情来改善经济情况。它发现，它要不失人心就不能再靠赋税来筹款了。它发现，它的人民陷于饥饿状态，从人道和政治两方面来考虑，它都不得不花一些钱来使他们活下去，即使这意味着增加债务和陷于“不健全财政”。政府净花费的结果是使收入的增加大于政府实际花费的数额。它像投资一样创造收入。（的确，我们是在广义上对投资下定义的，它包括政府不用于当前消费的花费。）收入将会提高，直到收入与均衡消费间的差额扩大，其数额等于这部分额外花费为止。由于收入水平愈低，这一差额变动率相对于收入来说就愈小（代数地），所以收入水平愈低，效果就愈大。还是用第 315 页的数字，我们可以看到，当收入水平是四百亿元时，花费增加二十亿元，这将使收入增加这个数额的五倍，即达到五百亿的水平；然而要把收入从八百亿元提高到九百亿元的水平，就需要增加六十亿元的花费（或投资）。在萧条的最低点，不管政府怎么样，它几乎总是要被迫花得比税收多，这就提高了经济活动的水平。然而一个非常严厉的、正直的政府因严格坚持“健全财政”的原则而把它的人民一直带上毁灭的道路也是可能的。

第二十四章　利息、投资与就业Ⅲ
（机能的财政）

政府掌握有维持充分就业和防止通货膨胀的有效手段，然而强烈的偏见阻碍着这些手段的使用

我们现已具备条件来考察统制经济中利息、投资和就业的调节问题。在这里我们既不采纳左派的主张，认为百分之百的集体主义一定是符合社会利益的，也不采纳右派的主张，认为一国政府必须要遵守适合于一个百货商店的财政原则。一旦人们认识到，保证要维持充分就业是政府的一项职责——甚至是主要的职责，并认识到，任何会妨害这种任务的所谓“健全财政”都不可能认为是正当的，那么用来维持充分就业的手段就会显得明白无误了。但要承认这些手段是不可能的，除非去掉某些特别强烈的、根深蒂固的偏见。在前几章里，我们提到过这样一些偏见，但是我们现在必须对之进行更彻底的考察。①

① 不管一切关于什么是“健全财政”的传统概念，而只按它们的效果或它们对社会**发生作用**的方式来判断各种财政措施，这个原则可以叫作“机能财政”。参看勒讷，“机能财政与联邦公债”，《社会研究》，1943 年 2 月号。

这些手段还是无法利用的，直到人们认识到，国债数额大小是相对不重要的

其中第一个偏见是不愿意知道，国债（为本国公民所持有的）的数额大小，除了对维持充分就业重要意义以外，几乎是没有什么意义的。国债对于后代的人并不是一个负担，因为，要是后代的人偿付这项债务的话，他们是付给那些在还款的时候还活着的同一代的人。国债对于国家也不是一个负担，因为公民们作为纳税人为了支付国债的利息和本金而缴纳的每一分钱，他们作为国家债券持有人又收回来了。国债不是一个国家贫穷的象征，正如人们握有政府公债券不是国家财富的象征一样——不论怎样测度国家财富，这两个数额都恰好抵销掉。正像增加国债并不会使这个国家更贫穷些一样，偿付国债也不会使这个国家更富有些。国债"总有一天要偿还"，这是不真实的，就好像所有银行在大灾难的一天必定要收回它们的贷款来偿付它们的存款者，或所有的企业和公司会有一天不得不解散来清偿它们的投资者的债务，是不真实的一样。购买政府公债的每一个人在到期的时候一定要能够收回他的钱，但当这种情形发生时会有另一贷款人取而代之（要是那一个人的贷款不愿延期的话），因而国债可以继续下去——正好像森林可以永久继续下去一样，虽然森林里的每一棵树到头来是要被砍掉的。

国债利息对于国家并不是一个负担

说对国内人民所持有的公债支付的**利息**，是国家的一个负担，这种说法也是不真实的。实际上利息的支付对于国家并不发生影响。这些款项只不过是从纳税者或新的贷款者的手中移转到领受人的手中而已；要是增加赋税有困难或不可取的话，国家也可以用借款或印钞票的办法来支付利息，整个国家不致增加任何负担。反对印钞票和借款作为支付利息之用的偏见，似乎比反对印钞票或借款作为其他用途的偏见要强烈得多。但是影响是完全一样的。

国家也不会因内债而陷于“破产”

有两个重大的错误观念使得人们认为国债是一种应当避免或减到最低限度的坏事情，其实它本身是谈不到好坏的。第一个错误观念是将国家或代表国家的政府看作一个商店，它要是负债过多，多半是会陷入困境的。这时它可能无力偿还债务而不得不宣告破产。这无非就是米考柏尔先生对所有商人和普通商店所提供的完全正确的忠告。但是，不论国家或政府都不是普通的商店，甚至不是一个通常的商人，不必像米考柏尔先生那样，整天害怕因负债而被捕坐牢。政府即使不愿意征税来筹款，它总能向另一些公民借款或印发钞票，偿付它所欠某些公民的债务。国家既不会因债系狱，也不会因破产法令而无法继续它的业务。国家有了内债就会“破产”的奇怪想法，只能说是私人资本家根据自己的情况想象出来一种国家观念，然后用这种资本家的神话影响资本主义社会中其他成员的结果。

每一笔债务都有一笔相应的债权

另一个重大的错误观念是，只看到债权债务关系的一方面。每一笔债务都有一笔相应的债权，因为必定要有一个人是债主。当一家商店或公司举债时，这通常叫作放款人的投资。人们往往把这种投资的总额当作一个国家的财富的标志。“美国大约有二千亿元投资在企业公司方面；这表明这个国家是多么富有。”当政府举债时，它不是从政府债券购买者的观点作为一种债权来看待，而是从政府观点写在账簿的另一方作为借方或债务来看待。所以它被认为是国家贫穷的表现。将这个说法反转过来是一点也不会更不合理的，这就是，鉴于美国公民掌握有八百亿元的政府债券。所以美国本来会是一个极富有的国家，要不是因为商店和公司一共欠债高达二千亿元的话。当然，这两种说法都是没有意义的，因为，无论是政府的还是私人的债务都不能表示国家的真正财富，而真正财富则在于这个国家的居民的技巧和勤劳以及他们借以进行生产的天然资源和生产设备。

只有外债才像私人债务一样能够使国家贫穷

当然，所有这一切只有对国内人民所持有的公债来说才是不错的。增加对别国或别国公民的债务，确实表示债务国的贫穷和债权国的富有。对于这一类的债务，一般人的批评是对的。当一个国家向另一个国家借债时，那就有点像是一个人向另一个人借债或一家商店向另一家商店借债。借者由于借债关系能够使消费大于他的生产，但是后来他还债时，就必须使消费小于他的生产。但这对于借内债或偿还国内人民所持有的债务来说都是不正确的。一个国家不能够靠货币的运用来使消费大于它所能生产的，这是每一个国家在这个时候都已深刻理解到的。正好像借内债不会当真给予这个国家它原来所没有的任何东西一样，还债或付息也不会从整个国家拿走任何东西。

一国从另一国借债是否明智，要看情况来决定，就像个人借债一样。这种债务应当加以限制，因为还债将是这个国家的真正负担，正好像借外债所提供的真正利益是与借内债所获得的任何利益迥然不同一样。临到还债的时候，可能会有极不方便的情形，以致不能履行债务。但是这些考虑一点也不适用于国内人民所持有的公债，从国家的观点来看，这种债务是会彼此抵销的。打一个比方来说，国内人民持有的公债，不是一个人向另一个人借债，而是一个人从他的一个衣袋拿出钱来而放进另一个衣袋中去，报纸社论和漫画对国债所表示的忧虑，就类似一个人想到他欠他的一个衣袋的钱和这个债务要使他陷于破产的危险时变成神经衰弱一样。

一个人将钱分配在他的各个不同衣袋里的情形，确实是和一种具有真正重要意义的社会现象符合一致的。国内人民所持有的公债愈多，则社会成员所拥有的私有财产愈多，他们要么是直接作为政府公债的私人所有者，要么是作为公司的所有主而间接通过公司和银行持有政府公债。政府公债是政府财富所有权的对立物。政府占有真实的天然财富（土地、矿产、工厂、道路等等）的部分愈大，则私有财产的范围愈小。要是政府占有一切的真实财富，像在完全集体主义的社会那样，那么，在生产工具方面就没有私有财产存在的余地。要是政府一点也不占有真实财富的话，那么所有这些财富都是私有财产。要是政府借款，它就发行公债——这是真实国民财富**以外**的私有财产的证券。

由于这一点，所以社会主义者多半不喜欢有很多的国债，他们反对的是它扩大了私有财产的范围。他们反对的根本理由是，私有财产倾向于在人民中间极不平均地进行分配，所以他们合乎逻辑地认为，扩大私有财产的范围就会加强经济财富和权力不平均的程度。但是，反对国债最强烈的声音却是来自私有财产的最顽强的支持者。这又表明，他们是怎样由于不加思考地听信和一般应用资本家的神话，而看不清他们自己的利益。

国债数量的大小和数量大小的变化，对于财富和收入分配的影响，是相当重要的。但是在重要性上它同维持充分就业、或资源最适度利用、或资源在生产当前消费品与增添社会生产设备之间进行适当分配这些基本目的是无法比较的。甚至它对于财富和收入分配的影响同其他影响比较起来也是微小的。增加或减少国债，我们将会看到，是达到那些必须占有首要地位的基本目的的主要手段之一。但是运用这种手段，同由于其他理由所要求的比较起来，不一定要更多地离开收入和财富的理想分配。我们可以采取一些步骤来改善一般私有财产的分配，而这些步骤也将涉及私有财产的增加问题。社会主义者和平均主义者对于增加国债的合乎逻辑的反对意见，只适用于非统制经济中私人财富的增加，在非统制经济中，财富和收入似乎是按照一种十分确定的规律进行分配的。没有理由认为，要是统制经济当局喜欢另一种更加平均的收入和私有财产的分配方式，这个分配规律还是有效的。

赋税的目的绝不是为了筹款，而是要使留在纳税人手中的钱比较少些

第二种大的偏见表现在他们不能够了解，征税绝不应仅仅当作政府筹款的一种手段，理由是政府需要钱。要是筹款是唯一目的的话，政府可以用印钞票的办法来筹措它所需要的一切款项。

这种办法对于私人公民来说是不合法的，因而通常被认为对，于政府来说也有些不合法，这同样是将政府与私人企业混为一谈，以致把政府债务看成是危险的，并认为政府税收等于企业的收益，从而它是政府花费的唯一真正适当的财源。当然，政府花钱（甚至于做任何事情）要有一定的限度；但是这些限度必须要根据它对社会福利的真实影响来规定，而不是模模糊糊地同对商人来说是谨慎合法的事情进行类比时推求出来的。

合理的办法是按照它们的效果，而不是按照任何适当或不适当的含糊概念来判断一切行动。**“从它结的果来了解它是什么树”**。赋税的效果是双重的。它增加政府手中的钱和减少纳税人手中的钱，使他少花费些。第一种效果对于政府是不重要的，不论对于任何一个公民来说能够这样来取得金钱是多么重要，因为政

府能够更方便地靠印钞票来取得它所需要的金钱，而不怕警察的干涉。重要的是第二种效果，要不要征税的问题应当完全取决于它对各个纳税人的花费的影响是不是可取的。这种效果——它是不容易用任何其他方法来获得的——是合理的政府运用赋税手段的根据。它可以对各个人或某个阶级征税，要是它认为他们不如此富有或少花些钱对于社会有好处的话。它也可以对特定形式的花费（如对威士忌酒）征税，作为减少这种花费的手段。它还可以更一般地征税，作为削减花费总量的一种手段，如果有必要来防止过多的总需求和通货膨胀的话。赋税是重要的，但它不是作为筹款的手段，而是作为削减私人花费的手段。

借债的目的不是为了筹款，而是要使公众持有更多的公债和比较少的金钱

第三种偏见和第二种极为相似，它表现在它不了解：政府借债绝不应当仅仅作为筹款的手段来进行，正如政府不应当仅仅因为在某种用途上需要钱就实行征税一样。就像在赋税（或任何其他人的合理行动）的场合一样，判断标准是这种行动的**效果**。借债的主要效果是减少公众持有的货币量而增加他们持有的政府公债的数额。这将会降低政府公债按货币计算的价值从而提高利率。要是政府愿意取得这些效果，它就应该借债；不然的话，它就应该靠印钞票来提供它所希望花费的全部金钱。的确，要是它想取得对公众持有货币和持有公债以及对利率的影响的话，它就应该借债，即使它并不需要这样来筹款。它可以将这笔款储存起来，等到它

将来要花钱的时候，或者，要是这样做更方便的话，它可以将借来的货币烧掉，等到将来需要花费的时候再印新的钞票。借钱并不是与目前需要钱来花费直接相联系的，而是必须按它本身对经济发生的影响来决定的。

现在我们每隔十五分钟就听到无线电报告说，政府为了努力从事战争需要我们的钱，因此我们应当在购买刊登广告的一些特定产品以后，用剩余的钱买战争公债和印花票。虽然如此，要说政府缺少军火，因为它还不能从销售战争公债获得足够多的钱来购买比它已经得到的更多的坦克、飞机和船只，这是不真实的。限制的因素不是钱；没有一个政府（在战争的时候）会这样愚蠢竟让自己缺少它所需要的东西，如果它仅仅靠印钞票就能筹得它所需要的款项来购买这些东西的话。限制在于缺少战略性的物资和技术；任何数量的金钱，不论是印发的还是由爱国的或追求利息的债券购买人提供给政府的，都不能克服这种限制。

战争公债的目的只是要公众少花费些

这并不意味着，劝募公债运动毫无意义。它只是说，这种运动是有帮助的，但不是由于政府需要钱或战士们需要枪，而仅仅是因为有必要减少公众花费在数量逐渐减少的现有民用物品上的钱，如果我们不希望这些物品由于需求相对过多而提高价格的话。购买政府公债的唯一重要理由是，这部分钱不要用来购买其他东西。这就是为什么将本来不会花掉的钱用来购买政府公债，是没有意义的。这不会减少对民用物品的需求，它也不能让政府买更多的战争物资，它仅只是增加将来政府必须付给公债持有人的利息的支付。我们已经看到，幸运的是，这种利息的支付对于社会并不像人们有时认为的那样有害。

借债和征税也可以应用到相反的情况

借债和征税也可以应用到相反的情况。如果政府希望增加人民手中的钱并降低利率的话，**偿还**一部分国债就可以做到这一点。即使没有国债，它也能够对企业进行**贷款**，即建立**国家债权**，来取得同样的效果。（这并不表示国家繁荣或富足，正好像国债并不表示国家破产或贫穷一样）。如果碰巧政府手中没有足够多的钱用于这个目的，它可以尽量根据需要印发钞票，就好像它需要钱花费时一样，这也能取得所想望的效果。要是政府希望增加某些个人或某些阶层的个人或一般人的财富或收入或消费的话，它可以用减税的办法来做到这一点。如果赋税已经减到零，这种方法还不足以取得所要求的结果，这时就可实行**负的赋税**。这就是说，政府不是向人民要钱，而是给予他们钱。如果政府想使消费普遍增加的话，它可以采取救济金、养老金，奖金甚至社会红利的形式。

征税和借债的影响是互相交错的

一方面是借债与贷款，另一方面是征税与奖金，这两种手段在它们的影响上不是像上面所说的那样明白区分的。征税与奖金主要是影响花费，但是它们也会影响利率。如果对穷人征税或给予奖金，那么全部影响几乎都要落到花费上面。但是收入较高的人减少的花费多半要小于税额，他增加的花费多半要小于奖金的数额。他将从他的储蓄或贷款或从他持有的现金中支付赋税的余额，或者他将奖金的余额加到他的储蓄或贷款或加到他的现金存量当中。在发生这种情形的限度内，赋税的影响是和政府借债的影响一样的——它提高利率；奖金的影响则是和政府贷款或偿债一样地要降低利率。这种赋税要减少纳税人的贷款，因为他的资金被税抽走了，所以利率将会上升。奖金增加领受人的贷款，从而降低利率。

相反地，借债与贷款也会对花费发生一些我们最初完全归之于赋税与奖金的影响。政府借债要提高利率，它会诱使一些人多储蓄一些而少花费一些。贷款或还债要降低利率，这会劝使一些人少储蓄一些而多花费一些。

这些影响不像是很大的。正如我们在另一个地方所看到的，利率变动对于消费支出也会发生和这里所说的方向相反的影响，所以，我们只好注意这样一个可能性，并且继续这样讲，好像赋税和奖金只影响消费而借债和贷款只影响利率一样。这里一个重要的例外就是目前的推销战债运动，这是企图诱使公众削减花费来购买战争公债和印花票。在推销战债能有成效地减少花费，而不仅只劝使人们将原来无论如何都会节省下来的钱拿去购买公债和印花票的限度内，政府借债是会产生我们一般在赋税场合所说的那种影响的。

赋税在提高利率方面发生的间接影响（由于它减少了现金），要比政府借同样数额的债款的影响小些。政府公债的增加会促使利率上涨，由于它增加了人们想要用来换取现金的其他资产的数量，从而增加持有现金的需求。同样，奖金不会使利率下降得像政府偿还同样数额的债务时一样多，因为现金的增加不会伴随着政府公债的减少。

征税和花费、借债和贷款、购买和销售是政府掌握的六个财政手段

现在我们可以看到，由于运用这几个不同手段来互相加强或抵销，政府怎么能随心所欲地来影响消费和利率两者。要是它希望提高利率的话，它只要借款就行了。赋税的适当削减或奖金的适当增加，就可抵销这种借款给花费数额带来的任何不希望有的影响。要是政府只希望减少消费的话，它必须征税，同时将相当多的税款贷放出去（或用它偿还国债），来抵销赋税对于减少公众手中的货币数量从而提高利率的影响。要是它希望降低利率而又减少消费的话，它必须征税并同时贷出比它的税收更多的款项，等等。在政府的政策中这些因素的组合会变得极其复杂，尤其是当我们考虑到消费的变动对于持有现款的需求的影响，并试图计算出为抵销因此产生的利率变动的影响所必需的借债或贷款的相应变动的时候。幸运的是，不论我们或政府都不需要搞出所有这些组合来。当政府希望提高利率时，它只要借债就行了，当它希望降低利率时，它只要贷款（或还债）就行了，当它希望减少消费时，它只要征税就行了，当它希望增加消费时，它只要减税（或增加奖金）就行了。这些手段就是这样起作用的。至于在什么时候和应当怎

样运用这些手段，当我们考察完政府掌握的用来调节利率、投资和就业的手段之后，马上就会明白的。

政府掌握的唯一的其他手段是**购买**和**销售**。征用物品和劳务可以看做是对物主征税并用税款来购买这些物品或劳务这两种办法的组合。同样，无偿地把物品或劳务送掉或按低于 *msc* 的价格出售，可以看做是给予和这些物品的价值（或它们的价值或 *msc* 超过它们的卖价的部分）相等的奖金然后像通常一样按照和 *msc* 相等的价格来将它们卖掉这两种办法的组合。所以没有必要将实物的征用和赠予算作贯彻政府政策的特殊手段。

关于政府购买和销售，一般地我们是没有什么可说的。不论什么东西，凡是政府认为这种买卖对于社会是可取的，它都将购买或出卖。它可以买军舰和飞机，因为它们注定是国防所必需的。它也可以买道路或公园或医院来为国家的商业或娱乐或健康服务。它还可以买小麦或棉花来提高它们的价格并增加农民和地主的收入。关于政府可能决定要卖什么，一般是更没有什么可说的。特殊理由总是有的。这里只需要提一件事——政府必须把东西卖给人民，绝不是仅仅为了筹款。即使是卖公债也不是为了要筹款。它所需要的钱总是可以更便当地用印钞票的办法来筹措。当然，政府可以卖东西给其他国家或其他国家的人民，以便筹措外国货币来获取外国货物。这是因为政府通常不能印刷外国货币来使用。

就调节投资和消费以达到充分就业的任务来说，印刷钞票和销毁或窖藏钞票都是从属于这些手段的

这就给予我们三对主要的政府调节经济的手段，每一对都有正反两面。这些手段是：购买和销售，借债和贷款，征税和奖金。印刷钞票不算做其中一种手段，因为它不是独立的手段。它是从属于那六个手段的。要是没有这些手段当中的一种，它就不能对经济起任何作用，因为它仅仅增加政府金库中的钱，直到通过这三种手段当中的一种再付出为止。如果国库从销售、借债和征税得来的钱等于或大于购买、贷款和分发奖金所必需的钱，就没有必要印刷钞票了。要是入不敷出，而政府金库碰巧没有足够的现款，这就要印刷厂提供执行政府政策所必需的钱。印刷钞票不是一种执行政策的手段。它只是供这些政策驱使的仆役，就像印刷各政府部门使用的文具一样。

现在我们已经知道这些手段是怎么起作用的，我们就可以考虑在统制经济中怎样把它们应用到政府政策上去。首先，政府要决定它为了各种特殊原因应当从事哪些对社会是值得想望的买和卖。然后，它就实行征收和支付那在特殊情况下证明是正当的赋税和奖金：对它认为应当加以限制但不必禁止的货物——如同威士忌酒——征收的税课；对一部分人民所享受的特种服务的征课——如同汽车执照；为了改善财富和收入的分配而对极富有的人们征收的税课；对盲人的恤金，对遭受水灾的难民的救济金，对

教育机关和医院的津贴，等等。

如果政府全部应用了这些财政政策手段，那就会产生一定数值的消费水平，利率和投资水平。政府希望看到社会资源的充分利用和一定比例的资源用于投资。要是总需求不足，以致发生失业的情形，政府就要贷款（或还债）以降低利率，直到投资率达到它认为是适当的水平，而且它要减税或增加奖金，直到消费水平连同投资足以导致充分就业为止。在这种情况下，政府也可以增加它自己的购买，这将有助于总需求增加到值得想望的水平。

花费也许要采取公共工程的形式

降低利率对于增加私人投资不一定会十分有效，尤其是在萧条时期，商人也许变得这么悲观，即使利率降低到零，他们也不愿意投资。这时政府自己要从事一些投资作为它自己“购买”的一部分，要是它认为这些“公共工程”比将资源用在增加当前消费上是更好地利用资源的话。创造充分收入、减税和支付奖金从而增加对消费性财货和劳务的需求，比起政府同企业的竞争来——因为在悲观的商人看来公共工程好像是政府的竞争，虽然他们自己并不愿意进行这种投资——或许可以更有效地医治商人的悲观情绪。但若政府分配充分的奖金来导致充分就业在政治上会有困难的话，则公共工程还是有利的，即使它们提供的收益很低甚至是负数。因为这时公共工程是唯一可以利用的方法来增加就业和消费品的生产（这是为了满足公共工程方面雇用的人们对这些物品的需求）。这在萧条时期是一项有显著作用的事业，而且即使这些投资完全无用，也是值得做的。当然，没有什么理由说它们是没有用的，除非由于政治上的理由，认为它们好像涉及政府同企业的竞争，以致一些有用的投资都被排除了。在这种情况下，无用的投资也几乎一定会被同样的企业利益排除掉，因为从商人的眼光来看这些投资是不经济的，不论从社会的眼光来看，它们对于经济的其他部分的就业和收入的影响是多么有用。

政府应力图使公共和私人花费的 *msb* 相等，也要计算从增加就业所获得的间接 *msb*

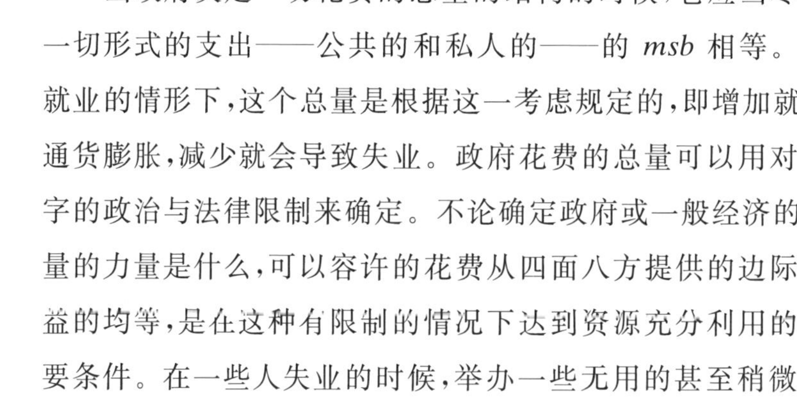

当政府决定一切花费的总量的结构的时候，它应当尽可能使一切形式的支出——公共的和私人的——的 *msb* 相等。在充分就业的情形下，这个总量是根据这一考虑规定的，即增加就会导致通货膨胀，减少就会导致失业。政府花费的总量可以用对政府赤字的政治与法律限制来确定。不论确定政府或一般经济的花费总量的力量是什么，可以容许的花费从四面八方提供的边际社会利益的均等，是在这种有限制的情况下达到资源充分利用的一个必要条件。在一些人失业的时候，举办一些无用的甚至稍微有害的公共工程总比一点不搞要好些，如果这是政府增加总需求的唯一办法的话。虽然公共工程的直接 *msb* 也许是低的甚至是负数，但是它增加了收入、需求，并增加其他地方的就业来满足这一需求，这种**间接** *msb* 一定要加到**直接** *msb* 来求得公共工程的**总** *msb*。按照同一数量实行减税或分发奖金比筹划有害的公共工程要好些，因为它的间接利益恰和公共工程一样。但若由于政治上的理由而不能实行这种"失业救济"的话，那么，即使有害的公共工程也比在增加就业方面毫无作为好些。

如果总需求过大，以致充分就业伴随有发生通货膨胀危险的物价上涨，那么政府就要将所有这些办法倒转过来。它用借债的办法可以提高利率并限制投资。它用增税和减少奖金的办法可以直接压低消费。它还可以减少它自己的购买。这样，利息、投资和就业就可以不断地调节到最适度的水平。

一切项目的公共和私人花费与税收都应当这样来调节，使花费的 *msb* 和税收的 *msc* 全都相等

正好像总需求要进行调节以达到充分就业一样，总需求的各个不同要素之间的不断调节也是最好地利用资源所必需的。用于生产各种不同产品或用于各种不同投资的一些资源之间的调节，是靠完全竞争或集体主义的生产机构应用这条"规则"来进行的。整个消费和整个投资之间的调节是靠政府的投资政策来实现的，这个投资政策是通过利率来制定的，而利率又是靠政府的借贷来调节的。政府用在各种不同目的上面的花费应当尽量调节，以使各种不同用途中的 *msb* 都相等。同样，各种不同的赋税的 *msc* 也必须相等，从而使纳税人所受的损失减到最小限度。最后，政府的和私人的花费之间的调节，必须以这两方面的支出的 *msb* 相等为目标。

所有各种不同形式的公私开支之间和征收的各种不同的赋税

之间(这一切在同时进行着)的调节,意味着,我们叙述种种项目所依据的次序——首先是公共买卖、赋税和奖金,借债和贷款,随后是私人投资,最后是私人消费——仅只是一种说明的方法。没有一项要居于另一项之前,所有各项都必须彼此协调一致。要是总花费不够的话,**一切**形式的赋税都必须减少,**一切**形式的花费都必须增加,直到各种 *msb*(在赋税的情形下是各种 *msc*)已经减少并在充分就业下彼此再度相等为止。要是为了防止通货膨胀必须限制需求的话,则**一切**开支都应当缩减,一切赋税都应当增加,直到各种 *msb* 和各种 *msc* 又在一个更高的水平上彼此相等,在这个水平上总需求要比较小些,它保证经济不致发生通货膨胀。当然,全面进行圆满的和完全的调节是不可能的,而对各种支出的社会利益或某些赋税的社会成本做出极其粗略的估计又往往是不可避免的。但是统制经济至少可以指望达到这样一种理想。不论这个指望是多么糟糕,结果总不会像非统制经济距离理想那样远,在非统制经济中,人们看不出任何资源的不经济利用(除非是在像大量失业那种混乱情形下),因为他们甚至不曾看到最适度利用的目标。

虽然谈不到平衡预算的原则,可是预算本身却有趋向平衡的长期趋势

许多人对上述计划感到最为难的一点是,它完全忽略甚至根本不提平衡预算的原则。这当然只是他们害怕负债的另一方面。他们认为,政府应当完全像任何通常的企业一样登记它的账簿。赋税收入被认为是收入,政府开支被认为是企业的支出。要是支

出不超过收入，政府债务不会增加，它无须印刷更多的钞票来履行它的职责，那么，它的预算就可以说是平衡的。不然的话，它的账簿就会出现“赤字”，于是那些画小商人的漫画家就要大吵大叫了。

我们已经看到，保持充分就业的原则和选定的投资率完全可以决定政府借贷的数额，因而任何关于税收和支出之间的关系的原则，如同平衡预算的原则，必定是要么与已经决定的政策符合一致，要么与之发生抵触，在前一场合它是不必要的，在后一场合它就必须被抛弃。任何平衡预算的原则都不会像保持充分就业和防止通货膨胀那样重要。

要遵守平衡预算的任何原则的唯一理由是，在商人方面有赞成这样一种办法的强大偏见，他们认为政府是一家企业就像他们自己一样；在资本主义社会中一大部分人也赞成这个办法，因为商人将他们自己的意识形态灌输给他们了。在统制经济中，那里大部分甚至较大部分的经济是由商人经营的，这些偏见是重要的，如果可能的话，也应当予以重视。可是这些偏见不能比维持充分就业或实现资源的最适度利用或防止通货膨胀更重要，这些目的不能因为商人觉得政府应当遵守“健全的企业原则”而牺牲掉。但若有一种方法可以平衡预算而不必牺牲充分就业和资源的最适度利用，也不致发生通货膨胀的话，那么，这种方法是应当充分予以考虑的。

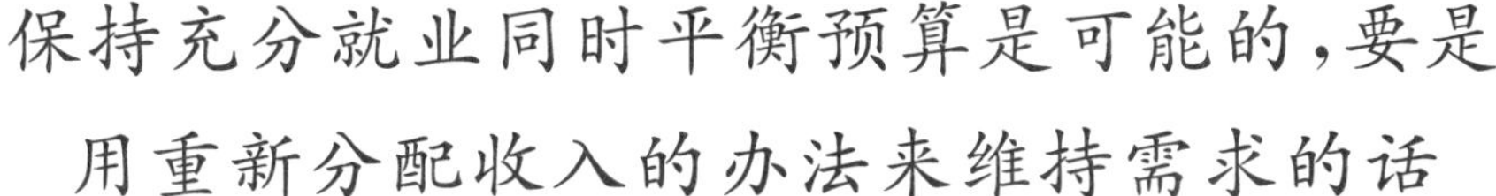

保持充分就业同时平衡预算是可能的，要是用重新分配收入的办法来维持需求的话

这样一种方法确是有的。要是总需求不足以提供充分就业，

它是可以增加的，而无须政府增加支出和奖金（相对于税收而言）；也就是无须使预算不平衡，要是它原来是平衡的话。当投资不足时，利率可以降低，而无须印刷或发行新的钞票。但是这些代替办法不一定会使商人觉得更合意些。

总需求可以靠从富人到穷人的收入再分配来增加。加重富人的赋税，与减轻穷人的赋税或给与穷人更多的奖金相抵，将会增加总需求，而无须使预算不平衡。富人削减的花费很少，而穷人却几乎将它们所减少的赋税或增加的奖金全部用来增加**他们**的花费。同样，多征富人的税（他们将从他们的货币存量或窖藏中取出一些钱来付税款），然后再将税收在市场上**贷放**出去或用来偿还政府债务，这也可以降低利率。在降低利率来增加投资的同时，甚至预算情形也将得到改进。事实上，这种政策纠正了财富的不适当分配，从而动摇了一般需求不足的根基，因为一般需求不足首先是由于财富的不适当分配。然而，这不一定会受商人的欢迎，因为，虽然这不会伤害他们的偏见，它却触及他们的腰包；他们的腰包要比他们的偏见还要敏感些。

商人反对机能财政的偏见，最好是靠坚决保持足够需求的方法来对付

商人的信心是重要的，因为社会上有这么多的企业和投资操在他们的手中。这种信心会被一个严重的预算不平衡所动摇，就像它会被一个更严重得多的预算不平衡所动摇一样，这个更严重得多的预算不平衡，也许是在没有激烈的收入再分配的情形下，获

致足够的总需求来提供充分就业所必需的。所以，最糟糕的政策莫过于这样一种预算不平衡，它足以使商人感到烦恼，却不能达到充分就业。商人将会减少投资，因为他们对政府的可靠性丧失了信心；他们所减少的总需求，也许大于政府所增加的。因此产生的收入和就业的减少，将会证实他们的悲观想法，并把事情弄得更糟，结果多半会造成经济活动的累积下降。

政府要采取的聪明办法是勇敢地为实现充分就业而全力以赴，不管它在多么大的程度上要依靠赤字花费。一开始商人不见得会比采用其他政策时来得更悲观些，因为六十亿美元的赤字不见得会比三十亿美元的赤字使他们觉得更不舒服些。另一方面，他们将会看到，消费者有钱来买他们能够生产的并在获利的情形下来出售的货物。他们的腰包到头来将会克服他们的偏见。当然，总会有人大发牢骚，把繁荣叫作“人为的”、“不健全的”、甚至是“虚构的”。但是生产和投资将是有利可图的。如果政府坚持它的武器不放并使充分就业保持几年的话，这些形容词会比对无马马车的嘲笑消失得更快些。一旦做到这一点，政府就不会回头来再受商业循环的摆布了。

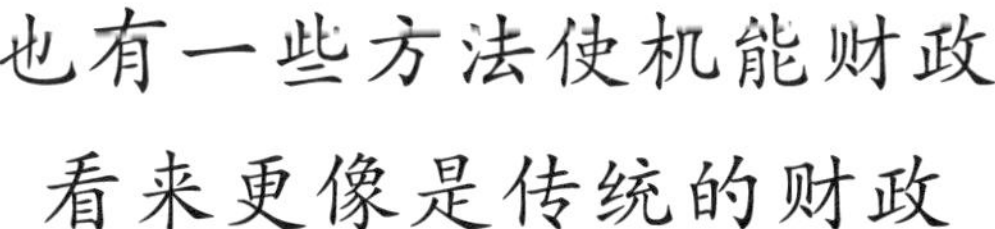

不妨设法使商人赞成这种控制繁荣的政策，这就是用一些复杂的方法使他们相信预算经常是平衡的。瑞典采取过这种办法并取得一些成就。靠采用许多不同的预算，如年度预算、基本预算、非常预算、预算平准基金等，这一合理的政策就在隐蔽的形式下得以贯彻下去。在必要时还可修改平衡预算原则的执行细节来促进这项政策。但是搞这一切伪装似乎有点愚蠢。

机能财政会干涉储蓄与花费之间的自由选择这一反对意见是非常空洞的

在把这些合理原则应用到调节投资和就业的过程中，政府不可避免地会影响利率和国民收入用于投资的比重。这曾被批评为干涉人民对于他们收入的花费和储蓄之间的自由选择——这是他们在非统制的资本主义经济中所享有的自由选择。

这是一个非常空洞的反对意见。人们对其收入的当前花费与储蓄之间的选择，取决于收入的分配比它取决于“时间偏好”——据说这受到统制经济的侵犯——要大得多。但是这个反对意见的最大缺点是，在非统制的资本主义经济中，决定要储蓄的个人并不会将资源从生产当前货物移转到生产将来的货物上去。他仅仅将这些资源解脱出来，使它们得不到使用。因此失去工作而现在得不到工资来花费的人们的需求下降了，这导致就业的进一步减少。[①] 事实上，在非统制经济中，人们储蓄的数额不是决定于他们

① 举例说，假设在收入为七百亿元、消费六百三十亿元、投资七十亿元时，大家决定要再储蓄收入的5%。要将储蓄从收入的10%增至15%，就需要追加投资三十五亿元，要是收入不减少的话，因为收入与均衡消费之间的差距会扩大，其数额等于额外储蓄。要是投资没有做这样的增加，则收入就会下降到大约六百一十亿元，消费下降到大约五百四十亿元；这一下降等于希望增加的储蓄（这是根本不会发生的）的两倍半以上。要是投资下降，而且这是消费品需求减少的极可能的结果，则收入会进一步减少。

的节省，而是决定于投资者，投资者将社会收入总额提高或降低到一个水平，在这一水平消费者恰恰自由地愿意储蓄投资者所投下的数额。存在于非统制的经济中的，只是这种消费者自由选择的幻象，即使这种幻象也没有消失，因为个人依然可以自由地按照他所喜欢的任何比例来储蓄或花费他自己的收入。我们得到的是这样一个可能性，即关于社会资源多少要用于当前消费，多少要用于增加和改进生产将来货物的社会设备，当政府做出民主控制的决定的时候，它要对人民关于目前与将来所抱的态度加以谨慎的考虑。在这样做时，像第二十一章所讨论的那些辅助方法就可加以利用，使消费者对于资源在当前和将来消费之间的配置具有实在的影响。

第二十五章　资本、投资与利息

在这一章里，我们将讨论一些理论问题，这些问题是从以上四章探讨的利息、投资和就业等有关问题产生的。

投资通常不是一年以后就耗费掉了

我们已经说过，从推迟消费获得的边际收益是个正量，因为推迟目前消费就有可能将资源解脱出来，用于改进社会设备，使将来消费的增加大于必须牺牲的目前消费。在这个讨论当中，很难避免这样一个暗示，即今年牺牲的消费一百单位，能在下一年提供额外消费一百一十单位作为它的边际产品，实际上在下一年就伴随有这么多消费的增加。

果然如此，生产设备的改进或增加就只会是**暂时的**，因为到下一年将一百一十单位消费以后便没有剩下什么东西了。这是边际产品这个概念所包含的意思。如果在明年以后，增加的生产设备还有一些剩下来可使任何更遥远的将来时期提供更多的额外产量的话，那么，这些更多的额外产量就要加到下一年可以获得的额外一百一十单位上，作为今年原来牺牲的一百单位的边际产品的一部分。当人们宣称下一年边际产品是一百一十单位时，这暗含是说，一切现在的和将来的进量和出量都是不变的。在生产设备方面这样一种特殊的暂时改进，值得更仔细地加以研究。

如果今年牺牲的一百单位消费品，可使明年增加一百单位以上的话，那么就得预先通知人节制消费，使今年可以获得的一百单位消费品不要生产，而将资源这样地用于增加社会设备，以便将来产量的增加大于现在的牺牲。仅仅不去消费已经生产出来的东西，显然是不够的。这只会使产品浪费掉，或者至多是储藏起来（如果它们不是易腐品）；这只能使将来消费的增加**少于**现在的牺牲，其差额即为浪费、毁损和储藏过程中的费用（这就是储藏过程中消耗的资源）。

一切重置资本实际上都是用于将来的生产

如果我们事先知道今年消费要减少一百单位，那么，本来要用于生产它们的资源就会用来增加明年的出产。这些资源中只是今年积极加以使用的生产要素的一部分。任何一年的要素服务(factor service)大部分是用于更新损耗的生产设备和补充用完的存货。在进行这种重置时，它们实际上是转向**将来**的消费，虽然按照资本主义簿记的一般惯例（而这是十分正当的），这家企业要把这些要素的开支算作本期费用，从今年生产的收益中减去以得出本期利润。当前资源大部分是用于更新损耗的生产设备，包括存货的补充。（存货是生产设备的主要部分，因为没有它们就不能顺利生产。）

生产设备可以认为是“禁闭”的要素服务

一切现有生产设备（自然提供的除外）都是由过去使用的生产要素制造出来的，并且是用于将来消费的（因为它们还没有完全磨损掉）。现有生产设备可以认为是集结这些过去使用的要素服务并保持它们，直到生产设备在生产最后消费品的过程中损耗掉为止。在这一点，以往的要素服务就从生产设备解放出来，这些要素服务从它们一开始应用时起就被禁闭在生产设备中了。生产设备的价值倾向等于“禁闭”在生产设备中的要素服务的价值加上它们在禁闭期间的利息。不然的话，增加生产设备是有利可图的（要是生产设备的价值比较大的话），或者当生产设备磨损的时候进行重置就不合算了（要是生产设备的价值比较小的话）。生产设备数量的增减倾向于使生产设备的价值与凝结在其中的要素服务的价值（包括它们在禁闭期间的利息在内）相等。

资本数量与服务流量之间的关系，是和服务被“禁闭”的平均时间相适应的

我们这样看待生产设备（包括存货）时，可以看出，生产设备的数量对经济社会中可以利用的要素服务的流量的**比率**与从这些要素的应用到它们体现在消费品上所经过的**平均时间**是相适应的。这种适应是和湖中的水量对流入（和流出）这个湖的水流速度的**比率**与每一滴水在流出之前停留在湖里的**平均时间**的适应有着同样

性质。假定湖中的水量等于流入（和流出）这个湖的年流量的**两倍**，则每一滴水在湖中停留的平均时间是**二年**。另一个类比是一支军队的人数对每年入伍（或包括死亡及开除等在内的退伍）人数的比率与每一个士兵在他离开军队之前停留在那里的平均年限的适应。要是入伍（和退伍）是平均的，每年一百万人，那么，一支三百万人的军队意味着，军队生活的平均年限是三年；如果平均年限为四年，那表示这支军队有四百万人。同样，如果凝结在现有生产设备中（因而不曾以最后消费品的形式解脱出来）的要素服务是这些服务的年供应量的四倍，则每一单位要素服务被禁闭的平均时间是四年。这叫作**平均生产时期**。要是平均生产时期是五年，则现有生产设备所集结的要素服务等于在五年当中可以利用的总量，它的价值倾向等于要素服务的年流量的价值的五倍加上每单位要素服务的利息，这种利息是从它用于生产生产设备时开始按复利计算的。[①]

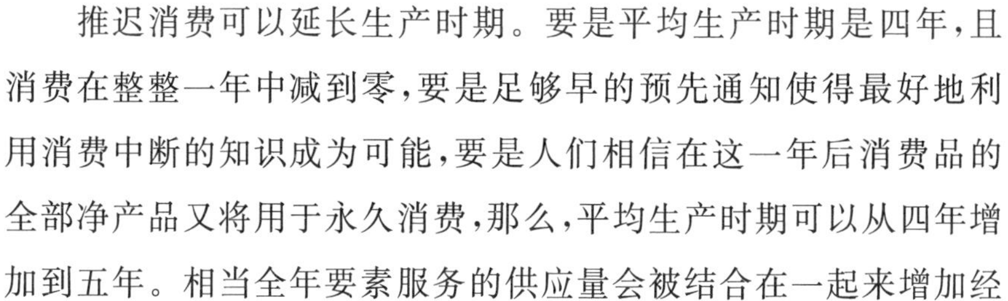

推迟消费可以延长生产时期。要是平均生产时期是四年，且消费在整整一年中减到零，要是足够早的预先通知使得最好地利用消费中断的知识成为可能，要是人们相信在这一年后消费品的全部净产品又将用于永久消费，那么，平均生产时期可以从四年增加到五年。相当全年要素服务的供应量会被结合在一起来增加经

① 在这个问题的技术文献中，要区别用于生产生产设备（但这本可用于直接提供消费品和劳务的）的**原始**的要素服务与生产设备后来提供的**派生**的要素服务，曾经遇到巨大的困难。我们这里所说的比率是作为**原始**的要素服务的流量与生产设备存量间的比率，这部分生产设备是当作凝结在它们当中而不曾用于生产消费品和劳务的原始的要素服务的蓄水池。**原始**的与**派生**的要素服务的划分似乎是不必要的，所以我们用不着担心在做这种划分时所发生的困难的；或许是无法解决的问题。

济社会的生产设备。扩大的生产设备，在人们第一年绝食之后，就会提供**永久**的较大流量的消费品。新产量比旧产量大多少，要看用更多更好的生产设备(也就是更长的平均生产时期)来增加生产的技术可能性，并且要看经济社会一开始有多少生产设备。原来的平均生产时期愈长(也就是对经济社会已经供应的生产设备的程度愈大)，则延长平均生产时期所涉及的现有设备增加量的效力就愈小。

推迟消费一年可以认为是平均生产时期的暂时延长

当然，一个经济社会一年什么都不消费是不可能的，但这同一原理对于减少消费而把任何资源解脱出来也是适用的，要是这样解脱出来的资源用来增加或改进生产设备的话(这就是说，它是不适用的，要是减少消费解脱出来的资源仅仅在闲置不用中损失掉了)。减少消费一百单位会将资源解脱出来；要是利用这些资源延长生产时期，也许能使将来产量每年增加十单位，只要新的、更长的生产时期继续维持下去。

要是当前消费品的产量是处在这样一个水平，在提供当前消费以后剩余下来的要素服务恰够补充消耗掉的设备和存货，那么，我们就遇到一种静止的状态，在这种状态下，平均生产时期(或生产设备数量)和生产的流量都是不变的。如果消费处在**较低**的水平，有些要素服务就可以用来延长平均生产时期。消费也可以暂时处在一个**比较高**的水平(即高于剩余的要素服务恰够补充现有设备和存货的消耗的水平)。如果发生这种情形,生产设备就要减少,平均生产时期就要缩短。所以,消费如此生产设备和存货按照它们刚好获得补充的速度进行消耗的水平多一百单位,这将造成平均生产时期的缩短。要避免平均生产时期的进一步缩短,将来产量就必须减少,譬如说,比刚好维持原来平均生产时期的水平每年少十单位。

我们现在可以将消费推迟一年,依据它对平均生产时期的影响来叙述一下。今年牺牲一百单位消费就能使生产时期延长,这又能使每年产量增加十单位,只要较长的平均生产时期连同它的较好设备继续维持下去。但是较长的平均生产时期没有继续维持下去。下一年消费的增加不止是较长的平均生产时期所提供的额外十单位,而是额外的一百单位,这就**缩短**平均生产时期,并使将来产量每年减少十单位,从而回到在消费推迟以前进行着的较短生产时期的旧比率。

从这个例子中我们可以看到,推迟消费的边际收益,等于把资源用于延长生产时期所获得的边际收益。两者都是10%,这个数字可以更直接地从仅只一次延长生产时期所获得的永久收益看出来。当我们反转过来做的时候,这同样是不错的。一项**负投资**(一百单位消费)会使将来收益减少10%(或每年十单位消费品)。

平均生产时期是一个有用的概念,因为它强调资本设备与生产的**时间**方面两者之间的关系。它表明所以需要资本,只是因为生产要花费时间,当生产采用需要较长时间的方法进行时,它所需要的资本也越多。虽然这个道理对于必须借入资金的制造商是很明显的,因为他必须等待,直到他取得产品的代价为止;但是当我们考察整个经济的时候,它有被忘掉的危险。对于社会主义者来说,这个危险是特别大的,对于他们,利息和资本的概念,总是意味着剥削或不当得利,并使资本家掌握过分的经济权力。这些不愉快的思想,会妨害我们研究耗费时间的生产方法的经济含义,这种生产方法是与使用资本设备相联系的,不论资本设备是为少数资本家所有、为一切公民所平均享有,还是为国家本身所有。一种弗洛伊德的抑制思想(Freudian repression)使得许多社会主义者坚持过时的劳动价值学说,这个学说对这一切是不予考虑的。

可能的替代办法是,一切投资都可以看作是永久的

虽然在强调时间对生产的作用上平均生产时期这个概念是有用的,但在应用它时却有一些严重的困难(在这里我们不能详加讨论),所以许多经济学家不愿意使用它。有人提议把一切设备都说成是“永久”的,由于它损耗掉时可以更新,而在它存在的期间,它可以使当前的生产要素**永久**提供更多的当前产量。要是采取这种办法,我们就可以说,今年牺牲一百单位消费就可以建造更多的设备,而这些额外设备又可以使协同生产的资源每年多生产十单位的消费品。下一年新设备就变成一百单位消费品,这些消费品是和额外十单位一起被消费的,后者是新设备在它还未变成消费品之前生产出来的。这似乎会使人怀疑,一部“永久”的机器怎么会变成消费品,但是这一点和关于我们在这里无法讨论的平均生产时期的反对意见属于同一问题。不过,我们不妨假定,“永久”的意

思只是说，当我们进行这项投资时，我们的用意是在它损耗掉时就予以更新来永久地保持它。这不会使得社会将来无法改变主意，而在投资损耗掉时不予更新，从而将增加到设备上去的永久部分消费掉。

我们在上面依据平均生产时期和依据“永久”投资来描述推迟消费的方法，并不意味着这两种描述投资的形式比依据推迟消费一年的说法更基本些。这个程序可以反转过来，而依据每年推迟消费来描述永久投资要更简单些。每年生产 10% 的一项永久投资，只不过是每年继续不断地推迟消费。今年推迟一百单位消费，就可以使下一年生产出额外一百一十单位。下一年只消费其中十单位，其余一百单位又可以使随后一年生产出额外一百一十单位。这样，原来牺牲的一百单位，就可以使我们永远每年多享受十单位。

一个比较好的“基本单位”是一元钱推迟一年

这三种表述方法是一样的，任何一种方法都可以按着进行研究的特殊目的来加以使用。或许把逐年推迟作为基本单位是最方便的，那些比较耐久的投资可以认为是由它构成的。下一年可以获得的一百一十单位并不意味着，它们比今年可以获得的一百单位更加需要消费掉。我们倒是应当这样来解释，即下一年将会面临的选择是把一百一十单位消费掉因而维持原状，还是消费得比这个数量还多，而使经济社会的生产设备减低到原来水平以下，还是消费少于一百一十单位，而使生产设备多于开始的时候。不论我们怎样做，关于推迟消费的边际收益或投资的边际效率我们都将得到同样的数字。

在静止的经济中，资本的边际生产率等于投资的边际效率

由于社会设备增加（我们可以称之为平均生产时期的延长）才成为可能的产量的永久增加，同任何其他生产要素的边际生产率进行类比，应该适当地叫作资本的边际生产率，因为这里增加的是“资本”这一要素。任何要素的边际生产率是这种要素多使用一个单位而其他要素的数量保持不变时这种产品增产的数量。照此类推，我们就应当用资本的边际生产率来表示，当我们追加一单位资本而其他要素的数量不变时，货物产量的增加。这是用每年若干百分数来测度的，而不只是用每单位资本若干单位产品来测度的，因为资本的增加量是以用来增加资本的消费品的单位数来测度的。用来进行比较的边际产品和那一要素都使用同样的单位，所以资本增加量与它的边际产品之间的关系可以用比率或百分比来表示。

在我们刚才考察的例子中，资本的边际生产率等于投资的边际效率或推延消费的边际收益。这不是经常发生的现象。在我们所举的例子中，它们是相等的，因为一开始我们就特别假定一个静止的经济，只有在静止的经济中，资本的边际生产率和投资的边际效率，*mei*，才是彼此相等的。为了把这一点弄清楚，我们就必须

区别个人观点和社会观点。①

只有个人（或经济社会的微小部分）才可以随意借债来调节他们的实际资本数量，使它的边际生产率等于利率

资本边际生产率问题，只有从经济社会的不很大的**部分**这个观点来看才会产生。这些局部观点中最重要的是个人观点。说个人观点要方便些，虽然如果把好几个个人作为一个整体的话，或者，如果这种观点是社会其他某一小部分的观点的话，这一论证也是同样适用的。资本的边际生产率只对个人（在这种扩大的意义上）有关系，因为只有个人才能随意增加他的任何资产的数量，而使他所运用的其他资产的数量不变，从而他可以确定这一资本货物增加量的边际产品。为了做到这一点，他可以购买资本货物，必要时他也可以**借款**。他将购买资产直到一点，在这一点，资本的边际生产率（也就是他的每一种资产的边际生产率）等于他必须为他的债务支付的货币利率。

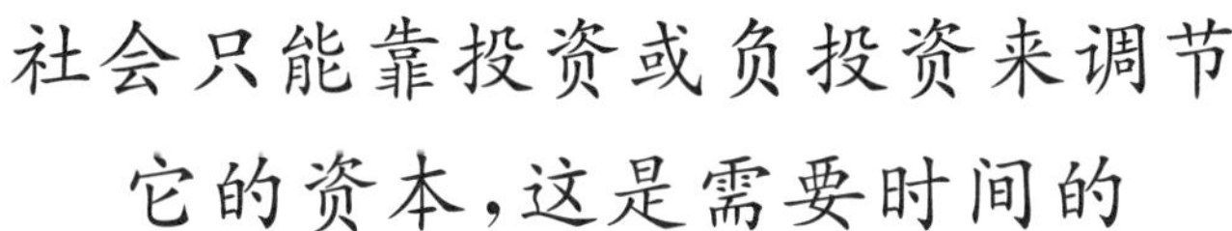

社会只能靠投资或负投资来调节它的资本，这是需要时间的

社会不能这样购买资产而立刻获得它们，因为社会不能从任

① 以下几页的论证是根据作者1937年4月间在曼彻斯特统计学会宣读的一篇论文《资本、投资与利息》。论文摘要发表在这个学会1936年至1937年的《全体会议报告》中。

何人来购买或借债。为了能够从整个经济的观点来谈论资本的边际生产率，经济学家必须比较两个静止的经济，它们的资本设备数量虽然不同，但其他要素——如劳动、土地等等——的数量却是相同的，每一个静止的经济都要充分进行调节，使之符合于人们认为要永久保持不变的状态。事实上，这就是我们在上面比较两种社会时所做的，这两种社会的平均生产时期长短不同或"永久"设备的数量大小不同。

要是做到这一点，我们就能够把产量的不同说成是资本增加量的边际产品。要是我们能克服因资本货物和消费品的异质而产生的困难，从而我们能用同一性质的消费品的数量来表示两个经济社会的资本货物的差别，那么，我们就能将资本的边际生产率说成是每年若干百分数。当我们做到这一点时，我们还得承认，没有理由预料社会的资本边际生产率要等于利率。只有社会能像个人一样立刻增加或减少它的资本，即当收益大于利率时**买进**资本，或当收益小于利率时**卖出**资本，两者的相等才会实现。

整个经济能够增加它的资本，那只有经由**投资**(它也能由于**负投资**而减少它的资本，也就是消费多于重置资本。在这种情形下，全部论证要倒转来，但不需要在这里重复一遍)。投资不能作为比较静态学的练习，在比较静态学里，我们设想有两个不同的静止社会；投资是**需要时间**的动态过程。如果是充分就业的话，投资就包括一种需要和**将来**收益相权衡的**现在**牺牲。另一方面，个人能够购置生利的资产，他只要把**将来**的收入和**将来**的利息(这是他为购买资本货物进行借款而必须支付的，或是他不用自己的钱购买资本货物而将它贷出时可以获得的)作一比较就行了。社会所达到的均衡，并不决定根据现行利率认为值得保持的资本**数量**（这是由个人决定的），而是决定取得资本的**每单位时间的比率**，换言之，即**投资率**。这倒是要和个人面临的一个十分不同的问题进行类比，这个人要靠储蓄他的收入来调节他的财富**净额**（也就是他除去债务以后的资本）。这时他并非决定他要变成多么富有而立刻进到这一点。这当然是不可能的。他所能做的是，决定在每单位时间要将他的财富增加多少——他的**储蓄**率——然后立刻开始按这个比率来进行储蓄。

个人是调节他的每单位时间的储蓄率使之符合于利率，社会这样做时要通过投资者，不论他们是私人投资者还是遵守这条“规则”的集体机构的经理人员。但是对于个人，利率高意味着储蓄的报酬较高（虽然这不一定会增加储蓄率），对于社会，利率高是投资从而是社会储蓄的**障碍**。社会投资（因而也是社会储蓄或总储蓄）之向利率的调节，是由两种单独的活动所促成的。资产使用者竞相抬高资产的价格，直到用来购买这些资产的资金的边际生产率（从个人观点来看）和利率相等为止。资产的生产者要将他们生产资产的比率调节到 $vmp = pf$ 和 $p = vmf$ 的一点。生产资产的比率（超过重置部分以上的）是衡量社会（净）投资或总储蓄的尺度，这两种作用的组合使我们能够把投资和利率联系起来。每一个利率都有一相应的投资，利率愈低，则资产的需求和资产的生产就愈大，投资率也愈高。这种关系就是**投资的边际效率表**。[①]

① 凯恩斯先生在他的《就业、利息和货币理论》一书中把这叫作资本边际效率表，而我们叫作投资边际效率（*mei*）的，他叫作资本边际效率。这也许是因为，表上的任何一点都表示这样一种情况，即**投资**的**社会**边际效率和**资本**的**私人**边际生产率两者都等于利率。他所用的术语没有能划分清楚这两个根本不同的概念。

资本的边际生产率是净投资率为零时投资的边际效率

和个人每单位时间的储蓄之向利率的调节相适应的，是社会每单位时间的投资之向利率的调节(虽然利率高时，社会投资总要减少，而个人储蓄则将增加)。个人也是靠买卖资产(必要时就借款)来调节他所掌握的资产数量使之符合于利率，直到每一资产的(私人)边际生产率和利率相等为止。我们能在这里调和社会资本的边际生产率来完成这一图景吗？

要这样做，我们必须像企图这样做的古典学派经济学家那样来考察一个静止的经济。如果这时我们设想资本数量的极小增加，而不说明生产这个资本的投资所发生的时期，那么，投资和资本增加就是一回事。当我们考虑牺牲一百单位消费而不提到这一节欲发生的时期时，我们正是这样做的。把一项小量的投资分布在无限长的时期内，我们就能随意将**投资率**减低到近于零。这就接近于静止的社会，它的投资率**是**零。所以，资本的边际生产率，是可以用**净投资率为零时投资的边际效率**来衡量和下定义的。

有了这个定义，一切就各得其所了。如果资本的边际生产率等于利率，净投资将是零，因而资本设备既没有增加也没有减少的趋势。要是资本的边际生产率大于利率，净投资将是正数，因而资本设备将会增加。如果资本的边际生产率小于利率，净投资将为负数，因而资本设备将会减少。但是，这种调节不是立刻发生的，像在个人的场合那样，因为个人能够靠购买或销售立刻调节资本的数量。这种调节只能随着额外设备的建造或在旧设备损耗掉而没有完全得到补充时逐渐地进行。当资本的边际生产率大于利率时资本**每单位时间**的增长率，或当资本的边际生产率小于利率时资本**每单位时间**的下降率，是由**投资**的边际效率表决定的。投资是按照使 *mei* 等于利率的每单位时间的比率进行。比较大的投资率是不合算的，比较小的投资率表明可能获得的利润被放弃了。凡是使 *mei* 和利率不相等的投资率，也将是违反这条"规则"的。当净投资率是正数而资本在增加时，不论多么缓慢，资本的边际生产率要高于利率。当净投资为负数而资本在减少时，它的边际生产率要低于利率。资本的边际生产率与利率之差，就是使设备存量增加或减少的**力量**。只有在静止的社会中，这个差数才会消失，这时资本的边际生产率和 *mei* 二者都等于利率。

这可以用一个立体图形来说明

这些关系是用第五图来说明的。它是一个立体的图形，图中有一个表面是由投资的边际效率表构成的，每一根曲线代表一个资本数量。这就是图中的 *AB* 或 *CD* 或 *EF* 曲线，它们将投资率 *I* 和利率 *r* 联系起来。每一根曲线表明，在现有的资本数量（沿 *bK* 线测度）下，要是使投资的边际效率和利率相等的话，则在各种不同的利率（沿垂直线测度）下，必须要有多么大的投资率。对应着从 *b* 到 *N* 之间的所有中间的资本数量，有一整套表示投资边际效率表的曲线，它构成表面 *ABFE*。资本数量愈大，则相应的投资边际效率表愈低，因为建造新设备的机会更少了。资本的边际生产率表，是由曲线 *AE* 来表示的。要是资本数量是 *bM*（这里 *b* 是用来测度资本数量或净投资率的**基点**），资本的边际生产率就由垂直测线 *MC* 来表示。要是利率系由高度 *GH* 来表示，净投资率将是 *MG*，这时 *mei GH* 等于利率。要是利率保持在这个水平上而且不发生其他变动的话，则经济发展可以用沿着 *HL* 线从 *H* 向 *L* 的运动来表明，*HL* 线是按不变的高度画在表面上，它表明不变的利率和 *mei*。在 *L* 点就不再有任何净投资；我们达到一个静止的长期均衡，这时利率等于 *mei* 和资本边际生产率二者。（事实上，*L* 点是**永远**不会完全达到的，因为向着它移动的比率——这是由净投资率决定的——在接近 *L* 时就要减到零。）

同样的分析方法和图形也可以应用于个人（或经济社会的其他部分）。有四种可能发生的情况。第一种是个人处在一种完全竞争的经济而没有固定的生产要素或不可分性的场合。这里利率、资本的边际生产率和投资的边际效率都不受他的活动范围的影响。表面 *ABFE* 变成和现行利率具有同一高度的水平面，局势是完全不确定的。我们已经看到，这多半会导致垄断的建立从而改变那个局势。

第二种情况是个人具有某种才干或某种他不可多得的其他固定资产的场合。这时表面将朝着 *K* 的方向倾斜（像第五图中 *AE* 和 *BF* 那样），它表明当更多的可变要素应用到固定要素从而改变它们之间的比例时边际产品的渐减情形。但是这个表面在 *I* 方向将是水平的。这是因为他靠购买资产（要是他自己的钱不够还可以借款）来取得这些资产所依据的每单位时间的比率是没有限度的。这个无穷大的“投资”率意味着，他靠**购买**某一数量的资本

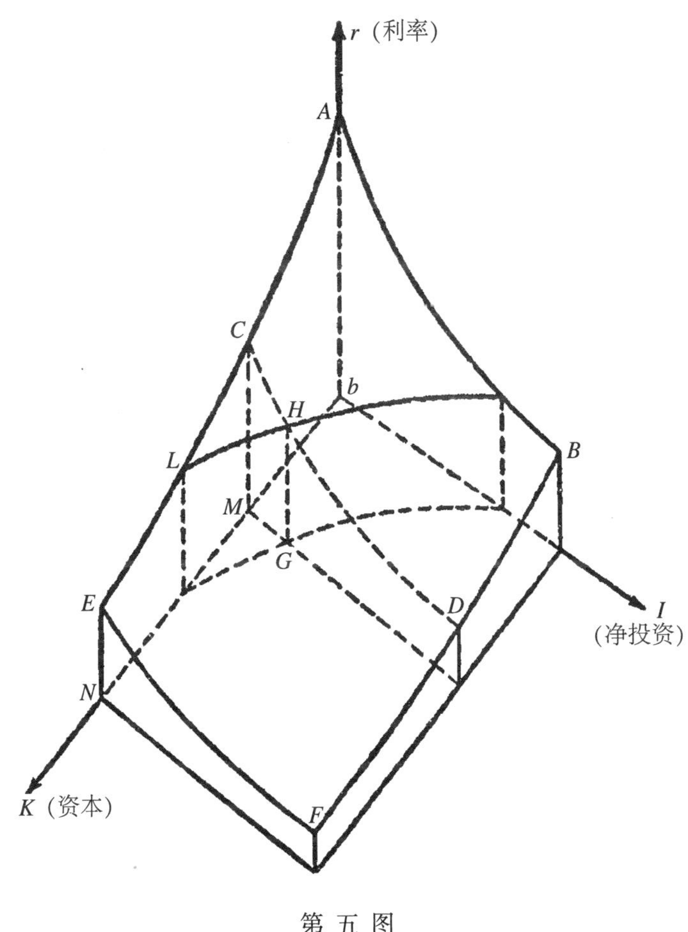

第 五 图

货物，使(私人)资本的边际生产率等于利率，就可以立刻移到相当于 L 的位置。一旦他达到了这一点，就不会有进一步扩张的趋势，所以完全竞争是能够维持的，如果它一开始就已存在的话。

第三种情况是这样一种场合，即具有固定要素的个人同时也是垄断者，因而他按每单位时间较大的比率购买要素服务时(也就是在购买方面没有完全竞争)，它们的价格就上涨。这时他将把投资率限于边际收益(尽管要素价格上涨)恰和利率相等的一点,只有当利率比较低的时候,他才按更大的比率投资。图中的表面就像对于社会那样向 I 方向和 K 方向两边倾斜,如第五图所示。企业的最后规模和趋向这个规模的比率二者都要受到利率的限制。

第四种也就是最后一种情况是,个人能取得**所有**各种资产,没有一种资产是固定的或具有重大的不可分性,但要素价格是取得它们(在购买方面没有完全竞争)的比率的递增函数。这时表面是朝着 I 方向倾斜,但在 K 方向则是水平的。利率给个别企业的扩充规定了限度,然而最后的规模是不确定的,在销售方面完全竞争的维持也遇到同样的根本威胁,就好像以上讨论的四种情况中的头一种那样。这四种情况——表面朝着 I 方向和 K 方向两面倾斜,或在这两个方向都是水平的,或在一个方向是水平的而在另一个方向是向下倾斜,或在一个方向是向下倾斜而在另一个方向是水平的——包括一切可能有的组合。

资源闲置不用的影响可加以考虑了

在有资源闲置不用的限度内,社会是和个人处于同样地位,这个人具有一些固定要素但在购买他所能获得的一切东西方面是完全竞争的。这便是我们刚才考察过的第二种情况。在严重萧条时期,第五图的表面在一定范围内朝着 I 方向是水平的。这与一切种类闲置资源的可利用性是相适应的,这些资源使投资能按更大的规模进行,而没有消费竞争的更大牺牲使要素价格上涨和 *mei* 下降。产量和投资可以按不变的边际成本予以变更,因而投资即使减到零，投资的边际效率也不变。所以，*mei* 等于资本的边际生产率，即或投资不等于零。这个结果是由于**一般**资源闲置不用的特殊情形造成的，这时投资和产量的增加并不涉及经济社会各部分活动之间**比例**的变化，而只涉及全面活动水平的变化。更多的设备是和更多的其他要素一同使用的。资本对其他要素的**比例**不变，这就是为什么朝着 K 方向的任何移动都不会引起表面（或曲线）的高度的变化。当要素比例不变时，就没有渐减的替代率使得问题复杂起来，也没有渐减的报酬或渐减的 *mei* 或渐减的资本边际生产率。投资的增加伴随有其他一切东西的增加，所以除了经营的规模之外没有什么改变。自然，这只是一种极限情形，因为资源闲置不用很少是十分普遍的，即**一切**要素和生产工具都有一些是闲置不用的，可以立刻按不变价格加以利用。但是就业水平愈低，这种情况就愈接近，在像三十年代初期那么严重的萧条时期，把这作为一种实际状态的描述，不能说是太牵强吧。

我们现在不妨扼要重述一下我们关于投资边际效率与资本边际生产率之间的关系的结论。在短期均衡状态下，利率等于 *mei*。在长期（静止的）均衡状态下，利率等于 *mei* 和资本的边际生产率二者。达到均衡所需的时间，长或短，取决于我们所采取的观点。从个人观点来看，短期均衡可以很快达到——当他一决定他要取得资产所依据的每单位时间的比率时就可达到——长期均衡也不需要很长时间，因为，当他一取得他认为是适当数量的生利资产或生产设备而不要再进一步增加或减少时它就可以达到了。

社会短期均衡很快就可达到——当**一切**企业按现行利率调节它们的投资率和产量来获取最大量利润时就可达到。对于任何经济社会的集体部分来说,当所有经理人员都按照这条“规则”调节投资率和产量使之符合于利率时,它就达到了。在任一场合,它还意味着,消费者要调节他们的消费使之符合于他们的收入,从而达到我们在第二十二章(第315页)中所讨论的均衡消费。要使 *mei* 和利率大致相等,也许是几个月的事情。

在社会设备提高到按现行利率不进行净投资的水平时,社会长期均衡就达到了。撇开资源一般闲置不用的特殊情况不谈,这种均衡几十年甚或几百年也不会达到,即使没有其他变化(在嗜好或技术知识方面)来推翻它的话。只有在社会长期均衡的状态下,那时我们全都死了(不然就是我们在经济上被萧条打垮了,萧条使净投资减到近乎零的地步),社会资本的边际生产率才会和 *mei* 与利率相等。

资本概念基本上是静态的。实际问题决不会涉及资本,而只是涉及投资

前面关于资本边际生产率的分析,揭示出资本概念的**静态**性质。不论我们把生产时期或设备数量说成是资本的尺度,不假定一个静止的社会,那是搞不清楚的(即使是在理论上),在静止的社会里,由于有另一单位资本的存在而使产量增加,这是不会被投资活动的影响弄得复杂化的。在我们对这个问题的阐述中,事实上在资本边际生产率的定义中,我们从给**净**投资下定义的必要性就会看出这个道理。要这样做,就必须决定,究竟需要多少总投资来维持现有的资本设备,我们才会得到一个静止的经济。许多困难

的、有趣的问题是和这一点有关系的，但是它们没有什么实际的重要性。实际的社会问题决不是同资本或资本的边际生产率直接有关的，因为资本只能**通过**投资才会受到影响。如果 *mei* 是由于这条“规则”或由于在完全竞争下利润的追求而与利率相等的话，投资就会决定于适当的比率，我们也就获得现有社会资源的最适度利用。当然，这对于资本数量是有影响的，但在资源最适度利用的过程中，要是投资率得到适当的调节，这一切也就不成问题了。

不妨再提一下，为了实现资源的最适度利用，尤其是使 *mei* 等于利率，用不着操心**净**投资的测度问题（这会引起一切有关静止经济的问题）。在第五图中，投资是从基点 *b* 开始测度的，这一点相当于零的净投资。这对于表明曲线 *AE* 是必要的，曲线 *AE* 代表资本的边际生产率。但是为了实际应用起见，投资可以从零的**总**投资或从任何其他任意选择的基点开始测度。这就像我们用水的结冰点以上或华氏零度以上或绝对零点以上若干度来表示气温高低一样是没有关系的。为了最适度利用资源，所有各种投资都必须要进展到一点，在这一点上，它们的边际效率等于利率，因而也彼此相等并等于同将来消费进行比较的当前消费的相对过多的边际评价。不管我们用什么任意选择的基点来测度投资，这将是一样的。

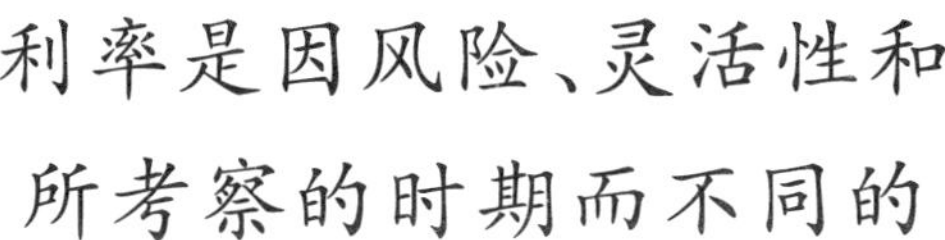

利率是因风险、灵活性和所考察的时期而不同的

直到现在为止，我们所谈的好像是只有一种利率。实际上，人

们借款所支付的利率是有许多种的,它的不同是由于种种原因。首先,放款人担负着或多或少的风险,因为他也许得不到利息,甚至收不回贷款的一部或全部。为了这方面的补偿,放款人通常要索取特别高的利率作为一种保险。这种额外费用应当与利率本身划分开来,而作为一种保险费来看待。纯利息是对没有违约风险的贷款所支付的利息。

第二,即使没有违约的危险,放款人还会有一种风险,即他可能在偿还期以前需要用钱。这是贷款时作出的真正牺牲。假如借款人是有名的、可靠的,放款人要是在偿还期以前需要钱时可以比较容易地出售期票或其他汇票据。因此,索取的利息要低于借款人不甚知名和不大可靠的场合,因为这时放款人不能够在偿还期以前得到现款,除非是遭受巨大的损失。据说第一种贷款比第二种贷款要更**灵活**些,因为这种票据变成现金比较容易,现金乃是最灵活的资产。要是借款人很有名,很可靠,从而他的票据是一般人都接受的,他就能按极低的利率借款,因为他的票据在一般可接受性上极似现款。的确,要是借款人是银行或政府,这种票据实际上就**是**现款,因而对于持有人可能不提供利息。在所有这些情况下,索取的利息要低于真正的或纯粹的利率。对于放款人来说,一部分报酬是因承认贷款而开出的票据所具有的灵活性。真正的利息是对没有灵活性的贷款所支付的利息,放款人不能够将票据卖给任何人或用它来增加他自己的借款能力。他只能将它锁起来等到期收取利息和本金。

第三也就是最后一种,即使风险和灵活性是不存在的,或风险和灵活性的程度相同,利率也会因贷款期限长短不同而有所不同。

这是因为利率在不同时间是不相同的(在静止的经济中除外),而对一笔贷款索取的利率是构成这一时期的各个日期的利率的一个平均数。支付的利息是对各个不同日期所支付的利息的总额。

对于短期间的贷款,风险往往似乎是比较不严重的,非灵活性也许真正是比较不严重的,这倾向于使短期贷款利率一般要低于长期贷款利率。但是我们对于这种复杂情形将略而不论。

竞争使货币总额和持有各种不同资产的灵活性收益趋于平衡。这就使我们能够将利率理论加以概括来解释各种差别利率

第二种复杂情形,即各种不同资产(如同借据或汇票)具有不同程度灵活性的复杂情形,给第二十二章关于利率决定的简单说明造成许多困难。并非只有一种生利的资产和一种货币,像简单说明所假定的那样。这里有一整系列的资产(包括货币),它们在各种不同程度上具有生利资产的性质和货币的性质。它们在能赚取利息的限度内具有生利资产的性质,而在下述限度内具有货币的性质,也就是占有它们会在方便和安全方面得到一种**灵活性**报酬,所谓安全是指人们知道在必要时就能将它们变成现金而不致遭受严重的损失。竞争倾向于使这些现金的**总额**和持有一切资产(包括现金)所提供的灵活性报酬趋于平衡。货币本身的报酬完全是采取灵活方便的形式。一种纯粹生利资产不会是灵活方便的,它的全部报酬都采取货币收益的形式。这就是在第二十二章进行比较的两种资产。要把利率决定论加以概括,我们只需把“生利资

产”和“货币”分别变成“资产 A”和“资产 B”，这里资产 B 要比资产 A 的货币收益少些而灵活性收益多些。它们的货币收益的一定差别或**差别利率**是会有的，它将诱使公众按它们在经济社会中的现有比例来持有资产 A 和资产 B。任何两种资产提供的利率之间的关系就是这样决定的，而代表任何特种贷款的特种证券所提供的特定利率只不过是这种资产与“货币”资产之间的差别利率。对于部分牺牲灵活性所支付的利率和我们在第二十二章所说的关于全部牺牲灵活性所支付的利率，是用同样方法决定的。

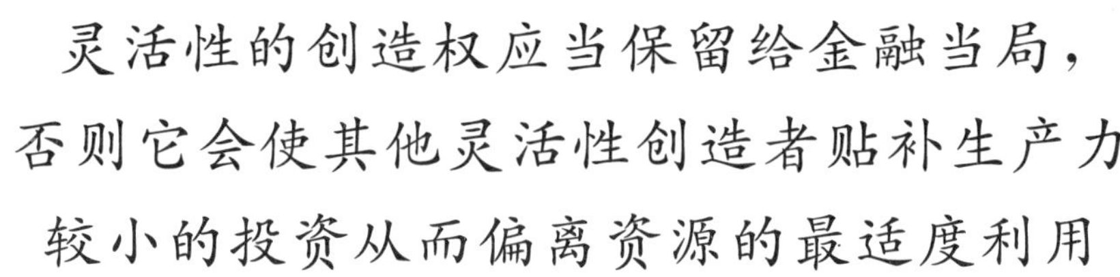

灵活性的创造权应当保留给金融当局，否则它会使其他灵活性创造者贴补生产力较小的投资从而偏离资源的最适度利用

在资本主义经济中，大公司和政府往往能够按极低利率借款，因为它们提供的证券都是很容易让渡的，因而大都具有货币的性质。它们能够用这样借来的款项来取得生产资源，将它们从当前消费过程撤出以便用来投资。这也同样有效地将资源冻结起来，就像它们被任何小公司或无限责任的企业用来进行投资一样，这种公司或企业必须支付十足的、相当于当前消费超过将来消费的相对评价的利率。这会导致资源的不合理分配，不仅因为同一要素对于不同生产者有不同价格，而且因为这种价格是与 *msc* 不相适应的，后者是由牺牲的当前消费在另一替代用途中的 *msb* 的价值来测度的。

假设完全保险但无灵活性的证券的利率是 5%，但由于大公司的证券提供灵活性收益的关系，它能按3%的利率借款。消费者对值一百元的当前消费的评价和对明年值一百零五元的评价是一样高的。但是这家公司能按3%的利率借款，它将购买生产要素用于将来生产直到现在一百元的牺牲只能在下一年提供一百零三元收益的一点。消费者对这种收益的评价没有对必须牺牲的现在消费那么高（如果是充分就业的话），所以 *msb* 要小于 *msc*，资源的使用是不当的。

在集体主义经济中，大公司是不容许用创造灵活性的方法来贴补它们的投资的。这个职能是在决定一般利率时保留给金融当局的。按照这条"规则"，要向所有经理人员收取同样十足的利率，这就使资源得到最适度的利用。

所以，在统制经济中必须采取步骤使利率对所有的人都是一样的，将灵活性的创造权完全交给国库和银行系统，它们是根据社会利益来调度的。这似乎是证券交易委员会成立的宗旨之一。

我们对于利率因贷款期限不同而有所不同的问题，论述得要简单得多。一切投资都必须使它的 *mei* 和利率相等，这个利率适用于从资源用于投资到将来额外产品出现这一时期。它是包含在这条"规则"当中的，私人投资者自然要遵守，如果资源最适度利用的一切其他条件都具备的话。

第二十六章　国外贸易 I

国内贸易的"规则"同样适用于国外贸易

在集体主义的经济中，国内贸易的"规则"可以同样应用到国外贸易。进口机构的经理人员从国外进口货物要达到一点，在这一点，*pf* 和 *vmp* 相等。因此，支付从国外购得的货物所用的外国货币就要作为生产这些货物的一种要素来看待；从而使进口达到一点，在这一点，值本国货币一美元的外国货币所能购买的外国货物数量在国内可售得一美元(另加边际运输成本及其他进口费用)。同样，出口机构的经理人员将出口各种货物，直到 *pf* 和 *vmp* 相等为止。这就是说，出口要达到一点，在这一点，值一美元的出口货物可以售得的外国货币能够兑换成一美元(另加边际运输成本及其他出口费用)。使用进口原料或以产品出口的生产者，要么同进出口商打交道，要么自己经营进口或出口。在前一种情形下，只要进出口商遵循这条"规则"就可以达到最适度的位置。在后一种情形下，也可以取得同样的结果，只要生产者将他们的成本或收益按照当前外汇率从外国货币折合成本国货币，并按一般方法使用每一种要素(无论是本国的还是进口的)直到它的价格不大于它的边际产品的价值为止，像这条“规则”所要求的那样。

作为这个机构的一部分，外国货币的价格，就像其他任何价格一样，也要进行调整以使供求相等。外国货币的供给是由出口商提供的，他们在国外出售货物所得的外币需要兑换成本国货币。外国货币的需求是来自进口商，他们为了进口货物要用它来支付外国商人。

要是外币的价格提高了（也就是说，美元的对外价值降低了），按美元计算的进口货物就要昂贵些，进口就要受到妨害；而按美元计算的出口货物就会获得较高价格并且受到鼓励。这就使进口商（他的进口减少了）所需要的外币数量减少；要是出口货物的增加大于他们卖给外国商人的价格因美元跌价而降低的程度，则外币的供给将会增加（用来支付出口货物增加后的较大**价值**，虽然这些出口货物是按增值的外币计算的）。于是外币的供给变得大于需求，它的价格又倾向于跌落。要是外币的价格下降，求过于供的现象同样会产生，这又要使它的价格上升。由于这些作用的关系，外币价格倾向于在环绕供求相等的均衡位置停下来。

外国货币可以用来代表 *msc* 和 *msb*

由于这种调节作用，用于获取外币的每一美元代表价值一美元的本国货物，这些货物是运到国外创造相应的外币供给的。这就是为什么在进口商应用这条“规则”时可以将价值一美元的外币作为价值一美元的本国生产要素来看待的道理。价值一美元的出口货物就是这个 *pf* 所代表的 *msc*。同样，出口货物所获得的外币

可以作为 *vmp* 来看待，因为它代表进口货物的价值，而进口货物的价值提供对外币的需求，并且它也就是 *msb*。

这条“规则”为了最好地利用资源而把全世界纳入一个体系中

如果所有的国家都采取这样的步骤，那么，我们就可以在所有国家作为整体来看时获得资源的最适度利用。它们形成遵守这条“规则”并使资源得到最适度利用的一个体系。这意味着各国普遍实行完全竞争和它们之间实行完全的自由贸易。的确，如果情形是这样的话，我们也就没有必要区别本国贸易和国外贸易了。

但是，区际贸易还会有问题的，这个问题的产生是因为，即使没有任何人为的限制，生产要素或产品从一个地方到另一个地方的移动也会遇到各种阻碍。土地，按这个字眼的一般意义来说，是不能够从一个地方移到另一个地方去的。劳工往往是不愿意移动或者是担负不起从一个地区移转到另一个地区的费用，即使移民没有法定限制的话。对于许多生产要素、原料和最后产品来说，地区间的移动是所费不赀的。这一切使得同样物品在不同地方有不同的价格。这个问题不妨在形式上予以解决，即将物质上相同的东西在不同的地方叫作不同的东西（这实在说不仅是经济的而且也是物质的属性）；但是如何解释这些价格之间的关系的问题基本上仍然存在，虽然形式改变了。就现在的目的来说，我们紧密地依照通常习惯来考察一下为什么和在什么程度上同样货物在不同地方会有不同的价格，要比较方便些。

一种要素或产品可代替其他要素或产品来移动

如果所有货物都可以不花钱而自由地运输，就不会有地区差价。任何这种差价都会由于不花钱的转运而很快地消除掉，这就是，按照这条“规则”或在完全竞争的情形下由于投机活动关系而把货物从便宜的地方向昂贵的地方移动。但是这一个条件就足够了。不需要**一切**货物都能够不花钱移动。许多货物并不需要为了达到这个等价而移动。因此，要是这些货物的移动不能够不花钱，甚或根本不能移动，那是不要紧的。这里需要的只是，使各种生产要素合拢来，以便它们能够进行生产，并使消费品与消费者合拢来以便进行消费。如果某些生产要素不能移动，这并没有关系，只要与之合作的其他要素能够移向它们就行了。同样，要是消费品或消费者能够移动的话，一切都不成问题。只要穆罕默德能够到山那里去，那么山不能够到穆罕默德那里去是不要紧的。

由此可知，只要某些要素和某些产品（或者，也许某些消费者）能够自由地不花钱地移动，使得所有的生产要素都能合拢来以便在一个地方进行生产并使消费品与消费者也合拢在一起的话，地区差价是不会有的。如果有两种要素必须在一起使用，一开始它们不是在一处地方，那么，其中一种要素的移动就可免去并完全代替另一种要素的移动。同样，一种产品的移动可以代替生产要素向需要这种产品的地方的移动；反之，所有生产要素的移动也可以代替产品的移动。我们已经看到，消费品的移动和消费者的移动是彼此可以代替的，所以，为了消除所有地区差价而使二者都可以不花钱运输，是不必要的。

这使地区差价等于最便宜的替代移动的费用

在现实世界中，大多数生产要素和产品都是可以运输的，但是毕竟很少是可以**不花钱**运输的，因此，地区差价是不可避免的。它不能大于直接运输费用，但往往比这个费用小得多，因为其他更低廉的运输可以代替从便宜的地方向昂贵的地方的直接运输。如果一种产品可以很低廉地运输，它就会在生产要素比较便宜的地方生产并运到比较昂贵的地方去，从而增加比较便宜的地方生产要素的需求并减少比较昂贵的地方生产要素的需求，直到产品**成本**的差别不大于产品运输成本为止。这就是说，两地**生产要素**价格之差将不会大于它们的边际产品的运输成本，即使这种生产要素的直接运输或许是昂贵得多甚至是不可能的。产品的运输倾向于使生产要素的价格划一，就像这些生产要素的直接运输所引起的结果一样。所以说，产品运输是生产要素运输的替代。

同样，如果生产要素的运输是比较低廉的话，则这种运输可以代替产品的运输并可减小产品差价使之不大于生产要素的运输成本。一种生产要素的运输将会减小它所代替的任何其他生产要素的地区差价。甚至消费者也可以运输来减少那些本身不能运输或运输费用极大的产品的地区差价。的确，这就是旅行和移民的主要的经济方面。一般说来，那些能够最容易、最便宜地运输的项目要移动，而那些移动比较困难的项目要留在原地；地区差价限于最低廉的替代移动的费用。

当一个地区的 *mei* 高于另一地区时，它一定伴随有相应的较高利率或相对低的物价水平（或这两者的结合）

同样原理完全可以应用到不同地区之间的**资本**移动，这通常叫作**国外投资**。要是在 *B* 区投资的边际效率大于 *A* 区，则 *B* 区的利率就要相应地高些，如果两个地区物价水平间的关系要保持不变的话。如果两个地区的利率相同，譬如说等于 *A* 区的 *mei*，那就不能保持均衡，除非 *B* 区的物价在每单位时间内要按照和 *B* 区的 *mei* 大于利率的超过额相等的比率下降，正好像我们在第二十章中曾经看到的那样。

这两种可能性都反映出在不同时间和不同地区各种货物间有着同样根本的价格比率；但是我们要假定这个最后的最便当的可能性是由金融当局来保持的，他们使 *B* 区的利率高于 *A* 区，这二个利率又各自等于当地的 *mei*，从而不需要使 *B* 区的物价相对 *A* 区的物价来讲要下跌。我们要从这个假定推求出来的所有实际结论，在另一种情形下或在一种折中的情形下（即 *B* 区的较高 *mei* 在某种程度上表现在这两种征候中，而不**只**是表现在较高的利率上或**只**表现在物价水平相对于 *A* 区的物价水平的跌落上），也当然是会发生的。

在一个单独的集体主义经济中，按照这条“规则”经营时，*B*

区的较高 *mei* 会使所有的投资都转向 *B* 区，而没有人在 *A* 区进行投资，直到两个地区的 *mei* 相等为止。在形式上这种投资的集中不妨认为和在一特定工业投资的集中是一样的；这一特定工业，正如我们在第二十章中讨论过的，依据炼钢业同制帽业对比时推迟产量的边际收益(第 264 页)，有着更多的投资机会。正因为这种投资向较高的 *mei* 的地方集中，其结果是使所有地方的 *mei* 都趋于均等，正好像在所有工业中都趋于均等一样，所以利率的差别和当地相对物价水平的变动都是不必要的。

在资本主义经济中，所有投资都集中在 *B* 区的现象也同样会发生。*B* 区的较高 *mei* 有将投资从 *A* 区吸引过来的效力，不论是利率或物价水平在两地保持相等，还是采取介乎两者间的某种折中办法。要是两地利率保持相等，则在 *B* 区降低物价水平(这在 *B* 区利率低于 *mei* 的情形下是保持均衡所必需的)可以使两地间的贸易趋于均衡，只要同时使 *B* 区货币的不断增值(与 *A* 区的货币对比)等于 *B* 区物价的下降率(与 *A* 区的物价对比)就行了。这是防止从 *B* 区流向 *A* 区的货物的日益增加和相反方向的货物流通日益减少所必需的。(的确，这样一种不相称的货物流通意味着，为了支付从 *B* 区流向 *A* 区的日益增加的货物，对 *B* 区货币的需求也日益增加，而为了支付 *A* 区对 *B* 区的出口货物，对 *A* 区货币的需求则日益减少。这自然会使 *B* 区货币按 *A* 区货币计算的价值升高。)这种按 *A* 区货币计算的 *B* 区货币的继续增值，将会把投资从 *A* 区吸引到 *B* 区来，它的吸引程度就像较高的利率一样。投资者在 *B* 区和在 *A* 区所赚得的货币收益是一样的，但当他们把它从 *B* 区货币再兑换成 *A* 区货币时，他们投资的升值就会使他们

获得更多的净收益，就好像提高 *B* 区利率使之符合较高的 *mei* 来保持两地物价水平相等的情形一样。无论采取哪一种政策，所有的投资都会集中在 *B* 区，那里的 *mei* 是比较高的。

要制止投资向 *B* 区的集中，只有防止 *B* 区货币相对 *A* 区货币的增值，或（如果 *B* 区物价水平是稳定的）迫使 *B* 区货币对 *A* 区货币按一种相等于 *B* 区 *mei* 大于 *A* 区 *mei* 的比率**贬值**。这样的贬值意味着，在 *B* 区投资的 *A* 区资本家由于他们资本的贬值而遭受的损失是和他们从较高的 *mei* 所得到的好处一样多。这样，从 *A* 区向 *B* 区投资的移转就被阻止住了。但是，正像我们刚刚看到的，使 *B* 区货币不增值（或用其他计划迫使它贬值）是困难的，因为这使得从 *B* 区流向 *A* 区的货物超过依相反方向流通的货物。在 *B* 区投资的集中是不可避免的（如果不直接禁止的话）就像在 *mei* 比较高的地方投资以便获得更多收益时它是值得想望的一样。

为使 *mei* 划一而产生的投资集中导致国际债务

如果 *A* 和 *B* 是具有不同货币并各别立账的两个不同的国家，则在 *B* 国集中投资意味着 *B* 国对 *A* 国负有债务。就整个经济体系（包括这两国在内）来说，投资总额必定等于储蓄总额，因为投资总额是除消费支出所创造的收入以外的收入，而储蓄总额是收入总额超过消费支出总额的部分。但是现在 *B* 国的投资大于储蓄，在 *A* 国则储蓄大于投资，其数额和前者相等。

B 国投资之所以能够超过储蓄是由于进口超过出口的缘故

(按价值说)。这个超过额包括一部分直接用于 B 国投资的货物和一部分用于维持 B 国消费的货物,它们代替用于投资的本地资源并使这项投资不必要求 B 国人民为更多的储蓄做出牺牲就可以进行。B 国的进口大于出口意味着 B 国货币的供给(用来支付进口)大于 B 国货币的需求(A 国人民要用来支付 B 国的出口)。这部分超过额是由 A 国政府或人民为取得 B 国投资的要求权而对 B 国货币产生的额外需求抵销了。这样取得的要求权等于 A 国储蓄超过 A 国投资的部分,因而适足使 B 国货币的供求相等(所以也使 A 国货币的供求相等),因为它依次又等于 B 国投资大于 B 国储蓄的部分。

换个讲法,B 国所出口的对其新投资的**要求权**,等于它的进口超过其他出口的部分,所以**包括要求权在内**的出口总额等于进口额。A 国则**进口**这项要求权。A 国进口总额(包括这项要求权在内)等于它的出口货价值。按实物说(也就是不包括要求权),出口大于进口,其数额等于要求权的净进口额。要是我们将国外购得的要求权作为 A 国投资看待,并将国外出售的要求权作为 B 国负投资看待,那么,每一国家的储蓄还是和投资相等。

这条"规则"给各个不同国家之间的合作提供一个客观原则,正好像对一个国家中不同的个人所提供的一样

只要两国的 *mei* 由于资本移动而完全相等,像刚才叙述的那样,就不会有特别的国外贸易问题发生。要是两国都应用同一"规

则”，一切事情就像它们是同一国家的部分地区一样进行着，不论是在两国间实际货物的移转上，还是在它们的资本移动或**要求权**的进出口上。这条“规则”的作用**向外**可以超出国家的范围，也正如向内可以从国家达到组成它的各个人一样。正好像它将社会各成员的经济活动联系成为一个整体并使他们作为消费者的全部福利达到最大量一样，它也为了各个国家的共同利益而将它们的经济活动联系起来。它给各独立国家的合作提供一个客观原则，使大家从合作中获得利益而没有一国剥削另一国或被另一国剥削的情形。古典自由贸易论者的世界主义理想正是以普遍应用这条“规则”的这种结论作为依据的。他们遭到悲惨的失败在不小的程度上是由于他们没有充分地将这条“规则”所提供的资源最适度利用和**自由放任**的其他附带条件划分开来，他们也没有充分认识到完全竞争（它能使这条“规则”的一切有益效果得以实现）有自行毁灭的倾向。任何国际间的持久和平——它一定要避免一个国家对另一个国家的剥削——必须要根据一个一般协议，使大家遵守像我们的全部分析所依据的同样性质的一条“规则”。这个说法不算太过。没有这样一个客观“规则”，各国就不能抵抗一种诱惑，即运用它对进出口价格的影响，从“损人利己”的政策中靠牺牲别人而获得利益。

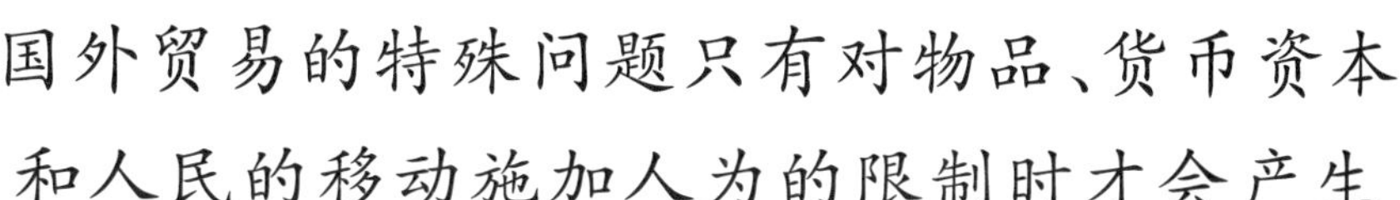

国外贸易的特殊问题只有对物品、货币资本和人民的移动施加人为的限制时才会产生

这条“规则”的向外作用是将世界上所有的国家在和谐的合作

中联系起来,这种向外作用是以对一切移动的一切人为限制全不存在作为前提的。必须没有关税或贸易限额,不论是公开的还是采取保护健康一类措施的隐蔽形式,也必须在应用这条"规则"时没有将会产生同样的影响的地区差别。这样,地区差价就只能是生产要素、产品和消费者在移动上遇到自然的和技术的阻力所造成的结果。必须没有国外投资的限制以便使一切地方的 *mei* 和利率都能划一起来,因为要求权移动的费用(这只不过是对国外投资的一纸收据)是微不足道的。在计算纯 *mei*(它一定要和利率相等)时,先得考虑在地球上各个不同地方的各种不同风险,正好像在求本国纯利率时要将风险除掉一样。[①] 最后,而且从世界公平和安定的观点来看也是最重要的,人口移动必须有完全自由,唯一例外是在某些地方的移民可能造成全世界人口过剩的真正危险的时候——在这些地方,移民减少了人口的压力,却使当地人民有更多的人能够活下去,以致他们差不多是和移民不允许时同样稠密的。

货物、货币资本和人民的这种移动自由是不存在的,正是由于对货物、人民和资本的移动施加人为的限制,国际贸易的特殊问题才会产生。

① 也许在运输一些构成国外投资(它已成为一种资本移动)的货物方面需要很大的费用,但这不会造成 *mei* 和利率间的差别。投资收益是根据投资场所的要素成本计算的,把物品运到那里的费用已经计算在 *mei* 中了。

第二十七章　国外贸易Ⅱ

有着合理的也有着不合理的诱惑使一个国家对本国的和外国的货物、资本和人民实行差别对待

有三种方法可以合理地诱使一个集体化的国民经济背离这条“规则”的普遍应用，而对本国的或外国的货物、投资和人民实行差别对待，从而在集体主义方面侵犯这三种移动的自由。

对进口和出口加以适当限制（使其小于这条“规则”所要求的数额）是对一国有利的（而对外国造成的损害要大于这个利益）

首先，一种可能性是采取垄断原则进行掠夺性的贸易来损害其他国家以便增加本国的财富，这种垄断原则是要最大限度地追求**本国**的利益，而不遵守最大限度地增加所有国家的整体利益的“规则”。这样一种为本国利益而背离这条“规则”的情形，每当外国对本国任何一项出口的需求或外国对本国任何一项进口的供给

小于无限大的弹性时，就有可能发生。如果一个国家具有相当大的幅员，那么这个条件几乎对每一种出口或进口的货物来说都可以得到满足。

在对外贸易上应用这条“规则”而不区分本国的和外国的货物，系根据同一原则，即把进口价格和出口价格当作既定的，而不顾更改买卖数量来改变价格的可能性。这是这条“规则”的不可分割的一部分。我们已经看到，在资本主义经济中，完全竞争不存在（也就是说，垄断者掌握着影响买卖价格的权力）如何会导致资源最适度利用的偏离。这就使整个经济情况恶化，而垄断者却因社会上其他人遭受损失而获得一部分利益。现在，这个国家是处于垄断者的地位，所以它由于这条“规则”在国际间的应用遭到破坏，能够从整个世界所遭受的损失中获得一部分利益。

要是这个国家打算把对世界经济其他部分所发生的影响一概不管的话，那么，它的进出口就会小于这条“规则”所要求的数量。它所进口的货物不是要达到进口价格（包括运输费用）和本国价格相等的一点，而是要仅仅达到这个国家再进口一单位的边际成本（即进口货物总费用的增加额）和本国价格相等的一点。这时它所做的就好像任何一个不是面对购买方面的完全竞争的垄断者一样。要是一种货物的供给有无限弹性，以致购买量增加时其价格毫不上涨，那么，它对这个国家的边际成本就等于一单位的价格，因而这个国家背离这条“规则”是不合算的。人们也可以说，这条“规则”的变换，即用这个国家的边际成本代替这宗货物的价格，是没有关系的，因为这二者的数值碰巧相等。这个国家和在完全竞争下的一家企业的处境是一样的，它在追求它自己的最大限度利润时要在合作中实现资源的最适度利用。但若这个国家的购买会对价格发生一些影响，因而它多购买时则价格——**平均成本**——上涨，那么**边际成本**要大于价格（或平均成本），而且要偏离资源的最适度利用。

这个国家的边际成本比价格高多少，要看购买的数量是多少和价格因购买数量增加要上涨多少。要是价格毫无变动（就是说，供给的弹性是无限大），则这个国家的边际成本不会大于价格。要是供给弹性等于一因而价格按数量增加的同一比例上涨，则边际成本将是价格的两倍。一般地讲，价格与边际成本间的关系可以从这个简单公式看出来：$mc = p + p/e_s$，这里 mc 代表这个国家的边际成本，p 代表价格，e_s 则代表货物供给的弹性。我们用下面的例子来说明这个问题：

要是购买数量从一百单位增至一百零一单位，会使价格按同一比例上涨（譬如说，从一元涨至一元零一分），则第一百零一单位的边际成本就会等于它的价格一元零一分**加上**以前所买的一百单位中每单位增加的一分，因为这时它们的价格是一元零一分而不是一元。所以，边际成本变为二元零一分。这略多于旧价格一元的两倍而略少于新价格一元零一分的两倍。要是购买数量按比较小的比例增加，即从一千单位增至一千零一单位，价格也按同样的（比较小的）比例上涨，即从一元涨至一元零一厘，则边际成本将会是二元零一厘。这依然是略大于旧价格的两倍而略小于新价格的两倍，但在每一种情形下都更接近两倍的价格。只要使变动变得尽可能小，我们就能使这个差数变得尽可能小，于是我们可以将它略而不计，而只说：若价格与购买数量作同比例的增加，则边际成本将是价格的两倍，或比价格高出一倍。

若供给弹性大于一，则价格上涨的比例较小，边际成本超过价格的数额（这不过是原来购买数量和价格增长数的乘积）按比例说也比较小。若供给弹性为一的两倍，则价格增长数和边际成本超过价格数都将只有供给弹性等于一时的一半。若供给弹性为一半，则价格增长数和边际成本超过价格数都将是弹性等于一时的两倍。我们从这里得出一个一般的公式，即：边际成本超过价格的数额等于价格本身除以供给弹性。$mc-p=p/e_s$。

这个公式可以衡量操纵买价的力量使最大限度增加一般福利的“规则”发生背离的程度。这使购买货物的数量不是达到 $vmp=pf$ 的一点，而是停止在 $vmp=pf-pf/e_s$ 的一点。pf/e_s 或 p/e_s 是衡量这条“规则”背离的尺度。这笔损失还是得到**负数**一元的边际收益。

我们可以一般地说，边际收益低于价格的数额等于价格本身**除以**需求弹性。若以 mr 代表边际收益，p 代表货物销售给外国的价格，而 e_d 代表需求弹性，于是我们得到的公式为：$mr=p-p/e_d$，或 $p-mr=p/e_d$。

这个公式可以衡量操纵销售价格的力量使最大限度增加一般福利的“规则”发生背离的程度。这使销售量不是达到 $p=vmf$（当 $vmp=pf$ 时）的一点，而是停止在 $mr=vmf$，或 $vmf=p-p/e_d$ 的一点。这条“规则”的背离是用 p/e_d 来衡量的。

这个公式同样适用于一家企业向其他企业或机构的销售，就好像它适用于一个国家向其他国家销售出口货物一样。这家企业的 $p=msb$，同时 $vmf=msc$，所以 P/e_d（它等于 $p-vmf$）就意味

着 *msb* 超过 *msc* 的数额；但是这对于这家企业是没有利害关系的，因为，尽管社会遭受损失，但它自己的利润却由于这个办法而达到最大量。在一个国家的场合，它将出口到一点，在这一点国外价格超过本国价格的部分为 p/e_d，从全世界的观点来看，这个数额系衡量 *msb* 超过 *msc* 的部分；但这对于这个国家并无直接利害关系，因为，尽管这样，它自己从国际贸易获得的利益却达到最大量。价值一元的出口货物（按低于国外价格达 p/e_d 的本国价格计算）能使这个国家恰恰赚得额外的一元（因为从出口国家的观点来看，这就是从出口得来的边际收益），它可以用来获得价值一元的额外进口货物。这个国家的边际利益等于边际成本，所以它的利润达到最大量。

现在我们看到，一个集体主义的国家希望它自己的收益达到最大量而不关心其他国家的福利，它就会按各种进口货物的供给弹性和各种出口货物的需求弹性对它的进口和出口施加不同程度的限制，从而背离这条“规则”。它进行贸易不是要达到本国价格和国外价格相等的一点（撇开运输费用），而是要使进口货物的本国价格**超过**国外价格的部分达到 p/e_s，又使出口货物的本国价格**低于**国外价格的部分达到 p/e_d（在每种情形下 p 都代表国外价格，而 e_s 和 e_d 则分别代表国外供给弹性和国外需求弹性）。

这种办法会招致对方的报复，使大家都蒙受损失

这个国家靠这样一种政策来使它自己的利益达到最大量，但

这必定会使其他国家蒙受的损失大于它的收益，因为所有国家合在一起的**总**产量由于偏离资源的最适度利用而减少，这种资源的最适度利用通过这条不加修改的"规则"的普遍应用是可以获得的。一个自私自利的国家不一定会受到这项考虑的影响，但是它却要考虑到**报复**的可能性。我们在分析一个国家从这些限制贸易的办法可能获得的利益时谈到这个国家出口货的需求弹性和这个国家进口货物的供给弹性，这暗含假定其他国家的政策不受这个国家所做的事情的影响。但是玩这种手法的国家可能不止一个，如果所有国家都这样做的话，这种特殊的利益也就抵销了，而限制国际贸易所造成的一般损失却依然存在。要是所有国家都坚持这样彼此进行**削弱**的做法，国际贸易就会全部遭到破坏，可以从国际贸易得到的一切利益也随之归于消灭。一切国家都将要求恢复贸易来谋取利益，这时关于进行贸易的条件将会发生无休止的争论。这个争端的唯一**客观**的解决办法就是普遍遵守这条"规则"的办法，它会使全体利益达到最大量。任何其他的解决办法就下面这个客观的意义来说都不如它，即任何占了特殊便宜的国家所受到的损失会由于一般采用这条"规则"而得到适当的补偿。其他国家用货物或货币支付来补偿它的损失，而这些国家的处境在这条"规则"下依然是会变好的。因为这条"规则"可以提供一块最大的饼，由这些国家分配，这样，即使出现一个暴徒企图抢一个较大的份额而损坏了一部分，其他国家的处境依然会好起来，要是它们让他拿走他所能攫取的部分并避免进一步的、由于不按照这条"规则"有秩序地分配利益而遭受的浪费损失的话。

害怕报复可能防止一个国家对它的贸易实行垄断性的限制；

但若其他国家总是打算进行这种剥削时，那就不能劝阻它这样做了。这会导致限制办法的竞相采用和国际贸易的破坏，也许各国又企图达到妥协的局面。一个国家也许会对其他国家表示相当友好而不采用这种侵略办法，或只在有限的程度上采用这种办法。它甚至可能愿意把这个做法倒转来，为了给一个好邻居一些利益，因而此这条"规则"所要求的买**得多**，也卖**得多**。（这里我们必须防止一种资本主义的想法，即认为把东西便宜地卖给一个国家是对这个国家有害的。）这绝不是帮助邻居的最经济方法。要是贸易限于这条"规则"所规定的数量，对两国都有好处；要是给予任何帮助的话，不妨直接赠给金钱，这可以让领受国按照它自己的选择用于增加进口或减少出口。

对于一个集体主义国家来说，背弃与这条"规则"的普遍应用相联系的三种自由的第二个诱惑，是关于外国移民的限制。这个诱惑的产生有两种不同的情况。

首先，一种情况是，外国移民可以成为规避这个国家在限制外国人买卖方面对他们实行歧视的一种方法，就像前几页所描述的那样。这不像是一个强有力的理由。允许自由移民也可以做到这一点，要是政府采取有利于早期移入的居民的办法，对后来的移入者继续实行同样的限制，按照在国外购买时的较低价格从他们手里买东西而按卖给国外人民时的较高价格卖给他们东西的话。对外国移民来说，这比禁止或限制他们移入还要好些。但是，旧有的居民从这种剥削新移民的办法所获得的物质利益，不见得能使达成为值得采用的办法。

早期居民作为整体来说不会由于新移入的工人而遭受损失，因为后者的报酬不会多于他们的边际产品

更重要的是由于人们不愿意和所有新来的人分享这个国家的天然利益而采取的移民限制。这主要是个自私的论点；然而，如果移民是来自一个只要生活水平一超过最低限度、人口就会无限制繁殖而使生活水平降低到最低限度的国家的话，这种限制也可能符合于一般的利益。如果让这些地方的人民可以自由地移出来，这不会使这些国家的生活水平提高，而只会把其他国家拉下来，变得和他们自己的水平一样。

如果移民没有分享到社会红利而他们的收入只限于他们生产的边际产品的价值的话，这个论点是站不住脚的。这时他们并没有从旧居民那里拿走什么东西，而且由于他们在收养国工作时他们的边际产品价值比在他们的祖国通常要大些，所以他们会对总产品增加更多的东西。要是他们由于人数众多降低了和他们竞争的劳工的边际产品和工资，他们也会把他们自己的边际产品和工资降低到他们刚来时的水平以下；在这种情况下，他们得到的会比他们全体增加到总产品上面的少。这个差额归于其他生产要素所有，其他要素的 *vmp* 因此提高了，这使得那些有资格享受社会红利的旧居民或公民能够分得更多的社会红利和享受更高的生活水平。那些比较直接受到移民竞争的公民也许会发觉他们的 *vmp* 减得多，而他们的社会红利的份额增加得少，但是，他们可以得到

更多的补偿,而且仍然使其他公民的处境好起来。

容许移民只按他们的边际产品价值取得报酬并不会使一个国家的公民遭受损失,因为这种劳动的移动是和国际贸易中劳动产品的移动起同样作用的,它也就是这些产品的代替。就像在应用这条“规则”时歧视不存在的情形下财货的自由移动一样,它不会使这个国家贫穷,即使它消除了垄断利益(这可能是很重要的即或是不确定的),我们曾在三种移动自由中的第一种——货物的自由移动——可能发生的背离问题中讨论过这种垄断利益。然而移民限制即使在一个合理的民主的集体主义经济中也是十分可能的,因为即或在这个国家的**内部**有一部分极端受歧视的人口是可能的,这也是一件不愉快的事情。如果这些移民的收入只限于他们的边际产品价值,那么他们不但不能分享全体有完全权利的公民所享有的社会红利,而且还要为他们所享受的社会服务交纳赋税,这些社会服务是作为部分社会红利免税供给有完全权利的公民的。这些赋税很可能苛刻得使移民受不了;而不让他们享受这些社会服务,又会引起无情的感觉;要是他们处在一个遥远的地方,这是不明显的,但这会危害本国公民自己的健康。另一方面,对他们让步并允许他们随便享受一部分社会红利,好像让他们享受社会服务而不必花钱一样,那就会使得他们从人口繁殖的地方大量而无止境地移入,从而使所有的人都降低到他们自己那种悲惨的生活水平。

这个问题把我们带到集体主义经济可以合理地被诱使来背弃这三种移动自由的第三个方法。第一个方法是关于货物的移动自由(或没有歧视),这种货物的价格是可以靠改变买卖数量来施加

影响的。第二个方法是关于人口的移动。第三个方法是关于对外投资的。(这往往叫作资本的移动,但是我们已经看到,要是我们弄清楚投资,那么资本问题也就自行解决了。)

除非采取一些办法来平均各国的财富,否则对外贷款最好还是加以限制,以免发生恶感

这条"规则"要求我们将投资集中到 *mei* 较大的地方去,为了使它趋于均等化。这往往使 *mei* 较大的国家变成其他国家的债务国。它为投资而借得的款项是要支付利息的,这几乎总是使双方发生恶感。借款的国家,到了它偿还的钱要比它借的钱多(由于支付利息)的时候,就觉得它是被人剥削了,它一有机会就想对它的较富有的邻国赖债。贷款的国家憎恨这种态度,因而发生恶感。为了少一些借贷和少一些恶感,不如牺牲一些潜在的产品。如果不过分严格执行的话,"既不要做放款人也不要做借款人"这句格言在指导国际事务中也许有它的用处。

当借款人被要求偿付债务和利息(放款人时常还会有各种勒索,这姑且不谈)时;他认为是受剥削,在这种情感的后面却有这样一种想法,即认为放款国的居民(他们一般要富裕得多,所以能够充分地在他们本国投资来把他们的 *mei* 降低到借款国的 *mei* 以下)取得的东西超过了他们在世界财富中应享有的份额;认为较富的国家对较贫的国家提供一些无偿的投资,从而使全世界的财富分配得均衡些,那才是正当的事情。当然,这样一种礼物是不能指

望的，要是它只会增加人口而不会提高生活水平的话；但是世界财富的平均化似乎是建立一个和平和满意的世界的先决条件，正好像在一个资本主义国家，某种收入的平均化是一个健全的经济所必需的一样。①

当有好几个社会主义（也就是民主的集体主义）国家的时候，它们的共同目标也许会使它们采取一种共同的政策（不是严格商业性的），通过向 *mei* 较大的地方集中无偿的投资来使这几个国家当中每个人的收入平均化，不仅是为了使总收益达到最大量，而且是作为人口移动的代替。资源的最理想利用仍然要求 *mei* 的均等，这即或是按照严格的生意经也是值得做的，但是友好关系的要求似不止此，否则的话，在两个国家当中每个人的收入就会有巨大的不均。要是没有一些这样的安排，那么对外投资少于这条“规则”所要求的数量大概要好一些。

① 参看勒讷：“战后世界中的经济自由主义”，《战后经济问题》（西摩尔·哈里斯编），麦格劳－希耳公司 1943 年版，第 7 章。

第二十八章　国外贸易Ⅲ
（在资本主义经济中）

在资本主义经济中，人们有许多理由预料自由贸易将会带来最适度状态的偏离（这种最适度状态和普遍遵守这条“规则”时产生的情况相同）。我们姑且完全不谈这种经济中一般缺乏完全竞争所导致的那种更一般的偏离情形。

特殊利益集团由于坚持用保护措施来代替无害的然而不得人心的补偿方法能够使整个经济遭受损害

首先，由于局部利益的关系，自由贸易会遭到一系列的干扰，这些局部利益坚持要从关税、限额和其他自由贸易的障碍获得好处，结果它们对于整个经济一定会因为这些限制而受到损失这种不相干的议论置若罔闻。有组织的工人对低廉的劳动的移入或对低廉的劳动产品进口实行抵制，也属于同一范畴。这种只获取其边际产品的国外移入的劳动只会使整个社会富裕起来，但可能使和他们直接竞争的工人受损失。不错，社会能够对国外倾销或低廉的劳动之类竞争的所有受害者实行补偿，但是它没有表现出这样做的迹象，所以这些局部利益就动起手来，并且通常是会取得一些保护的。每一种保护对于经济的其余各部都是一个负担，所以最后的结果多半是使**每个人**的处境比没有人受保护时变得糟了；但是，即使他们都认识到这一点，每一个利益集团也都要先去掉对别人的保护然后再触及对自己的保护，于是我们遇到像在裁军会议中看到的那种最富于戏剧性的僵局。

在那些被寻求保护并极力说服大家相信保护措施不仅是他们的当然权利，而且确实有利于所有的人的各种利益集团用来作为武器的议论当中，有着经济学家几世代以来孜孜不倦地加以阐明然而一般不发生效果的无数诡辩。但是，也有少数议论是正确的。

即使“向外国人征税”也不是很科学地贯彻下去

有一种正确的议论认为，有可能对外国人征收一种关税，它会减少外国人从出售他的产品所获得的价格，因而本国购买者所付的价格增长得比税额少——税的其余部分由外国人支付了。这可以认为是表示进口货的供给弹性小于无限大，因而购买少则价格下降。这种情况使集体主义经济能用限制购买的方法来增加它的收入。但是，即使在这种场合，一个局部利益集团鼓吹实行的关税似乎也不大可能是靠限制进口来获致这个国家的最大利益的关税。而且，在资本主义社会里，很少有人要求对同样地会牺牲外国人而使本国受益的出口也相应加以限制；因为通常没有一个局部利益集团会从这种限制获得好处。至于在具有自由企业的统制经济中，如果从剥削外国人得来的利益是值得争取的话，如何对进出口实行最适度的限制，这将在下一章加以探讨。

资本主义经济最严重的对外贸易问题是和就业相联系的。我们已经考察过一个本身完备的（也就是没有对外贸易的）资本主义经济可能达到充分就业的过程，要是货币数量是既定的，利率可以调整与之符合一致，因而使持有货币的需求与人们可以持有的货币数量相等的话。在考察这个过程时，我们注意到它在许多点上多半会发生障碍。当我们把对外贸易的复杂情形考虑进来时，我们就会发现在一个非统制的资本主义经济中，还有其他困难阻挡着自动走向和维持充分就业的道路。

典型的资本主义货币制度是金本位。它不是像我们在第二十二章所假定的那样有一固定数量的货币，而是一个货币单位有一固定的黄金价值。这个价值是靠政府实际发行具有固定重量的金币或按固定价格用通货买卖黄金的办法来维持的。这里的机构基本上是和我们对于反投机所描述的一样。政府对于任何货物要买卖无限的数量就能够使它的价格保持不变。这样 种买卖是钉住价格唯一有效的方法。通过一项法律宣告任何其他价格为不合法，这只会被人们用各种各样巧妙的诡计来逃避。一个金本位国家要按一定价格买卖无限数量的黄金，就会钉住以通货表示的黄金价格，因而也会钉住以黄金表示的通货的价值。

金本位的便利不足以抵补它对充分就业政策所造成的障碍

一旦金本位确立后，保持货币的黄金价格不变，是有许多便利的，只要其他国家也这样做就行了。这实际上造成对外汇价不变，它对进出口商人是非常有利的，而且由于给通货管理提供一条简单的规则，它可以制止轻举妄动的行为，这种行为被许多人认为（同一切经验相反）是政府行动的自然特征。人们往往夸大这些便利，以致把维持黄金价格和保持国家荣誉的想法、甚至于很奇妙地和国家偿付能力等同起来了。

防止黄金丧失最不受人反对的办法是提高利率

一个国家被迫放弃金本位的危险是由这种可能性产生的，即黄金（它是政府保证按固定价格无限买卖的东西）的需求将会使政府的黄金储存耗竭，从而政府不能再按保证的价格出售黄金。这时按通货计算的黄金价格将会上涨，而按黄金计算的通货的价值要下降，这就败坏了国家的荣誉。所以货币政策主要是要防止这种情况发生。当金融当局的库存黄金有净损失的可能性这种迹象时，提高利率就可通过限制货币和信用的供给做到这一点。当人们**要求**用货币向政府金融当局兑换黄金的数量大于人们向政府兑换货币而**提供**的黄金数量时，就会发生黄金净损失的情形。从金融当局的准备中提取的黄金，多半是运送到国外去向其他金本位国家的政府购买外币，来支付进口货价值超过出口货价值的差额（外币的其余部分是从出口货物的外国买主得来的）。进口差额（进口货价值超过出口货价值的数额）一般叫作贸易逆差，它是黄金外流的原因。由于从出口货价得来的外币供给不足以满足支付进口货的外币需求，所以外币（它是进口商需要购买来支付他的外国货主的）价格在外汇市场上要上涨。外币价格将继续上涨到用下述间接方法来取得外币要合算些的时候为止，即不在市场上购买外汇，而向政府（按规定兑换率）购买黄金运送出口，再用这笔黄金按外国金本位所规定的固定兑换率向外国政府购买外币。

限制信用和由此产生的高利率往往在三个方面纠正黄金的外流，我们将按照它们发生作用的速度的顺序来加以考虑。首先，高利率使得呆存资金保留在这个国家而不保留在它可赚取的利息比较低的其他国家更为有利。在国外贷放外币来获取利息的外国人和本国居民，将会调回这些贷款，来换取这个国家的通货，并在这里按照较高的利率贷放出去。这就会增加外汇市场上为换取本国通货而提供的外币供给量，从而进口商对外汇的需求可以得到满足，外币价格回跌到正常的水平，于是没有必要将黄金运送出口。

这只是暂时缓和办法，因为呆存货币能够这样从一个国家向另一个国家自由移动的数量是有限度的。当所有呆存货币都流向利率较高的地方的时候，则黄金流动将会继续，如果进口依然超过出口的话。

应当注意的是，这个办法只有对继续维持金本位有完全信心时才会生效。要是利率上涨被掌握呆存资金的资本家解释为一种要想维持金本位而可能达不到目的的企图，他们将会把他们的资金移到国外去而不是将其移入。他们要不遗余力地将他们的财富用其他通货或黄金的形式保存起来，因为这些通货或黄金按本国货币计算是要升值的；而不用本国货币来保存他们的财富，因为这种货币按其他通货计算有贬值的危险，要是我们到头来要被迫放弃依原来金平价实行的金本位的话。在这期间，可能赚取的高额利息将成为比较不重要的。

这会导致以严重的失业为代价来保持金本位，而失业又产生一种压力，要求实施进口税

使高利率制止黄金流出国外的第二个方法，是靠它对这个国家的经济活动水平发生的影响。高利率会减少投资。这就削减收入，从而消费和收入要依照消费倾向，下降到一个较低的水平，在这个水平，收入与均衡消费间的差额等于较低水平的投资。在较低水平的收入下，一切消费都要减少，包括进口货的消费。这倾向于纠正进口差额并制止黄金外流。要是这还不够的话，黄金仍继续外流，那么金融当局就要更进一步限制放款，直到有足够的失业使进口减少到必要的水平可以阻止黄金外流为止。显然，这不是一个可取的解决办法。

使高利率制止黄金流出的第三个方法，是**通过**第二个方法起作用的。经济活动的较低水平和失业都倾向于降低生产要素的价格和各种产品的成本，包括出口货的成本。这就促使出口以及包

括进口在内的一般经济活动水平一起增加，直到又实现充分就业为止。在这种新的情况下，物价水平是比较低的，这会诱使外国人多买我们的出口货物，因而有足够多的外币供给可以购买并偿付甚至是充分就业的经济才能有的进口数量，于是黄金就不再有外流的趋势了。

第二个也就是最后一个解决办法所碰到的困难是和我们在第二十二章已经注意到的一样，所以具有大量失业的第二个时期，多半要使这个阶段占据一个很长的甚至是无限长的时期。

为了稳定黄金或外币的价值这种比较不重要的考虑（这在1925至1931年英国经济史中作过古典式的描述）而牺牲充分就业的奇怪情形，提供了一个强有力支持一般关税的论点。它会阻碍进口并消除进口差额。这样就可以避免对金本位发生的危险而不致把经济推向萧条。

出口补助是违反金本位精神的

反对为了这个目的而实行一般关税的唯一真正的理由是，萧条只是暂时的（希望如此），而关税却多半会成为贸易的永久障碍，而且在下一次发生进口差额时就要再进一步提高。这个反对意见可以这样来解决：按进口税的同一比率对出口给予补助，并且用进口税来支付。这种补助会刺激国际贸易，正好像关税会妨害它一样。采用这种办法就可以制止黄金外流而不损害国际贸易，因此金本位可以维持而不必牺牲就业或国际贸易促成的国际生产专业化所带来的利益。

但这只是虚伪地维持金本位。进口税和出口补助同对购买外币(用来支付进口)征税和对出售外币(得自出口货的销售)实行补助是一回事。一切都恰和下面这种情形一样,即容许外币按本国货币计算升值(或容许本国货币按外币计算及按黄金计算贬值),其数额等于关税或补助。实行公开的通货贬值而不采用这种伪装的形式要更好些,并且简单得多,因为对外国人来说,它比任何其他办法都更显得是一种不公平的竞争,这种不公平的竞争是会引起报复的。

资本移动会产生同样困难

如果 *mei* 和利率在国外上升而在国内下降的话,同样的问题也会产生。我们已经看到,这会使贷款流向国外,这种情形又会引起对外币的过度需求和黄金的外流。在均衡的情况下,这会被出口货的过度外流所抵销,后者就它本身来说是会导致黄金流入的。不幸的是,这种均衡和维持充分就业一样不会自动地实现。在金本位制度下,出口差额只是在下述情况发生后才会出现:黄金外流引起信用紧缩和利率上升,这又阻碍国内投资和一般经济活动(在暂时限制对外贷款的数额之外),于是萧条把工资,成本和物价充分降低,使得出口货相当便宜,可以诱使外国人购买相当多的出口货,足以抵销对外贷款的影响。(在这方面,进口货的减少也是有帮助的,因为现在同进口货比较起来购买本国货要相对地更便宜些。)像前面一样,在第二个时期很可能发生停止不前的情况,而外汇市场由于进口减少是处于均衡状态的,进口减少又是由于提高利率而人为地导致萧条阶段的贫穷所造成的。

在一个国家的**内部**可能产生同样的困难。一个地方也许会发觉其他地方对它的产品的需求减少了，或者其他地方的 *mei* 也许比较高一些。这就会导致货物的入超或贷款的出超，或两者兼而有之，而且货币从这个地方流出去，正好像在相同的情况下货币从一个金本位国家流到另一个金木位国家一样。高利率妨害了投资，因而经济活动减少，失业发生，直到工资和成本减少得足以恢复其他地方对这个地方的产品的需求为止。当然，靠地方通货的任何贬值来避免失业和降低地方成本的必然性，是不可能的。要是这个问题在一个国家的内部能够圆满解决的话，那么主张金本位的人就会说，为什么它在国际间不能实行呢？我们主张弹性外汇率的论点在逻辑上岂不使我们要求每个地方、地区和村庄都实行货币自主吗？

建立单一货币（或金本位）区域的先决条件是货物、人民和资本能有效地自由移动

回答是，一个国家以内的地方在一个重要方面是和独立国家不同的，这就是，它享有向这个国家的其他地方移入货物、人民和投资的自由。使一个地方货币外流的进口差额也就意味着另一个地方的出口差额，那里是货币流入，而且经济活动达到非常高的水平。前一个地方的居民可以不受限制地迁移到这个繁荣的地方。这当然不是说在一个国家的内部就不会有萧条区域，但这确实是

说，如果移到另一个区域去找一个职业是容易的话，这个问题不像是很严重的；无论如何，萧条区域将被认为是整个国家的责任。对于各个国家来说，这就不对了。关税和限额干扰着贸易，而人民从一国移到另一国是受严格限制的。只因为有这些限制，严格实施不同国家的货币价值之间的固定外汇率才会是十分有害的。要是货物、投资和人民能完全自由地移动，那么，一种国际货币制度就像一个国家（在这个国家内，确实有着三种移动自由）的单一货币制度一样地健全，而一种适当管理的金本位制度也许是做出这种安排的一个方法。

稳定的外汇率乃是它的一个结果——这是不能安稳地靠命令来取得的一种征候

单一货币制度的种种便利使我们很值得费一点事来对当地工资和成本的水平做些微小的调整，而不只是调整当地货币单位的价值。但要达到这种值得想望的状态，**第一**步是要去掉移动的障碍。由于产品、投资和人民移动自由的结果，要素价格和 *mei* 在各个不同的国家间都变成相等的，各国可以更平等地享有繁荣，于是没有必要为维持充分就业来改变各种通货之间的比价。要是这些变动十分小，尽管外汇率可以自由涨落，**那时节**就是考虑为全世界确定一个单一货币制度的方便与不方便的时候了。这并不是一个十分重要的事情，因为在这个问题发生之前外汇率将会达到真正的稳定。但是要试图在稳定的基本条件（即移动自由）尚未具备之前就来建立这个制度，这就是想靠命令取得一个征候来实现世界统一——也就像用命令要大家表现出容光焕发的面貌来取得良好的健康一样。

在需求缺乏弹性的场合，自动调节机构会起相反的作用

还有其他情况使自动维持充分就业变得更加不可靠。如果失业能够顺利地减低工资、成本和价格，经济就从第二个时期进入第三个时期。出口货增加，因为它们便宜了；进口货减少，因为收入下降，人们买不起这么多进口货，于是比较便宜的本国货就取而代之。但这不一定意味着进口差额得到纠正甚至有所改进，因为它不是涉及物质的货物量，而只是涉及它们的**价值**。在出口货价格较低的情形下，外国人会多买一些，但是除非出口货数量增加的**比例大于**其价格下降的比例，也就是说，除非国外的需求弹性大于一，否则出口货的价值是不会增加的。如果需求弹性小于一，出口货的价值将会**低减**，这会使进口差额比以前都要更大些。这种情况可由于进口货减少而不致发生，但这**必定**要包括进口价值的减少。但若进口货的需求极无弹性，那么进口的减少也许不足以抵补出口价值的减少。要是进口货的需求弹性大于零的程度等于出口货需求弹性小于一的程度，这两种力量恰好相互抵销，从而本国价格减低对于进口差额丝毫不发生影响；要是进口货的需求弹性比这为小，则进口差额实际上由于价格下降的结果将**会扩大**，以致黄金流出比过去还要快些，危机将会变得越来越严重。应当注意，在临界点上，进口货的需求弹性之高于零恰等于出口货的需求弹

性之低于一，这两种弹性之和等于一。要是两者之和大于一，则价格水平的下降就倾向于纠正进口差额并制止黄金外流；要是它恰等于一，则价格下降对于进口差额不发生影响；要是它小于一，则价格下降会**扩大**进口差额并使情况变得更加严重起来。

临界点就是进口货的需求弹性加出口货的需求弹性之和等于一的一点

举个例子，若出口货的需求弹性为一，则出口数量按价格下降（与本国物价水平一同下降）的同一比例增加，因而出口价值保持不变。若出口货的需求弹性小于一，譬如说三分之一，则购买数量的增加只有价格下降的三分之一，于是出口总值将要减少。假设出口货价格下降百分之三。这将使出口增加百分之一，于是出口总值将减少百分之二。又假设进口货的需求弹性为三分之二（于是两种弹性之和为一）。这时收入和本国价格下降百分之三等于进口货价格上涨百分之三（因为这是它们的**相对**上涨），这将使购买量按其价值说减少百分之二（即它们的价格的**相对**变动的三分之二，因为进口货的需求弹性是三分之二）。进口货价值与出口货价值同时变动，于是进口差额保持不变。要是两种弹性之和小于一，则进口差额将会有一个“逆”变。①

① 为使这个论点完全起见，我们必须补充说，当这个国家的价格下降时，国外则有经济活动增加和价格上涨的对等趋势，那里发生出口差额和黄金流入。这就会意味着，进口货和出口货的价值减少2%不是绝对的，而只是相对国外新的价格和收入而言；但二者依然彼此相等，因而进口差额依然不变。很可能进口货和出口货的价格不像本国价格变动得那样大，因为它们更多地受国外情况的影响，但是这种考虑会对称地影响到进口货和出口货，所以不致影响这个论点的实质。

这种状态不能用贬低货币价值的办法来纠正。虽然那会避免初期萧条促使价格下降所带来的一切有害的影响，但若两种弹性之和小于一，则它会像降低价格一样不能纠正第一种情况。进口差额同样会增加，并且引起本国货币进一步的贬值，这只能使事态变得更糟些。

要纠正这样一种情况就必须使货币价值**升高**而不是将它贬低。通过降低价格的自动调节，不但是不必要的痛苦，而且它会起相反的作用。它不仅是难吃的药，而且它并不是一剂良药，因为它只能使疾病加剧。

假定弹性很高的倾向表示人们过于乐观了

这种种可能性通常都被忽视了，或者被认为是奇怪的而在实际上是不重要的情形。这一部分是由于经济著作中有一种假定弹性高的倾向，因为这更适合于完全竞争的观念，直到最近，经济分析还是以完全竞争为依据的；一部分是由于一种和上述情形有关的习惯，即假定世界上有许多小的国家，它们都小得不能够对价格发生显著的影响。如果这是不错的话，那么像这里所谈的那么低的弹性——两种弹性之和小于一——就可以成为莫须有的东西了。然而现在却有巨大的经济帝国，它们对于买价具有极大的控制力，尤其在短期；更重要的是它们用五花八门的关税、限额、外汇清算计划作为手段，来“抵御”一个减低它的成本或币值或试图靠出口补助来缩小进口差额的国家。这一切都有减少它的出口货的需求弹性的作用。的确，当出口用限额来规定时，它的需求恰等于零。当这样的国家为了纠正它的支付差额而将它的进口削减到最小限度时，则对其余进口货的需求也将变为极无弹性的。那时节我们就会遇到刚才分析的那种现象，这在世界萧条时期绝不是罕见的情形。一个国家跟着一个国家被迫放弃金本位，发觉它的货币贬值并不能发生多么大的补救作用，只有在长期的货币贬值和采用特殊的贸易限制使情况改变，以致弹性不再是这样小之后，它才能找到一个稳定的局面。

第二十九章　国外贸易Ⅳ
（在统制经济中）

没有必要为了隔绝外部搅乱而放弃对外贸易的利益

在前一章中，我们遇到一些由于对外贸易关系需要统制经济加以注意的严重问题。有些作者非常关心外界发生的事件可能给一个国家的经济带来不良的影响，会干扰它进行合理的管理工作，所以他们甚至建议把对外贸易减少到最低限度，为了避免这些错综复杂的情形而牺牲国际专业化的利益。这种牺牲似乎是不必要的。统制经济至少能够像其他经济一样充分地获得对外贸易的利益，这一点也不需要同它的其他目的发生冲突。

与其放弃一般利益倒不如为了一般利益而对特殊受害者给予过分宽大的补偿

第一原则是不要为了经济中的某一**局部**利益而对贸易施加任何限制。如果必要的话，最好还是公开地用国家的一般基金来偿付这些利益集团，而不要用关税或限额的办法让这一部分人从限制措施对整个经济所造成的远为重大的损害中来获取小小的利益。像在一般情况下一样，这里有着比通常认为的远为广大的范围，可以使用**补偿**作为适当的手段，来克服有关利害集团对全体利益所需要的措施的反抗。有人对这种补偿抱有强烈的偏见，因为经常发生这样的疑问：首先是为社会利益而给予的补偿是不是真正值得的。但是我们决不能让这样的问题阻挡我们采取对社会有利的行动。当我们实行充分补偿之后，值得或不值得的问题就会同收入和财富分配的一般问题融合在一起，并能相应地加以处理。

在完全和不完全竞争的情形下，有一个简单公式来确定进口和出口的最适度税率，要是希图剥削外国人的话

如果统制经济想利用它的垄断力量来剥削同它进行贸易的国家，它征收适当的进口税和出口税就可以做到这一点。我们在第二十七章已经看到，一单位进口货对一个国家的边际成本是 $p+p/e_s$，在这里 p 是支付进口货的价格，e_s 是对这个国家的供给弹性。在完全竞争下的企业和遵守这条"规则"的集体机构进口货物时要达到 *vmp* 下跌到和 p 相等的一点，这也就是达到本国价格下跌到和进口商支付的价格(包括进口的边际成本)相等的一点。我们可以用 $1/e_s$(进口货供给弹性的倒数)的关税来诱使进口商将他的购买量限制到 *vmp* 和对这个国家的边际成本($p+p/e_s$)相等的一点。这将会把企业或集体机构所付的价格提高到等于进口

货对这个国家的边际成本。

这就是说，当一宗货物对这个国家的供给弹性等于一时，征收百分之百的进口税是相宜的。要是供给弹性为一半，则百分之二百的税是相宜的；要是弹性高达二十，因而这个国家的进口总额增加百分之二十时价格只提高百分之一，那么，适当的进口税将是二十分之一或百分之五。同样，出口税应当是出口货的外国需求弹性的倒数。在完全竞争下的企业和遵守这条“规则”的集体机构出口货物时要达到这宗货物的本国价格 *pf* 和外国人所付的价格 *vmp* 相等的一点。但是，这个国家的边际收益等于 $p-p/e_d$，这里 p 是外国人支付的价格，e_d 是外国的需求弹性。我们可以对出口货征收 $1/e_d$（出口货需求弹性的倒数）的关税来诱使出口商将出口限制到本国价格和出口货对这个国家的边际收益相等的一点。要是需求弹性为一，则适宜的税是征收百分之百。这实际上等于禁止出口。这是适当的，因为出口货对这个国家的边际收益是零——出口增加会使价格同比例下降，以致这个国家毫无收益可言。要是弹性小于一，则关税应当大于百分之百。这就是说，出口商缴纳的罚款要多于销售产品所获得的全部收入，因为在这种情形下，出口增加会使价格按更大的比例减少，使得这个国家出口总值下降，因而它的边际收益成为负数。要是需求弹性高到五，因而当销售数量增加百分之五时价格只降低百分之一，那么，为了使这个国家从出口获取最大的利益，百分之二十的关税是适当的。

理想的进口税等于外国供给弹性的倒数，理想的出口税等于外国需求弹性的倒数，这在这条“规则”得到遵守或处于完全竞争的自由企业取得同样结果的情况下才是适用的。当竞争不完全

时，同完全竞争比较起来，进口和出口是有一些限制的，因为对这些企业来说供给和需求弹性都小于无限大。对这种企业的边际成本大于它购买的进口货的价格，对这种企业的边际收益小于它把出口货卖给外国人的价格。但是这种限制要比整个国家从贸易上获取最大利益所需要的为小，因为这种企业买卖数量的百分之一的变动，比整个国家购买的总量改变百分之一时对价格的影响要小些，这是由于它小于这个国家所有企业买卖的数量的关系。对这些企业来说，价格与边际成本或边际收益之间的偏离要比对整个国家小些，而弹性要比较大些。这时适宜的关税将相当于对企业的供需弹性和对国家的供需弹性间的差额。关税要恰足以将企业进口的边际成本提高到进口对国家的边际成本，并将企业从销售出口货所获得的边际私人收益降低到国家从销售出口货所获得的边际收益。[①]

① 精确地说，关税应当对进口征收$\frac{f/c-1}{f+1}$，对出口征收$\frac{f/c-1}{f-1}$，这里 c 代表国家的供需弹性，f 代表企业的供需弹性。(当然，有关系的是进口货的供给弹性和出口货的需求弹性。)举例说，假设一种进口货的买价是每单位一元，对企业的供给弹性是十，而对国家的供给弹性是二。这时企业的边际成本是一元一角，而国家的边际成本是一元五角。按第一个公式计算得出关税是$\frac{10/2-1}{10+1}$或$\frac{4}{11}$。这就将企业的边际成本提高一元一角的 4/11，即提到一元五角，这是对国家的边际成本。在出口的场合，价格同样是一元，而且弹性也一样，那么企业的边际收益为九角而国家的边际收益为五角。我们按第二个公式计算得出关税是$\frac{10/2-1}{10-1}$或$\frac{4}{9}$。这将使边际收益减少为原数的$\frac{5}{9}$，而像所要求的那样成为五角。在每一种情形下，企业都将使它的新边际收益(付税后)等于它的边际成本，并使新边际成本等于它的边际收益；要是我们忽略这家企业可能被诱采取的任何其他垄断性的限制，那么我们得到的正是使这个国家从国际贸易可以获得最大利益的适当限制，这里假定这个国家不管它由于这些限制可能给其他国家的贸易利

所有关于对进口和出口征收最适度税率的讨论，当然要从属于这种剥削外国人的办法是否可取和是否合乎伦理的政治考虑，姑且不谈报复的危险。但不管对这种事情最后作出的政治决定是什么，知道这种使国家从国外贸易获取最大利益的办法的可能性和限制性总是好的。同样的原理也适用于对外借款和贷款，它的价格就是利率。这些借贷也可以完全按照同样的原则征税，从而使国家从国外的小量贷款获得较高的利率，或对国外的小量借款支付较低的利率来获取最大的利益。

益造成何等损害，而且它也不怕任何报复。

计算出口税的公式略有不同，只因边际收益和边际成本同价格的偏离是相反方向的。在完全竞争的特殊情况下，对企业的这种偏离就消失了，因为这时边际成本和边际收益都等于价格，f 等于无限大，而这两个公式都变成 $1/c$，也就是 $1/e_s$ 和 $1/e_d$，正好像我们考察在完全竞争的情形下或遵守这条“规则”的场合要应用的最理想税率时曾经看到的一样。

这样一种关税，从这个国家的观点来看，会使进口和出口达到理想的水平，使垄断的或不完全竞争的企业进口和出口的数量恰可使这个国家从国际贸易获得最大利益而尽量地剥削外国人。但是，垄断的企业不会买卖适当数量的**本国**货物，因为在这种场合，对这个国家的边际成本和边际收益都只不过是对社会的边际成本和边际收益，这就是 *msc* 和 *msb* 二者都等于价格。要使企业的边际成本等于价格，就需要给予**补助**，它等于企业的生产要素**供给**弹性的倒数，要使企业的边际收益等于价格就需要给予补助，它等于企业产品的需求弹性的倒数。从社会观点来看，垄断者买卖得太少，要是不可能或不便于**摧毁**垄断组织的话，还可能用**贿赂**的办法使它们买卖社会认为最相宜的数量的生产要素和产品。弹性越小，则垄断程度越大，所需贿赂也越大。当它们接近完全竞争时，弹性接近无限大，必要的补助或贿赂就会接近于零。当然，最简单的就是不要任何垄断，而用立法、政府的竞争或反投机的办法来消除它们，如果可能的话。然而，要是不能消除垄断，就不如用贿赂来使它们按照最好的方法来利用社会资源，而不要让它们由于愤怒而继续这样浪费下去。在社会上各个人当中分配财富和收入的问题不妨和这个问题分别开来处理。

关于对待垄断的讨论，并不是对国际贸易问题有特别密切的关系。我们在这里谈到它，是因为这种技巧，正好像经济问题中的许多一般技巧一样，要联系国际贸易才能最清楚地施展开来。

外汇价值必须有助于保持充分就业

在统制经济中，外汇率应当从属于维持充分就业和可以诱致值得想望的投资水平的利率。通常这是靠应用到一切其他价格的一个步骤来实现的，这就是，当求过于供时将汇价提高，当供过于需时将汇价降低。如果对这个国家的进口需求弹性**加上**它的出口需求弹性小于一，这个步骤就要倒转来，以使供求达到平衡（像我们在前一章所看到的）。这应当是像"外汇平准基金委员会"这样一种机构的责任，它的主要任务就是要运用反投机的办法来防止供求的微小波动造成外汇率的波动，并防止操纵市场的人利用他们的活动来破坏对外贸易的平衡局面。当所有各国的"外汇平准基金委员会"都认为，只要它们主要关心的是维持充分就业，外汇率就没有必要在平衡供求的过程中发生很大的变动，这就有可能把各国通货之间的外汇比率永久固定下来，从而建立一种世界货币。但在这样一种场合，上面所谈的一点是否做到，就没有什么要紧了。

当一个国家遭到失业的苦恼而将它的通货按其他国家通货计算实行贬值时（无论是减低它的金含量还是用其他方法），它会使它的出口货对外国人（他们需用比较低廉的货币来偿付这些货物）变得便宜些，并使它的进口货对本国购买者（他们需用相对增值的外币来偿付这些货物）变得更昂贵些。要是弹性不太低的话，这就会缩小这个国家的进口差额，从而利率可以降低，而不会发生黄金全部流出的危险。较低的利率会刺激投资和就业。奖励出口也会增加出口工业的就业,阻碍进口会增加和进口货竞争的那些工业的就业。所有这种就业的直接增加会提高收入,收入提高又增加花费;花费又使收入和消费几倍地增加。改善经济活动就会促进对投资的刺激,从而在投资、就业、收入、花费和更多收入方面引起另一系列的改善。这样,统制经济就能够用减低通货对外价值的方法来改善就业情形。

但是,必须注意的是,在实行货币贬值的国家中的每一种影响都在其他国家中发生相应的**相反**影响,这些国家的通货是相对增值了。这就是说,实行货币贬值的国家的繁荣是靠牺牲其他国家的利益取得的,因为其他国家的通货必定要相对增值,它们的出口将要减少而进口增加,它们的就业、收入和投资一定要随着我们在头一个国家所看到的每一次增进而减退。所以货币贬值是一种"以邻为壑"的把戏!

工资和成本的减低恰和外汇价值的减低一样是同其他国家竞争就业

这种指责是很有道理的。一个国家从这个办法得来的直接利益,即使不是全部的话,大部分也是靠牺牲其他国家的利益取得的。但这并不能成为一个充分理由来谴责它是一种反社会的行为(在国际意义上),说它就像掠夺一样,只能使一个人损人利己,说它的一般做法也只能对社会全体造成损害。

首先,我们必须注意,这种指责通常是由拥护正统金本位的人们所提出的,但它也适用于这样的场合,在这种场合,均衡是在固定外汇率的制度(如同金本位制)下达到的。这时失业必须要用降低工资和成本的办法来医治;当这种情形发生时,它就会导致出口的增加和进口的减少,而在其他国家将会看到与这相反的影响以及它们带来的一切恶果。靠征收进口税来增加就业的企图也会产生同样的情形。这些办法能够顺利地削减一国的进口并增加就业,在这个限度内它们也能够顺利地削减其他国家的出口并减少那里的就业。

但是这和采用关税的情形不同,要是所有国家都扩大本国的需求而无须顾虑这是否会使它们的外汇率下降的话,那么到处都会得到净利益,而不是遭受净损失

然而,只有这些措施中的第三种,即为了改善就业情况而征收关税,才真正可以说是“以邻为壑”的政策。这是在它的**间接**影响中看到的。间接影响是所有国家都采用其中一种政策从而直接影响互相抵销时所遗留下来的影响。在采用关税的情形下,遗留下来的只有对国际贸易的干扰。这就使所有国家都变得更加贫穷,只不过当每个国家为了提供设备来制造以前进口的货物而进行新投资时可能带来一些临时改进,如果这种新投资大于出口工业投资减少的话。(这种情形常会发生,因为后者不可能降到零以下。)对于整个经济来说,它只能产生永久的坏影响。

在固定外汇率的条件下减低价格和成本就不一样了。直接影响像前面一样互相抵销掉,但间接影响可能是十分有利的。在比

较低的价格水平上，货币总额，要是它保持不变的话，就能购买更多的东西，在这个限度内，作为货币来说也就更有用些。同一实际交易的总额在比较低的价格下就只需要比较少的货币，因为这些交易的货币总值减少了。所以，有些多余的货币就倾向于贷放出去，这又会使利率降低。结果，我们在各方面就会有更多的投资和更多的就业。任何国家相对其他国家来说降低它的成本和物价，就会牺牲其他国家而获得就业的增加，这固然是不错的；当所有国家都降低它们的成本和物价时，它们能够享有一些总的净利益，这同样是不错的。

外汇贬值也会起同样的作用。当然，所有国家按彼此货币计算都实行贬值是不可能的，正如所有国家彼此相对地都降低它们的成本和物价是不可能的一样。但只要遭遇失业的国家不怕让它的货币按黄金或其他货币计算实行贬值的话，它就能增加货币数量和降低利率来缓和货币的紧张情形，从而增加投资和就业。这通常会促使人们用增加的收入来购买更多的进口货，从而造成入超，入超又会引起货币贬值（或黄金外流）。在固定外汇率的制度下，这种情况无论如何是要避免的，所以货币供给量不会放松，利率不会降低，因而投资和就业也就不会改善。现在，要是不担心货币贬值的话，遭遇失业的国家将会放手做去，不但不怕货币贬值，或许甚至欢迎货币贬值，因为它有牺牲别国的就业来增加本国的就业的**直接**影响。要是其他国家同时采用这样的政策，那么，各国货币价值就不会发生相对的变化，因而就不会产生某一个国家从它的邻国窃取一些就业的直接影响。但是，一般货币供给量增加的间接影响仍然会有的，这将使各方面的利率降低从而使一切国

家都能有更多的投资和更多的就业，正好像一般减低成本和物价时发生的情形一样。

单单增加各方面货币数量的好处，同减低各方面成本及物价的好处比较起来，是完全一样的，正好像我们在研究一单独国家的就业问题而不管国际的复杂情形时曾经看到的那样。物价有停滞很长时间以后才下降的趋势，如果它要下降的话；所以这时失业是在所难免的。而且这时由于物价**下降**——这是和比较低的物价不同的——还会发生对货币需求和货币供给的影响。所有这样的困难是可以避免的，只要用印刷钞票的办法直接增加货币的数量，而不要试图通过萧条压低价格来增加有效的货币数量。

有两种方法可能使所有国家的货币数量都增加。要是外汇率必须始终维持在固定的比率上，那就必须有一个仔细制定的、在国际控制下的计划，使所有国家都保持同一步伐，因而不会有一个国家货币数量的增加大于另一个国家。一个国家把货币数量相对扩大一些，就会使这个国家的币值相对其他国家的币值来说倾向于下降。这可以被黄金外流所阻止。但若黄金继续外流直到黄金储存耗竭为止，那么这个国家就会被迫放弃金本位，这时它的通货，同货币数量没有扩大这么多的国家的通货比较起来，是要贬值的。一种能够防止这种情形发生的一致行动是很难安排的，直到现在为止，所有这一类的企图都失败了。而且，除非在一开始各国货币数量的比例就恰好符合每一国家充分就业所必要的数量，否则这种最后的局面是不可能达到的，即使各国达到一种协议，要平行地扩大货币数量来保持它们的外汇率的稳定。一些国家可能比其他国家先达到充分就业，这时它们就不愿意进一步扩大，因为这并不能再给它们增加就业，而只能引起物价的膨胀。要是这些国家不再扩大它们的通货数量，其他仍然遭受失业的国家也就不能扩大它们的货币数量，因为这会造成进口差额并迫使它们放弃它们的固定外汇率。它们必须在这两种办法之间做出抉择：放弃固定的外汇率，或者让失业继续存在下去，直到物价和成本都下降到足够的程度，可以在旧的外汇率下实现充分就业为止。

所以稳定的外汇率乃是结果，规定固定的外汇率是个合理的问题，如果不是很重要的问题的话

另一种方法就是前面已经说过的：各国不担心它们的外汇率，大家都扩大货币的供给（作为一般增加国内购买力的计划的一部分），直到每个国家都有充分的投资和就业为止。依据这种方法，普遍扩大货币需求就能使所有国家全都达到充分就业。当某一国家实现了充分就业，它就要制止货币需求的扩大以免通货膨胀。外汇率就像任何其他物价一样任凭它寻求它自己的均衡点。在这种均衡达到之后，外汇率就只会随着生产的技术知识、各国生产设备的供给、对进入国际贸易范围的或与国际市场上的货物相竞争的一些物品的生产率发生的其他影响，以及各国居民对各种进口货的嗜好和需要方面的缓慢得多的真实变化而发生变动。如果这些变化很接近于互相抵销，因而外汇率在保持每种通货的供给等于它的需求的过程中没有很大的变动，那么，统制经济就可以考虑是否值得同其他国家进行安排，像金本位那样，将外汇率固定在某

种永久的基础上。但在这种外汇率自然稳定的情况不曾实现以前，统制经济就休想要放弃那种调节有效需求以消除萧条和膨胀的国内政策的权利。

译名对照表

人　名

保罗　Paul
彼得　Peter
狄金逊　Dickinson
迪伐因，卡尔　Devine，Carl T.
多布，莫里斯　Dobb，Maurice H.
多伦多　Toronto
哈里斯，西摩尔　Harris，Seymour E.
海耶克，弗雷德里克　Hayek，Frederick A.
赫特，威廉　Hutt，William C.
霍普金斯，约翰斯　Hopkins，Johns
卡莱茨基　Kalecki，M.
凯恩斯　Keynes，J. M.
康恩　Kahn，R. F.
拉普拉斯　Laplace
拉斯基，哈罗德　Laski，Harold J.
兰格，奥斯卡　Lange，Oscar
勒讷，阿巴　Lerner，Abba P.
罗宾斯，莱昂内耳　Robbins，Lionel C.
罗宾逊，乔安　Robinson，Joan
罗伯逊　Robertson，D. H.
马克　Mark
马歇尔，艾尔弗雷德　Marshall，Alfred
麦格劳－希耳　McGraw-Hill
麦克米伦　Macmillan
米考柏尔　Micawber
帕累托　Pareto，V.
普兰特，阿诺德　Plant，Arnold
琼斯　Jones
斯提格勒，乔治　Stigler，George J.
托洛茨基　Trotsky，L. D.
维克雷　Vickrey，Wm. S.
维克托　Victor
希克斯　Hicks，J. R.

书 刊 名

马歇尔:《经济学原理》Alfred Marshall, *Principles of Economics*;附录:《胡桃与苹果》*Nuts and Apples*

托洛茨基:《垂危的苏维埃经济》L.D. Trotsky, *Soviet Economy in Danger*

凯恩斯:《如何筹措战费》J.M. Keynes, *How to Pay for the War*

勒讷的论文:

《工资政策与价格政策的关系》*The Relation of Wage Policies and Price Policies*

《从庸俗政治经济学到庸俗马克思主义》*From Vulgar Political Economy to Vulgar Marxism*

《机能财政与联邦公债》*Functional Finance and the Federal Debt*

《社会主义经济学中的静态学与动态学》*Statics and Dynamics in Socialist Economics*

《社会主义经济学的理论与实际》*Theory and Practice in Socialist Economics*

《战后世界中的经济自由主义》*Economic Liberalism in the Postwar World*

《略论替代弹性》*Notes on the Elasticity of Substitution*

《替代弹性的图解说明》*The Diagrammatical Representation of Elasticity of Substitutian*

《资本投资与利息》*Capital Investment and Interest*

《经济的方向盘》*The Economic Steering Wheel*

《经济理论中的瑞典踏脚石》*Some Swidish Stepping Stones in Economic Theory*

《需求弹性的图解说明》*The Diagrammatical Representation of Elasticity of Demand*

《简论社会主义经济学》*A Note on Socialist Economics*

期刊：

《大学评论》*The University Review*

《牛津统计学会会报》*Bulletin of the Oxford Institute of Statistics*

《加拿大经济政治学》季刊 *Canadian Journal of Economics and Political Science*

《社会研究》*Social Research*

《战后经济问题》*Postwar Economic Problems*

《美国经济评论》*American Economic Review*

《政治经济学杂志》*Journal of Political Economy*

《经济学杂志》*Economic Journal*

《经济学评论》*Review of Economic Studies*

曼彻斯特统计学会《全体会议报告》Manchester Statistical Society's "*Report of Group Meetings*"

图书在版编目(CIP)数据

统制经济学:福利经济学原理/(美)A.P.勒纳著;陈彪如译.—北京:商务印书馆,2017
(汉译世界学术名著丛书:120年纪念版:珍藏本)
ISBN 978-7-100-14050-8

Ⅰ.①统… Ⅱ.①A… ②陈… Ⅲ.①统制经济—研究 ②福利经济学—研究 Ⅳ.①F069.9②F061.4

中国版本图书馆CIP数据核字(2017)第132385号

汉译世界学术名著丛书
(120年纪念版·珍藏本)

统制经济学
——福利经济学原理

〔美〕A.P.勒纳 著
陈彪如 译

商务印书馆出版
(北京王府井大街36号 邮政编码100710)
商务印书馆发行
南京爱德印刷有限公司印刷
ISBN 978-7-100-14050-8

2017年12月第1版 开本710×1000 1/16
2017年12月第1次印刷 印张28½

定价:138.00元